HOW TO WIN
FRIENDS AND INFLUENCE PEOPLE

# 人性的弱点

## 改变人生，从认识自己开始！

[美] 戴尔·卡耐基◎著
裴 玲◎译

CFP 中国电影出版社

**图书在版编目（CIP）数据**

人性的弱点 /（美）戴尔·卡耐基著；裴玲译 .— 北京：中国电影出版社，2017.1
ISBN 978-7-106-04645-3

Ⅰ．①人… Ⅱ．①戴… ②裴… Ⅲ．①心理交往—通俗读物 Ⅳ．①C912.11-49

中国版本图书馆 CIP 数据核字（2016）第 320431 号

---

责任编辑：纵华跃
封面设计：优纳创意
版式设计：郑祥玲
责任校对：徐　腾
责任印制：庞敬峰

人性的弱点
（美）戴尔·卡耐基 著 裴玲 译

---

出版发行　中国电影出版社（北京北三环东路 22 号） 邮编　100013
电话：64296664（总编室）　64216278（发行部）
64296742（读者服务部）
E-mail:cfpygb@126.com
经　销　新华书店
印　刷　三河市天润建兴印务有限公司
版　次　2017 年 1 月第 1 版　2017 年 1 月第 1 次印刷
规　格　开本 / 880 × 1230 毫米　1/32
印张 / 8　字数 / 180 千字

---

书　号　ISBN 978-7-106-04645-3/C · 0002
定　价　32.00 元

# 目录

卡耐基自序 / 1

## 1 人际关系的基本技巧

不要批评、责怪或抱怨 / 2
献出你的真实、诚恳和赞赏 / 14
激发别人的强烈渴望 / 25

## 2 处处受欢迎的 7 个方法

第一印象很重要 / 40
露出你的微笑吧 / 44
牢记别人的名字 / 52
多讲对方感兴趣的话题 / 59
对人表现出真挚的关心 / 63
让对方感受到自己的重要 / 76
做一个优秀的倾听者 / 81

## 3 获得信服的 7 个方法

争论永无赢家 / 90
以友好的方式开始 / 97
一开始就让对方说“是” / 103

给他一个动听的理由 / 107
先肯定而不是先指责 / 112
同情与谅解很重要 / 120
让别人自己说服自己 / 126

## 4 成为有影响力的人的 6 个方法

委婉地暗示他人的错误 / 136
先一步承认自己的错误 / 140
请教或建议，而不是命令 / 147
给对方留足面子 / 150
用美誉激励他人 / 154
帮助别人，成就自己 / 158

## 5 自我提升的 10 个方法

自爱最重要 / 168
不要自卑，做最真实的自己 / 174
做一个正直的人 / 182
激发你的潜能 / 185
坚守信用 / 191
在苦难中孕育出最美的花 / 197
让自己忙碌起来 / 205
不要因小事垂头丧气 / 216
做好手边的事 / 231
马上就开始行动吧 / 242

# 卡耐基自序

35 年来，美国出版商出版了 20 多万部各种不同的书，其中大部分是枯燥乏味的，许多是亏了本的。我说了许多吗？一位世界一流出版公司的负责人，最近这样对我说，他的公司拥有 75 年的出版经验，可是每出版八本书，依旧有七本书是亏本的。

那么我又如何敢冒险，写下这本书呢？而且在我写好后，你又为什么要费事去读它呢？

是的，这两个都是很值得重视的问题。

为了要清楚解释完成这本书的经过，我需简略地叙述几桩事实。

从 1931 年开始，我在纽约替商界和专业的男女举办一项教育课程。最初时，我只举办了演讲的课程。此类课程的目的，是运用实际经验，训练成人在商业洽谈和团体中，能依照自己的思想，更清晰、更有效果、更镇静地发表他们的意见。

可是经过几季后，我发觉，这些人固然深切地需要有效果的讲话训练，但他们更迫切的需要日常生活及交际上和人相处的技巧训练。

我也渐渐觉察到，自己也深切地需要此类训练。我现在回想那些年的情形，对自己所缺乏的东西感到惶恐不安。20 年前我手里如果有这样一本书，它的价值必定是无法估量的。

如何应付人，那是你所面临到的一个最大的问题，如果你是个商人，这问题尤其值得重视。即使你是会计师、家庭主妇、建筑师，或是工程师，也会有同样的情形。

数年前，在卡耐基基金会资助下所作的那次调查和研究，有一项重要发现！这项发现后来又由卡耐基技术研究院研究证实。调查出来的资料上显示，一个人经济上的成功有 15% 是由于本人的技术和智识，而另外 85%，都是出于人类工程即人格和领导人的能力的拓展。

数年前，我每季在费城工程师协会举办课程，同时也在美国电机工程协会分会开班。1500 位以上的工程师参加过我举办的讲习班。经过多年的观察和经验，我发觉，在这个行业获得最高酬劳的人，往往不是懂得工程学知识最多的人。

我们可以付出每周 25 美元到 50 美元的代价雇用工程、会计、建筑或其他专业的技术人才，市场上永远不缺少此类人。但是除了技术、知识之外，再加上能发表自我见解的能力、担任领袖的能力、激发他人的能力，那么他的收入，就自然很高了。

约翰·洛克菲勒在他事业鼎盛的时候，曾经向白罗雪这样说过："应付人的能力，也是一种可以购买的商品，就像糖和咖啡一样。"他还说："我愿意对那种能力付出酬劳，它的代价要比世界上任何东西都高。"

芝加哥大学和青年会联合学校曾举行一次调查，肯定成人究竟要研究些什么!

那笔研究费用是 25000 美元，同时花了两年的时间，调查的最后部分，是在梅立顿康耐铁克举行的。那地方被人认为是典型的美国市镇，梅立顿镇上的每一个成年人都作为被访问的对象，同时请他们回答 156 个问题。

这些问题包括，你的职业或专业是什么?你的教育程度如何?你的志愿是什么?你需要解决的问题是哪些?你如何利用空闲的时间?你的收入是多少?你的嗜好是什么?你最喜欢的学科是什么?等等。

调查后的结果显示，健康是一般人最注意的，至于第二种兴趣，那就是如何了解别人，如何与人相处，如何使人喜欢你，如何使他人同意你的想法。

举办这项调查的委员会，决定替梅立顿的成年人举办一个这样的课程。他们努力寻求有关这种主题的实用书籍，可是无法找到。最后，他们去见一位世界著名的权威成人教育家，问他是否有满足这些成年人需要的书，那位教育家回答:我虽然知道那些成人需要些什么，可是他们所需要的这类书，却从未有人写过。

由于我的经验，我知道他的话是对的，我自己也已经费了很多年的时间，在寻求一本实用有效果的、关于人与人之间关系的书籍。

由于很多人希望有这样的书，我才尝试写了一本，那是为我讲习班所写的，希望你也会喜欢它。

我为了撰写这本书，曾经读过所有我能找到的、有关这个题意的资料。包括迪克斯报纸信箱回答，其它如离婚法庭的记录、双亲杂志，以及多种著名的著述。同时，我还雇用一位受过训练的人去研究、探索。他费了一年半的时间，在各图书馆中阅读我所遗漏了的资料，探究各种心理学的专集，追读多种的杂志文章，探索无数的伟人传记，为的就是找出各时代大人物是如何与人相处的。

我们读过各时代的伟人传记，读过那些领袖人物的生平记事，从凯撒到爱迪生。有关罗斯福的传记，我收集了一百多本。我们决定不惜花费诸多时间和金钱也要找出自古以来任何人所用过的、关于交友和影响他人的切实的意见。

我曾经亲自访问过世界著名的成功人物，尽量从他们身上找出他们在人与人关系上所运用的技巧。

利用这些资料，我准备了一篇简短的演讲稿。我用的题目是《如何交友》和《影响他人》。起初这篇文章是短的，后来将其中一面的内容伸展扩大，现在已是一篇需要用 1 小时 30 分钟时间完成的演讲稿了。这些年来，我每一季在纽约的卡耐基研究院课程中，都把这篇讲稿说给他们听。

我演讲给他们听，并且也告诉他们要在外面事务和社交上加以实践，然后回来讲习班，说出他们的经验和所得到的成就。这是一项多么有趣味的课程！这些男女学员，急于自我改进，对在一个新式实验室工作的想法，感到非常兴奋，这是为成人所设的第一所也是唯一的一所人类关系研究的实验室。

这本书，并不是在一般的写作环境下完成的，而是像孩子成长起来的情形那样，从实验室中生长发育，由数千成年人的经验所完成的。

许多年前，我们把一套规则印在不比明信片大的一张卡片上。到了下一季度时，我们印在一张比过去更大的卡片上。然后是印一本小册子，再后来是一套小书。尺寸、范围都在扩大、充实，直到目前，经过 15 年的试验和研究，才出现了这本书。

我们这里所定的规则，不只是理论和揣测，而且效果神奇。听起来似乎无法相信，可是这些定例、原则的应用，确实改变了不少人的生活习惯。

现在就有这样一个例子：上一次，有一位拥有 314 名员工的老板加入了这个讲习班课程。这么多年来，他不加限制、毫无顾虑地驱使、批评、严厉斥责他的员工。至于仁慈、道义和鼓励，从没有从他嘴里说出来过。在研究这部书所讨论的原则以后，这位大老板骤然改变了他的人生观。他负责的这个机构中，由此出现了一种忠诚、热忱、合作的精神。原来 314 个仇敌，变成了 314 个朋友。

他在讲习班一次演讲中得意地说：从前我在我机构中走动，没有人向我打招呼，我那些员工们看到我走近，马上把脸转了过去，可是现在他们都是我的朋友了，甚至连外面守门的，都叫我的名字向我问好！

这位老板现在有更多的盈利和更多的余暇，还有更重要的，是他在业务上和家庭中，获得了更多的欢乐。

有很多推销员运用了研究会讲习班上的原则，使他们的销售记录迅速提高。有许多过去无法获得的客户，现在也成了他们的新客户。公司机构的高级职员，不但获得了更大的职权，而且还增加了收入。有一位上个季度来讲习班提出报告的高级职员说，由于实行了这些定例原则，他的年薪增加了 5000 美元。另外一位费城的煤气公司高级职员，由于不能巧妙地引导别人，已有降职的可能。可是通过这项训练后，不但挽救了他现年65岁降职的危机，同时还使他获得了擢升，并提高了待遇。

参加课程结束时的聚餐会中，那些太太们对我说，自从她们的丈夫参加训练后，她们的家庭更美满、更快乐了。

哈佛大学教授威廉·詹姆士曾这样说过：如果和我们应有的成就作个比较，我们只是朦胧半醒着，我们只是利用了身心一小部分的能源。我们在极限之内，尚有更多的能源，可是我们习惯不加以利用。

这部书唯一的目的，就是帮助你发现它、开展它、利用它，那些是你孕育在身心尚未利用的财富！

如果你在看完这本书的前三章后，应付生活的规范仍然没有改进，这不能说明这本书失败的，真正的原因或许是你没有把书中告诉你的事情去付诸实践。要知道，教育最大的目的，不仅是求知识，还有实际的行动。

这就是一本行动的书！

这篇序言，跟一般的序言没什么两样，只是稍长了一些，现在我们言归正传。

# 1 人际关系的基本技巧

# 不要批评、责怪或抱怨

1931 年 5 月 7 日，纽约发生了该市有史以来最轰动的一次剿匪事件。经过几个星期的搜寻，“双枪杀手”科洛雷——这个既不喝酒也不抽烟的枪手——陷于穷途末路，被困于西尾街他情人的公寓里。

150 名警员和侦探，包围在科洛雷位于顶楼的藏身之处。他们在屋顶砸了一个洞，打算用催泪弹把这位“杀警察者”熏出来。与此同时，他们把机关枪架在附近的建筑物上。于是在接下来的一个多小时里，在纽约这栋高档住宅区里，不断地响起呼呼的手枪声和哒哒的机枪声。

科洛雷伏在一张堆满杂物的椅子上，不断地朝警方开火。成千上万激动不安的市民涌上街头观看这场枪战，因为在纽约的街头从来没有发生过这样的事情。

当科洛雷被捉到的时候，警察总督莫隆尼宣布，这位双枪恶徒是纽约有史以来最危险的罪犯之一。“他杀人，”总督说，“连眼都不眨一下。”

但是“双枪手”科洛雷对自己有什么看法呢？当警方向他的藏身之处开火的时候，他写了一封《致有关人士》的信。在写这封信的时候，鲜血从他的伤口涌出，在信纸上留下一道红色的血迹。在信中，他这样说道："在我的衣服之下是一颗疲惫的心，但这颗心是仁慈的——一颗不会伤害任何人的仁慈之心。"

但是，就是被捕之前不久，有一天，科洛雷在长岛一条郊外的道路上和一名女朋友温存。一位警员走到他的汽车旁，说："让我瞧瞧你的执照。"

科洛雷掏出他的手枪，一言不发地朝那位警员连发几枪。当那位垂死的警员倒下去的时候，科洛雷从汽车里跳出来，又朝着他不能动弹的尸体开了一枪。而这就是自称"在我的衣服之下是一颗疲惫的心，但这颗心是仁慈的——一颗不会伤害任何人的仁慈之心"的凶手。

科洛雷被判坐电椅。当他抵达辛辛监狱（美国关押重要罪犯的监狱）的死刑室时，他是否曾经说过"这是我杀人的下场"之类的话呢？没有。他说的是："这是我防卫自己所得到的结果。"

这则故事的重点是："双枪杀手"科洛雷直到生命的最后一刻，也不认为自己有什么过错。

这是匪徒中一种不寻常的态度吗？如果你这样想的话，听听这段话："我一生中最好的时光，都花在为提供别人轻松的娱乐、帮助他们得到欢乐上，而我所得到的是辱骂，是一种被搜捕的生活。"这段话是美国大名鼎鼎的黑社会头子阿尔卡普说的，他曾是美国昔日第一号公敌，横行芝加哥最阴险的恶人。

阿尔卡普不曾责怪自己。他真的自以为是一个大众的恩人——一个不受感激，而且受误解的大众恩人。苏尔兹，纽约最恶名昭彰的匪徒之一，当他在纽瓦克被枪手击倒之前，也是如此。在一次报纸访问中，他说他是一名大众恩人。他相信自己真的是一名恩人。

在这一方面，我和辛辛监狱的典狱长刘易士，通过几次很有意思的信件，他说，“在辛辛的罪犯，似乎没有一个自认是坏人。他们和你我一样是人。因此他们辩护，他们解释。他们会告诉我们为什么要撬开保险箱，为什么随时要扣动扳机。他们大部分人，都有意以一种不论是错误的或合逻辑的推理，来为他们反社会的行为辩论，甚至对他们自己也是如此，因此气势昂然地坚持他们根本不应该下地狱。”

如果阿尔卡普、“双枪手”科洛雷、苏尔兹，这些监狱里的亡命之徒，都是从来也不责怪自己。那那么，我们日常所接触的那些人呢?

过世的百货业奠基人约翰·华纳梅克尔曾坦言:“我三十年前就学到，责怪别人是愚蠢的行为。我不责怪上帝对智慧分配不均，因为要克服我自己的缺陷，都已经很困难了。”

华纳梅克尔早就学到了这一课。但我自己却必须在这个冷酷的地方，碰撞了三分之一个世纪，才开始领悟出:一百次中有九十九次，没有人会责怪自己任何事，不论他错得多么离谱。

世界著名心理学家史金勒以他的试验证明，在学习方面，一只有良好行为就得到奖励的动物，要比一只因行为不良就受到处罚的动物学得快得多，而且更能够记住它所学的。进一步研究表明，人类也有着这相同的情形。我们用批评的方式，并不能够让别人产生永久的改变，反而经常会引起愤恨。

另一位伟大的心理学家希勒也说:“我们很希望获得他人的赞扬,相同的,我们也极为害怕他人的指责。”

批评所引起的愤恨,经常会降低员工、家人以及朋友的士气,而且所指责的状况也仍然不会得到改善。俄克拉荷马州恩尼德市的江士顿,是一家工程公司的安全协调员。他的职责之一是监督在工地工作的员工戴上安全帽。他说他一碰到没有戴安全帽的人,就官腔官调地告诉他们,要他们必须遵守公司的规定。员工虽然接受了他的纠正,却满肚子的不愉快,而经常在他离去以后,又把安全帽摘了下来。

他决定采取另一种方式。后来他发现有人不戴安全帽的时候,就问他们是不是安全帽戴上不舒服,或者有什么不适合的地方。然后他以令人愉快的声调提醒他们,戴安全帽的目的是在保护他们不受伤害,建议他们工作的时候一定要戴安全帽。结果,遵守规定戴安全帽的人逐渐多了起来,而且再没人因此而感到不满。

西奥多·罗斯福和塔夫脱总统之间曾发生过一场著名的争论——那次争论分裂了共和党,使威尔逊入驻白宫,写下了世界大战的辉煌之页。让我们来简单回忆一下这段历史:

1908 年,罗斯福卸任,推选共和党的塔夫脱当选为总统。然后,罗斯福就到非洲猎狮子去了。等他回来的时候,看到塔夫脱的保守作风,他大发雷霆,严厉地斥责了塔夫脱。他这么做,除了想要达到公然抨击塔夫脱之外，还有意为自己弄到第二任的提名，于是他另组了“进步党”，如此一来，几乎导致了共和党的瓦解。接下来大选的结果显示，塔夫脱和共和党只得到了维蒙州和犹他州两个州的选票。这是共和党在美国大选历史上一次空前的惨败。

罗斯福谴责塔夫脱，那么塔夫脱有没有责怪他自己呢？当然没有。他只是眼中含泪地为自己辩解说：“我看不出我怎么做，才能和我以前所做的有所不一样。”

该怪谁呢？罗斯福还是塔夫脱？坦白说，我不知道，而且我也不管。我现在要指出的一点是，所有罗斯福的批评，都不能使塔夫脱承认自己的错误，结果只会使塔夫脱竭力为自己辩护。

下面，让我们再来重温一个重要的事件，这件事曾让美国的公众舆论为此愤怒多年，几乎整个国家都为之震惊。在所有人的忘记中，美国政坛从来未出现过类似的丑闻。这件事就是著名的“茶壶堡事件”。事实的经过是这样的

哈丁总统的内政部长阿尔伯特·弗尔受权主掌政府在艾尔克山丘和茶壶堡地区油田的出租事宜——那些油田是保留给海军以后使用的。弗尔部长有没有让别人公开投票？没有。他索性把那份丰腴的合同交给他的朋友杜梅克。而杜梅克又是怎么做的呢？他给了弗尔部长所谓的十万美元“贷款”。然后，弗尔部长命令美国海军进入该区，骗走了那些对手，免得周围的油井汲走了艾尔克山丘的原油。那些对手，在枪头刀尖之下被赶走。他们冲进了法院，揭发了十万美元茶壶堡油田舞弊案。结果闹

得满城风雨，毁了哈丁总统的执政，激起全国的公愤，几乎弄垮了共和党，最终使弗尔落入铁窗。

弗尔被骂了个狗血喷头——还没有一个公务员被严厉斥责得如此凄惨。那么，他为此而感到后悔了吗？根本没有！多年之后，胡佛总统在一次公开演讲中，暗示哈丁总统之死是由于一个朋友的出卖，从而使他焦心和忧虑过度。而当弗尔太太听到这段话时，她从椅里跳起来，泪流满面，双手握紧拳头，尖声叫道："什么！哈丁被弗尔出卖了？不可能！我先生从没有出卖过任何人。满屋子的黄金，都不能使我先生起歹念。他才是被出卖而带上刑场，钉上十字架的人！"

你看：人性表现出来了，做错事的人只会责怪他人，而不会责怪自己。我们都是如此。

因此当你我明天很想批评他人的时候，不要忘了阿尔卡普、"双枪手"科洛雷，以及阿尔伯特·弗尔。我们要知道，批评就像家鸽。它们总会回来的。我们要知道，我们准备纠正和指责的人，可能会为自己辩护，反过来谴责我们；或者，像文雅的塔夫脱那样，他会说："我看不出我怎么做，才能和我以前所做的有所不一样。"

1865 年 4 月 15 日，林肯奄奄一息地躺在福特戏院正对面一家廉价客栈的卧房里。有人在戏院枪击了他。林肯那瘦长的身子斜躺在那张对他来说有些太短的床上。床的上方，挂着一张罗莎波南的名画"马市"的廉价复制品，桌上有一盏煤气灯发出惨淡的黄晕。

当林肯奄奄一息地躺着时，战争部长史丹顿说，"这里躺着的是世上有史以来最完美的元首。”

林肯为人处世的成功秘诀是什么？我对林肯的一生研究了十年，而且用了整整三年的时间写了一本有关他的书，取名为《人性的光辉》。我自信已尽了最大的努力，对林肯的个性和家居生活，做了详细和透彻的研究。对林肯和别人的相处之道，我更是做过特别的研究。

他是否喜欢批评别人？呵，是的。当他年轻的时候，在印第安纳州的鸽溪谷，他不止批评，还写信作诗揶揄他人，把那些信件丢在肯定会被发现的路上。其中有一封信所引起的反感，并持续了一辈子。

林肯在伊州春田镇执行律师业务的时候，甚至投书给报社，公开攻击他的对手。但他这种事，少做一次就好了。

1842 年秋天，他取笑了一位自负而好斗、名叫詹姆斯・席尔斯的爱尔兰人。林肯在《春田时报》刊出了一封未署名的信，讥讽他一番，令镇上的人都捧腹大笑起来。席尔斯是个敏感而骄傲的人，气得怒火中烧。他查出了是林肯写的这封信，于是便去找林肯决斗。林肯素来反对决斗，但为了维护荣誉，迫于情势的他只好接受了挑战。席尔斯给了林肯选择武器的自由。因为双臂很长，林肯就选择骑兵的长剑，并和一名西点军校的毕业生学习舞剑。决斗的那一天，林肯和席尔斯在密西西比的一个沙堆碰头，准备决斗至死为止。但是，在最后一分钟，他们的助手阻止了这场决斗。

这是林肯一生中最恐怖的私人事件。在做人的艺术方面，他学到了无价的一课。他从此再没有写过一封侮辱他人的信件。他不再取笑任何人了。从那时候起，他没有为任何事批评过任何人。

南北战争的时候，林肯一次又一次任命新的将军统帅波多麦之军，而每一个将军——麦克时蓝、波普、伯恩基、胡克尔、格兰特——相继地惨败，这使得林肯只能失望地踱步。全国有一半的人都在痛骂那些差劲的将军们，但林肯却“不对他人指责只对大家祝福”，一声也不吭。他喜欢引用的句子之一是“不要评议别人，别人才不会评议你。”

当林肯太太和其他人对南方人士有所非议的时候，林肯回答说：“不要批评他们；假如我处在相同情况之下，也会和他们一样。”盖茨堡之役发生在 1863 年 7 月的最初三天。在 7 月 4 日晚上，李将军开始向南撤退的时候，黑云密布，大雨倾盆。当他带着挫败之军，退到波多梅克时，发现洪水猛涨，无法通行，而身后又是一支胜利的北军。李将军被困住了。他无法逃脱。林肯看出了这一点——这是一个天赐良机，一个消灭李将军的军队立即结束战争的机会。因此，林肯满怀希望地命令格兰特不要召开军事会议，而是立即开始攻击李将军。林肯用电话下令，又派出一名特使去见格兰特，要他立即采取行动。

而格兰特将军又是怎样做的呢？他的做法正好和所接到的命令相反。他违反了林肯的命令，召开了一次军事会议。他迟疑不决，一再拖延。他给林肯打电话，举出各种借口，拒绝攻击李将军。最后，洪水退去，李将军带着他的军队从波多梅克逃脱了。

林肯勃然大怒。“这是什么意思？”林肯对他的儿子罗勃叫起来。“老天爷！这是什么意思？他们在我们的掌握中，我们只要伸出手来，他们就是我们的了；但我无论说什么或做什么，都无法让我们的军队移动一步。在那种情况之下，几乎任何一个将领都可以击败李将军。假如我在那儿的话，我自己就能把他歼灭。”

在痛苦和失望之余，林肯坐下来，给格兰特写了一封信。别忘了，林肯这段时期的措辞总是非常保守和克制。因此，他在1863年所写的这封信，算是再严厉不过的了。

我亲爱的将军：

我不相信你能体会李逃脱所引起的严重不幸。他本来在我们的轻易掌握之中，当时假如对他一拥而上的话，加上我们最近的一些其他胜利，就可把战事结束了。结果现在呢，战事可能会无限期地持续下去。如果你上星期一不能安全地攻打李的话，又怎么能在渡河之后，在你只剩下少部分的兵士时——不到你当时手边的三分之一兵力——去进攻他呢？我无法期望你可以改变情势，若要期望你可以的话，也是一种不合理的期望。你的良机已经失去了，因此我感到无限的悲痛。

你猜，格兰特读到这封信的时候会有什么反应？

格兰特一直没有看到这封信，因为林肯没有把它发出去。这封信是在林肯死后，在他的文件中被找到的。

我的猜想——这只是一个猜想——是，写完这封信以后，林肯看看窗外，对自己说，“等一下。或许我不应该如此匆忙。我坐在这静静的白宫里，命令格兰特去出击，是举手之劳的事；但假如我当时是在盖茨堡，假如我在上星期，也和格兰特一样，见到遍地血腥，假如我听到伤兵的悲号哀吟，也许我也不会如此急着去进攻了。也许我的性格和格兰特一样地柔弱，我的做法可能就会和他的相同了。无论怎么样，现在木已成舟了。如果我发出这封信，固然可以发泄我的不快，但是却会使格兰特为自己辩护。将会使他责备我。这将会造成恶感，破坏了他身为指挥官的效力，而且也许迫使他辞职不干。”

因此，就像我上面所说的，林肯把这封信放在一旁，因为他从痛苦的经验中学到，尖刻的批评和严厉斥责，几乎总是无济于事。

西奥多・罗斯福总统说，他任总统时，若遇到棘手的问题，常往后一靠，抬头看看挂在他白宫办公室墙上那张林肯的巨幅画像，然后问自己，“如果林肯在我这种情况下，他将怎么做？他将怎样解决这个问题？”

马克・吐温经常会大发脾气，写的信火气之大足能把信纸烧焦。有一次他写信给把他激怒了的人，“给你的东西应该是死亡埋葬许可书。你只要开口，我一定会协助你拿到这份许可书。”又有一次，他写信给一位编辑，谈到一个名校对企图“改进我的拼字和标点”。他用命令的口气写道：“此后这方面的情形必须遵照我的底稿去做，并且要教那个校对把他的建议留在他已经腐朽了的脑子里面。”

写这些可以刺痛别人的信，让马克・吐温感到很痛快，也让他消了气。不过这些信却并没有引起任何不好的反应，因为他的太太已经悄悄把这些信拿了出来，没有付邮，也就是说，这些信根本就没有寄出去。

你是否想劝某人改掉一些坏习惯呢？如果是，那么我非常同意你的想法。但为什么你不从自己先开始呢？

从一个纯粹自私的观点来说，这比有意改进别人获益更多——是的，而且所冒的风险也少得多。

白朗宁曾说：“当一个人先从自己的内心开始奋斗，他就是个有价值的人。”要革除你自己全部的缺点，或许必须到圣诞节才办得到。那时候你就可以在假期里好好休息一番，再利用元旦规劝和批评他人。

但要先把自己弄得十全十美。

“不要抱怨邻人屋顶上的雪，当你自己门口脏兮兮的时候。”

当我还很年轻的时候，很想表现一番。我给作家察哈丁·戴维斯写了一封信，他一度在美国文坛上红得发紫。我当时正着手写作一篇有关作家们的杂志文章，我在信中请戴维斯告诉我他的写作方式。在这几个星期之前，我曾收到一封来信，信末写着：“口述信，未读过。”

我觉得好极了。我觉得写那封信的人，一定很了不起、很忙碌、很重要。我一点也不忙碌，但是我急于向里察哈丁·戴维斯表现一番，因此我就在短笺的结尾，以这些字句作为结语：“口述信，未读过。”

他根本就没给我回信，只把信退还给我，还在尾端草草地写下：“你的礼貌真是没有礼貌。”没错，我是做错了，或许我是咎由自取。但身为一个凡人，我不以为然。我不以为然的感受是如此深刻，当我在十年之后听闻察哈丁·戴维斯的死讯时，我心中仍然想着我曾羞耻地承认他那次对我的伤害。

假如你我明天要造成一种历经数十年、直到死亡才消失的反感，只要轻轻吐出一句恶毒的评语就可以了。

和别人相处的时候，我们要记住，和我们来往的不是纯粹理性的生物，而是充满了情绪变化、受自负和虚荣心驱使的生物。

刻薄的批评，曾使得英国最好的小说家之一托玛斯·哈代永远放弃了小说写作，使得英国诗人汤姆斯·查特登走向自杀。

本杰明·富兰克林年轻的时候不大懂处世之道，后来和人相处变得圆滑干练，被任命为美国驻法大使。他成功的秘密是什么？“我不说任何人的坏话，”他说，“我只说我所知道的每个人的一切长处。”

只有不够聪明的人才批评、指责和抱怨别人——的确，很多愚蠢的人都这么做。“全然了解，就是全然宽恕。”正如约翰博士也说过：“要知道，即使是上帝，不到世界末日，他也不会轻易审判世人。”那么你我又为何要批评别人呢？

## 献出你的真实、诚恳和赞赏

天底下只有一个方法，可使任何一个人去做任何一件事，你有没有静心下来，想过这件事呢？是的，只有这样一个方法，那就是让别人愿意去做那件事。

当然，你可以用一枝左轮手枪，对着一个人的胸脯，那么他也会乖乖地把表给你。你可以用恫吓解雇的方法——在你尚未转身过来前——叫一个雇用的人跟你合作。你也可以用鞭笞，或是恫吓，让一个孩子做你所需要他做的事。可是这些粗笨的方法，都会产生极为不良的反响。

我能叫你去做任何事情的唯一方法，那就是把你所需要的给你。

你要些什么？

弗洛伊德曾这样说：凡你我所做的事，都起源于两种动机，那是性的冲动，和能成为伟人的欲望。

美国最渊博的哲学家之一，约翰·杜威教授，他的措辞稍微有些不同。他说，人类天性中最深切的欲望是“做重要人物的欲望”。记住这句话：“做重要人物的欲望。”这句话是有特殊意义的。在这本书中，你还将看到许多相关内容。

你所需要的是什么呢？也许并不是很多，只是几样你所希望拥有的东西——你不断地渴望能够享有它们。这也是大部分人想要拥有的：

一、身体的健康和生命的延续；

二、食物；

三、睡眠；

四、金钱和金钱所能买到的；

五、长寿；

六、性的满足。

七、子女们的幸福；

八、自重感。

除了第八点，几乎所有的这些欲望都不难满足。但有一种欲望就像我们渴望食物、睡眠一样深切，但很难那样轻易得到满足，那就是弗洛伊德所说的“成为伟人的欲望”，也就是杜威所说的“做重要人物的欲望”。

林肯总统曾在一封信的开头说：“每个人都喜欢受人恭维。”威廉·詹姆士也这样说过：“人类天性至深的本质，就是渴求为人所重视。”在这里，他并没有说“希望”“欲望”或是“渴望”，而是说“渴求”。这是一种痛苦的，而且急待解决的人类“饥渴”，能真正满足这种内心饥饿的人实在是凤毛麟角，而正是这种人才能把握别人，甚至“在他去世的时候，连殡仪馆那些兜揽生意的人也会为之叹息。”

寻求自重感的欲望，是人类和动物间的一项重要差别。我举个例子。那时我是密苏里的一个农家儿童，我父亲饲养一种品种优良的猪和一种白脸牛。那时我们常在牲口展览会中陈列我们的猪和白脸牛，并曾经获得几十次头奖。

我父亲把蓝缎带的奖章用针别在一条白布上，当有亲友们来我们家时，父亲就拿出这条白布来，我握着这一端，他握着那一端，让亲友们来观赏。

猪、牛并不在乎牠们赢得的蓝锻带，可是父亲却十分重视，因为这些奖品，给他带来了一种“自重”的感觉。

假如我们的祖先对“自重感”没有强烈的欲求，我们就不会有文化，也就跟动物差不多了。

就是这种自重感的欲望，激起一个没有受过良好教育，在一家杂货店工作的贫困店员，翻遍了整个满堆杂货的大木桶，找出他用五分钱所买的几本法律书籍，痛下决心去研究。你或许听说过这杂货店的店员，他的名字叫林肯。

这种自重感的欲望，激发了狄更斯写出了不朽的名著。这自重感的欲望，使华伦完成了他的设计。由于这自重感的欲望，使洛克菲勒积存了他一辈子花不完的钱。也是这个欲望，使得那些富豪们建造了一栋栋巨大豪华的别墅，而这对于他们来说根本没多大用处。这个欲望，能使你穿上最新颖的服饰，驾驶最漂亮的轿车，和别人谈论你白己聪明伶俐的孩子 也就是这种欲望，使许多青少年成为盗匪。前任警察总监玛罗尼曾这样说过：

“如今的青年罪犯，充满着自负。他们在被捕以后，第一个请求不是别的，而是要求看那篇骇人听闻的、使他成为‘英雄’的报道。他们只想看见自己的照片能够和著名的运动、电影和电视明星以及政客的照片共同登在报纸上，服刑对他们来说似乎不是什么大不了的事。”

如果你告诉我，你是如何得到你的自重感的，那么我就可以告诉你，你是怎样的人；确定你的性格，对你来讲，是桩最重要的事。

洛克菲勒捐钱在中国北京建造最新式的医院，照顾了许多他没有见过面也永远不会见面的贫民，藉此得到了他的自重感

反过来说，狄林克做土匪、抢银行、杀人，也是在满足自重感。当警方人员搜捕他时，狄林克闯进一家农舍，说：“我是狄林克……我不会杀害你，但我是狄林克！”他以他是第一号公敌为荣。

是的，狄林克和洛克菲勒最大的差别，就在于他们如何获得自己的自重感。

历史上有很多名人为了自重感挣扎的有趣事例。华盛顿喜欢被人称为“至高无上的总统”；哥伦布向皇家请求获得“海洋大将”和“印度总督”的名衔；女皇凯撒琳拒绝拆阅没有称她为“女皇陛下”的信件；林肯夫人曾在白宫像母老虎似的对格兰特将军的夫人大发雷霆：“你怎么敢在我请你坐下以前就在我面前坐下！”

有一些百万富翁，资助拜尔将军去南极探险，不过有一个附带条

件，那就是要以他们的名字命名那些白雪覆盖的山峰。而雨果甚至希望将巴黎改成他的名字。

人们会为了取得同情和注意和“自重感”而故意装病。例如，麦金利总统的夫人曾强迫她的丈夫放下国家的重要事务，倚偎在她床边，搂抱着她，哄她入梦，这样每次需要数小时的时间，麦金利夫人藉此得到她的自重感。

麦金利夫人她治牙的时候，也坚持让丈夫陪着她，藉此来满足她医牙痛楚时被注意的欲望。有一次麦金利和国务卿约翰·海尔有要事相商，所以不得不让她一个人去看牙医，结果她大发脾气。

作家玛丽·罗伯茨·莱恩哈特也曾给我讲过一个故事，一位“聪明”的青年女性为了获得重要感突然装起病来。

莱恩哈特夫人说：“有一天，这妇人不得不面对一种事实……或许是年龄的关系，使她永远不能结婚的事实，想到孤独的晚年就将在她面前展开，可期望的事，实在太少了。”

莱恩哈特夫人又说：“她躺在床上有十年的时间。她年老的母亲，每天上下三楼，捧着碟盘去侍候她。有一天，这位年老的母亲由于过度的疲惫，终于倒地去世，床上的这个病人，沮丧了数星期后，她穿衣起床，身上的病也消失了。”

有些专家宣称，人可能真的会发疯，为的是要在疯狂的幻境中，寻找冷酷的现实世界上所得不到的自重感。在美国医院中，患精神病的人数要比患其他病的人数总和还要多。如果你年纪在十五岁以上，又住在纽约州，你可能有二十分之一的机会，在你的一生中要住七年以上的疯人病院。

精神错乱的原因是什么?

没有人能回答出这样笼统的问题，不过，我知道有些疾病，比如梅毒，会摧残伤害脑细胞，结果导致癫狂。实际上，约有半数以上的精神病是由于生理原因造成的。像脑部受到损伤、酒醉、中毒以及由于其它原因所造成的伤害。

可是另外一半精神病患者，很明显，他们的脑细胞中并没有任何病态。对这些人死后所进的尸检中，即使用最高倍的显微镜检查他们的脑部神经，也很难查出什么问题，他们的脑部神经和我们的一样健全。

为什么这些人会精神错乱?

我最近曾向一位疯人医院的主治医师提出过这个问题，这位医师对精神病学领域很有研究，得过最高的荣誉和表彰。他坦言，许多精神错乱的人，在他疯癫的状态中找到了真实世界中所无法获得的自重感。然后，他他告诉了我一个真实的故事。

“我现在有个病人，她的婚姻是一出悲剧。她需要爱情、孩子和社会上的声望，可是现实生活却没有赋予她梦幻中的希望。她丈夫不爱她，甚至于拒绝跟她一起用餐，而且还强迫她服侍他在楼上房间吃饭。她没有孩子，没有社会地位。这一切终于让她精神错乱，而现在在疯癫梦幻中，她已经跟丈夫离了婚，恢复了她少女时的姓名。她现在相信自己已嫁给英国皇家贵族，并且坚持要人家称她是史密斯夫人。

至于她所希望的孩子，现在她幻想中也已经有了。每次我去看她时，她都会对我说："医生，我昨夜生了一个孩子。"

这故事悲惨吗？我不知道。这位医师对我说："如果我能伸出我的手，去治愈恢复她的清醒，我也不愿意那样做，她现在似乎获得了她真正所期盼的快乐。"

以整体来讲，精神失常的人，似乎要比你我更快乐，因为他们已经解决了他们的问题。他们可以轻而易举的签出一张百万美元的支票给你。或者给你一封介绍信，去见一位有名的人物。在他们所创造的梦境中，他们能找到他们所期望的自重感。

如果有人对自重感，如此地迫切饥渴，甚至于真的成了精神失常只为获得它，试想若是在人们尚未疯癫前，就给予他真诚的赞扬，那时你我的成就，又会产生什么样的奇迹呢？

据我所知，有史以来，美国第一个年薪超过100万美元的人是查尔斯・史考伯。1921年，他被"钢铁大王"安德鲁・卡耐基任命为新成立的美国钢铁公司总裁，当时他只有38岁。卡耐基为什么付给史考伯100万美元的年薪呢？因为史考伯是个天才吗？不。那是他所掌握的钢铁制造知识比别人更多吗？也不是。史考伯本人曾告诉我，在他手下做事的许多人在这方面知道得比他更多。

史考伯说，他之所以能获得这么高的薪水，主要是因为他处理人际关系的能力。史考伯亲口告诉我他的秘诀——我认为，应该将这些话镌刻在不朽的铜牌上，悬挂在每个家庭、学校、商店以及办公室中，这些话每个儿童都应该背下来，而不是浪费他们的时间去背诵拉丁动词的变形或巴西每年的降雨量。这些语句将会改变你我的生活，如果我们能够真正去实行的话。

史考伯说：“我认为，我在人群中有激发他们热诚的能力，那是我所具有的最大的资本。我充分发展每一个人才能的方法是用赞赏和鼓励！世界上最容易摧毁一个人志向的，就是上司所给他的批评。我从来不批评任何人，我只给人们工作的激励。我是急于称赞，而迟于寻错，如果说我喜欢什么的话，那就是诚于嘉许，宽于称道。”

这就是史考伯的做法。但一般的人又是如何做的呢？正史考伯的正好相反。如果某人不喜欢做某件事，他就会吹毛求疵，竭力挑剔它的毛病；而如果他真的喜欢它，就会闭口不谈，就好像它完美得无可挑剔一样。

史考伯还曾这样说过：“我的一生交际很广，在世界各地见到过许多了不起的大人物。不过，我还没有发现一个人——无论他多么伟大，地位多么崇高——能在受到批评的情况下，取得比在赞许情况下更积极出色的工作成绩。”他坦白地说，这就是安德鲁·卡耐基之所以有这种惊人成就的一个显著原因。卡耐基，常常称赞他的雇员，不论是在公开场合还是在私下里。卡耐基甚至在他的墓碑上都要称赞他的雇员。他为自己写了这样一句碑文：“这里躺着的是一个知道怎样与那些比他更聪明的属下相处的人。”

百老汇最负盛名的歌舞剧团老板齐科菲可谓风光无限，因为他能够让一个名不见经传的美国女子一夜间扬名四海享有崇高声誉，那些长相不起眼到人们不愿意多看一眼的女子，在经过他的训练之后，总是能够魔幻般地变成舞台上富有魅力的名媛。

齐科菲很实际，他增加歌女们的薪金，从每星期30美元增加到175美元。他也很讲义气，在福立士歌舞剧开幕之夜，他发出贺电给剧中明星，并且赠予每一个表演的歌女一朵美丽的玫瑰花。

记得有一次我迷上了当时流行的节食风潮，整整六天六夜没有吃东西。不过，这并没有什么难的，尤其是在第六天结束时，我反而不像第二天时那样饥饿难耐。可是你我都知道，如果有人强迫他的家人或是雇员六天内不吃东西，那就是在犯罪。然而，如果六天、六周、甚至是六十年都不给人以任何赞美，那么这算不算也是一种犯罪呢?

当年，爱尔法利特在“维也纳的重合”剧中担任主角的时候，曾经这样说过:“我最需要的东西，是我自尊的滋养。我们照顾了孩子、朋友，和员工们体内所需要的营养，可是我们给他们自尊上所需要的营养，却又何等稀少。我们给了他们牛排、马铃薯等的食物，培植他们的体力，可是忽略了给他们赞赏，和那些温和的言语。

有些读者看到这几句话时，可能会这样说:“这是老套、恭维、阿谀、拍马屁，我都已尝试过那些了，对受过教育的知识分子是没有用的。”

当然拍马屁那一套是骗不了明白人的，那是肤浅、自私、虚伪的，那应该失败，而且经常要失败。可是，有些人对赞赏，尤其是出于内心的赞赏却实在是太需要了。

有这样一个例子：屡次结婚的蒂凡尼兄弟俩，为什么在婚姻方面会这么一帆风顺？为什么这两位“花花公子”能够与与两位美丽的电影明星结呢呢？他们是怎么做到的？圣约翰在自由杂志中，曾这样说：“蒂凡尼兄弟对于女人的魅力，很多年以来，对许多人来说，一直是神秘的。”

波拉尼格妮，是一位见闻广博的女人，一位男性的鉴赏家，他是一位伟大的艺术家，有一次她给我解释了这个问题。她说：“他们比我所遇见的任何男人都懂理恭维之道。而恭维之道，在这个现实而没有情意的时代里，几乎是一样被人们遗忘的东西。这一点，我可以向你保证，是蒂凡尼兄弟吸引女人的秘密。”

如何区别赞赏和谄媚？其实很简单，一个真诚，一个虚伪。一个发自内心，一个脱口而出。一个毫无自私目的，一个全由私利。一个通常会受到尊敬，另一个往往受到谴责。

最近我去墨西哥城的查普特佩克宫看到了一座奥伯根将军的半身像。在雕塑下面，刻着奥伯根将军的名言：“别怕攻击你的敌人，提防谄媚你的朋友。”

我在这里强调一下，我不是在建议你去拍马屁！请远离这种行为！我说的是一种全新的生活方式！如果只要恭维就能够达到目的，人人都可以做到，人人就都可以成为人际关系方面的专家了。

英皇乔治五世有一套格言，共有六条，悬在白金汉宫书房的墙上。其中有一条说的是：“教我不要奉承或接受卑贱的赞美”。

在现实生活中，我们会把 95% 的时间用来思考自己的事情。现在，如果我们暂且不考虑自己，而是去想想别人的优点，那么我们就不会，也就没有必要刻意去营造出那些廉价而尚未出口的虚假恭维了。

爱默生曾说："凡我所遇到的人，都有胜过我的地方，我就学他那些好的地方。"

爱默生这样的见解，是非常正确的，是值得我们重视的。停止思考我们自己的成就和需要，让我们去研究别人的优点，把对人的恭维、谄媚忘掉，给予别人由衷、诚恳的赞赏。人们对你所讲的，将会重视和珍惜，终生藏之背诵。即使你已把这件事忘了很久，可是他们还会牢牢记着你所说的话。

# 激发别人的强烈渴望

每一年的夏天，我都去梅恩钓鱼。我喜欢吃杨梅和奶油，但我发现水里的鱼爱吃小虫。所以当我去钓鱼的时候，我不会拿草莓或者奶油当鱼饵，而会在鱼钩上穿一条小虫或是一只蚱蜢，放下水里，然后对鱼儿说："你想尝尝这个吗？"

你为什么不用同样的常识，去"钓"一个人呢？

第一次世界大战时期的英国首相劳埃德·乔治就常常采用这种方式。有人曾问他，当其他在战争年代成为领袖的人，如威尔逊、奥兰多以及克里孟梭等人都逐渐被世人遗忘的时候，为什么他仍然能够大权在握。他回答说："如果我有什么执权秘诀的话，那可能就是因为我很早就明白了一个道理：要想钓什么鱼，就要挂什么饵！"

为什么我们只谈自己所要的呢？那是孩子气的，不近情理的。当然，你注意你的需要，你永远在注意。但别人对你却漠不关心。要知道，其他的人都像你一样，他们关心的只是他们自己。因此，世界上唯一能够影响别人的方法，就是谈论他人所需，并且告诉他怎样去得到。请记住这一点！尤其是在你要让别人去做某件事的时候。

当你不想让孩子吸烟时，你不需要教训他，只需告诉他，吸烟可能使他不能参加棒球队，或是不能在百码竞赛中获得胜利。不论你是应付孩子，或是一头小牛、一只猿猴，这都是值得你注意的一点。

有一次，爱默生和他的儿子要把一头小牛赶入牛棚，他们犯了一般人都会犯的错误，只想到自己所需要的，没有想到那头小牛的需求。爱默生推，他儿子拉，而那头小牛却挺起它的腿，坚持拒绝离开那块草地。

旁边的爱尔兰女佣人看到这个情形——虽然她不会写书做文章，可是至少她懂得牛马牲口的感受和习性，所以她想到了这头小牛所需要的是什么。于是她把拇指放进小牛的嘴里，一面让小牛吮吸她的拇指，一面温和地引它走进了牛棚。

从你来到世界上这一天开始，你的一举一动的出发点都是为了你自己，都是因为你有所需求。例如，你捐助红十字会 100 美元的时候，也不会是例外，你捐给红十字会 100 美元，是因为你要行一桩善举，因为你要做一件神圣的事。可是，或许是你不好意思拒绝，所以才捐助的。或许因为一位主顾，请你捐款。但有一件事是确定的。你捐款，是因为你需要些什么的缘故。

亚弗斯德教授在他那本极具启发性的著作《影响人类的行为》中说：

“行动是由我们基本欲望所产生的。对于未来想要说服人家的人，最好的建议是，无论在商业中、家庭中、学校中、政治中，都要先激起对方某种迫切的需要，若能做到这点就可左右逢源，否则就会到处碰壁。”

安德鲁·卡耐基早年是个贫苦的苏格兰儿童，当时他工作的酬劳每小时只有两分钱，可是后来捐的钱总共有三亿六千五百万美元。他很早就已经知道了影响人的唯一方法，那就是以对方需要的来讲。他只受过四年的学校教育，可是他学会了如何应付人。

有一次，安德鲁·卡耐基的嫂子为她的两个儿子忧急成病，这两个孩子在耶鲁大学念书，可能由于他们自己事情很忙，所以忘记了给母亲写信。卡耐基知道这件事后，他给两个侄儿写了封闲谈的信。他在信末说，会给他们每人寄去 5 美元钞票一张。

可是，他并没有把钱装入信封。

很快，两个侄子的回信来了，他们在信中谢过了他们的叔父，同时在信中说他们没有收到钱。

所以，当你要劝说某人去做某件事，在尚未开口前，不妨先自问一下：“我如何能使他要做这件事？”这样可以使我们不至于冒冒失失、毫无结果地去同别人谈论我们的各种愿望。

我每个季度会租用纽约一家饭店里的大舞厅，用 20 个晚上来进行一系列的演讲。在某一季开始的时候，我突然接到那家饭店的通知，要我付三倍于过去的租金。可是我接到这项消息时，通告已经公布，入场券已经印发。

我自然不愿意付出增加的租金，可是，把我的这一愿望告诉饭店又有什么用呢？他们所注意的只是他们所需要的，所以过了两天，我去见了那家大饭店的经理。

我对那位经理说："接到你的信时，我感到有点惶恐。当然我不会怪你，如果我们易地而处，我也会写出这样类似的信。作为饭店的经理，你的职责就是让饭店盈利。若是你不这样做，你就会被撤去职务，甚至会被革职。现在我们拿出一张纸来，写上有关你的利弊，如果你是坚持要加租的话。"

我拿了一张纸，经过纸上的中心点，划出一条线，上端写上"利"，另一端写上"弊"。

我在"利"的那一行写着"舞厅会空出来"几个字，然后接着说："你可以自由的出租舞厅，作跳舞诸类聚会之用，那是一项很大的收入。如果这样做，显然你的收入要比租给一个以演讲集会为用的收入更多。如果我在这一季中，占用了你舞厅二十个晚上，你一定会失去了那些有更多盈利的收入。"

我又说："现在我们来谈谈另一方面。由于我无法接受你的要求，减少了你的收入。在我来讲，因为我不能付出你所需要的租金，不得已只有在别处举行演讲。可是，另外有一项事实，我相信你该想到的。来参加我这个讲研会的人，都是上层的知识分子，那么，这对于你的饭店来说，难道不是做了一次成功的广告吗？事实上，即使你花费 5000 美元的广告费，也不一定会吸引这么多人到你的饭店来。您觉得我说的对不对呢？”

第二天，我就收到这位经理的一封信，信中告诉我租金只加一半，而不是当初所说的加三倍。请注意，我当时并没有说一句有关于我要减少租金的话，我所说的，都是对方所要的，和他该如何得到它。

如果我按普通人的做法，闯进这位饭店经理的办公室，跟他理论。我可以这样说：“我的入场券已经印好，通知已经公布，你突然增加我三倍的租金，那是什么意思？百分之三百，这太不近情理了，我不付！”

在这种情形下，又会如何呢？争论、辩论或许就会蒸发、沸腾了！可结果又如何呢？即使这位饭店经理知道自己做的不对，可是，为了自尊他也不会承认这一点。

关于人与人之间建立关系的艺术，这里有一个很好的建议。亨利·福特曾这样说过：“如果成功有什么秘诀的话，就是拥有了解对方的观点，并且能从对方的角度来看待事物的那种才能。”

是的，我把福特的话，再重说一遍：“如果成功有什么秘诀的话，就是拥有了解对方的观点，并且能从对方的角度来看待事物的那种才能。”其实这句话非常浅显，任何人都能一眼看出其中的道理，但是世界上有 90% 的人在 90% 的时间里，会忽视它。

举个例子吧。看看明天早上你桌上的来信，你可以发现大多数信件违反了这种常识性的道理。就拿其中一封信来说吧——这封信是一家在全国各地都有分公司的大广告公司的无线电部主任写的，它分发给全国各地的无线电台经理（我将在括号中表明我对每一段文字的想法）。

亲爱的布兰克先生：

本公司希望在无线电界，能保持广告业务的领袖地位。

（谁关心你的公司的希望？我正为着自己的多种问题在烦恼呢！银行要取消我房产抵押的取赎权，害虫正在损害我的花草，昨天交易市场混乱，早晨我误了八点一刻的火车，昨晚强斯家里舞会没有请我，医生说我有高血压、神经炎的毛病……）

本公司全国广告的帐户，是初步营业网的保障，我们以后所需要的电台时间，已保持我们每年在各家公司之上。

（你自大，炫耀有钱，一切都遥遥领先，对不对？那又怎么样？如果你像全国汽车公司、全国电气公司、美国陆军总部合起来那么大，我也不去理会的。如果你自己也只是一知半解，那你就该知道，我只关心我的公司有多大，而不是你的公司有多大。）

我们希望以无限电台最近的消息，服务我们的客户。

（“你”希望！“你”希望！你这头蠢驴。我不在意“你”所希望的，或是墨索里尼所希望的，或是平克劳斯贝所希望的，我干脆告诉你，我只注意“我”所希望的。在你这封不近情理的信里，竟没有提到这样的字。）

所以，你可以把本公司列入优先名单，每周供给电台消息凡对于广告公司在消息登记时有用的每一项细目。

（“优先名单”，你替你的公司自吹自擂，使我感到自己那么微小。

你要我将你列入优先名单，你需要的时候，连“请”字也不说。）

即刻回信，告诉我们你们最近的“活动”，将对彼此都会有好处。

（你这个笨蛋，你寄了一封普通的油印信给我，是一封分发各地的通知信——就像秋天的落叶那么多。你要我正在我房产抵押，血压太高的时候，坐下来单独写封信，回答你那封油印格式的信，而且还要我给你“即刻回信”。“即刻”是什么意思？难道你不知道，我也跟你一样的忙。我问你，谁交给你这样一个“权力”来吩咐我的？你说“彼此有益”，最后你才开始提到我的立场，可是又如何对我有益，你却模糊不清，没有详细说明。）

无线电部主任布兰克谨启

再启：附上《布兰克维尔日报》的副本，以供参考，你也许愿在你的电台里播放。

（在你这一则附启中，提到了可以帮助我解决一项问题的事，为什么不用这些，作为你这封信的开端。可是，那又有什么用？任何广告公司的人，犯了像你寄来这封倍中那种愚蠢的毛病，脑神经一定不正常。）

如果有个一生致力于广告事业的人，他自以为有影响他人的力量，可是写出那样的一封信来，我们如何能给他更高的评价呢？

这里有另外一封信，是一位极有规模的货运站总监写给我研究会讲习班里一个学员维米兰的。这封信对一个收到信的人来讲，会有什么影响呢？先看过这封信后，我再告诉你。

各位执事先生：

本公司外运收货站的工作常常受到阻碍，因为好多货物都在傍晚时才送来，结果造成交通拥挤，我们的人员加班、运输迟延、有时候还延误开车。11 月月 10 日，我们收到贵公司交运的货物 510 件，送达时间是在下午 4 点 20 分。

为了减少货物迟交所发生的不良影响，我们希望与贵公司充会地合作。以后如交运大批货物时，是否可以尽量提早时间送来我们这里，或于上午送来一部份？

该项措施，有益于贵公司业务，可以使你们的载货卡车迅速驶回，同时我公司保证，收到你们货物后会立即发出。

总监某某谨启

读完这封信以后，担任西来吉亚公司销售经理的维米兰写了下面这些意见给我：

“这封信所产生的效果，正与对方的原意相反。信的开端，说出对方货运站的困难，一般来讲这不是我们所注意的。接着对方要求我的合作，可是他们丝毫没有想到，是否对我们有所不便？信上未尾一段，提到如果我们合作，可以使卡车迅速驶回，且保证我们的货物可以在收到之日立即发出。

换句话说，我们所最注意的事，在最后才提到，使整个效果起了相反的作用，而不是合作的精神。”

现在我们看看，这封情是否能加以改善而重写，我们不需要浪费时间谈我们的问题，就像亨利·福特曾经说过的让我们“得到对方的立场，由对方的观点来看事物，正同由我们的观点一样”。

这里是一种修改的方法，也许不是最好，但是不是能改善过来呢?

亲爱的维米兰先生:

十四年来，贵公司一直是我们欢迎的好主顾。当然，对你们的照顾，我们表示非常感激，并且极愿意提供你们更迅速有效的服务。遗憾的是，如果你们的卡车再在黄昏的时候运来大批货物的话，例如11月10日那天的情形，我们就无法提供这种服务了。

因为很多其他公司也是在傍晚时交货，这样不会发生停滞的现象。至于贵公司运货卡车，有时也难免在码头受阻，从而使你们货运延迟下来。

这情形非常不好，可是又该如何避免呢?如果可能的话，能不能请贵公司在上午时把货物交送到码头呢?这办法可以使贵公司运货卡车迅速地继续流动。而你们交运的货物，我们也可以立即进行处理，我们的工作人员也可以提早回家，品尝贵公司出品的美味通心粉。

看过这封信后，请不要认为我们是在抱怨，也请不要以为我们是在多管闲事，建议贵公司应如何经营。这封信的目的，只是希望能够为贵公司提供更有效的服务。

贵公司货物无论何时到达，我们仍愿竭力迅速地为你们服务。 你处理业务很忙，请不必费神回信。

总监某某谨启

如今，成千上万的推销员，疲倦、沮丧、酬劳不足，整日徘徊在路上！这是为什么呢？因为他们永远只替他们所需要的打算、着想，而没有注意到，他们所推销的是不是我们所需要的东西。

如果我们要买我们需要的东西，会自己出去买，原因是我们所注意的是如何解决自己的问题。假如有个推销员，他的服务和货物，确实能够帮助我们解决一个问题，那么他不必喋喋不休的向我们推销，我们也会买他的东西。顾客喜欢觉得是自己主动买的，而不是由于推销才买的。

但有很多人费去一生的光阴在做销售工作，却从没有站在买主的立场上看问题。

我住在大纽约中心的林丘住宅区。有一天，我正急匆匆地赶去车站，碰巧遇到一个经营房地产的代理人，他在长岛一带买卖房地产已以很多年了。他对我所住的林丘住宅区非常熟悉，所以我问他，我住的那种房子是用钢筋建造的，还是用空心砖建造的。他说他不知道，他告诉我可以打电话给森林公园园艺会问清楚，这一点，我也知道。

第二天早晨，我接到他一封信。他是要把我想知道的事告诉我？那不需要写信，花一分钟时间给我打个电话就可以了。但他没有这样做，他还是叫我去问那个询问机构，最后请求我委托他代办保险业务。

他并不是真的想帮助我，他只对帮助自己感兴趣。我应该送给他两本书，《乐于施舍者》和《分享财富》。如果他读了这两本书，并能够学以致用的话，他将会赚到更多的钱——比代办我的保险要多上一千倍。

那些专业的人们，往往也犯有这种同样的错误。

那是几年前的事，当时我去费城一位著名的喉鼻医生的诊疗室。这位医生在没给我看病之前问我是做什么的，他没有关注我的扁桃腺的大小，而是在关注我的钱袋的大小。他所关心的，不是帮助我、替我解决一个问题，而是能从我的钱袋里得到多少钱。结果，他什么也没有得到。我轻视他人格的欠缺，放弃了让他诊疗的打算，离开了他的诊疗室。

世界上有很多这样的人，他们非常自私，只懂得掳取，可是他们往往什么也得不到。可是那些不可多得的、不自私的、服务他人的人，却相反地获得了很大的利益。欧文·杨曾经这样说过："一个人能设身于他人境地，能了解他人意念活动，他不必考虑到将来的前途如何。"

如果你从这本书中学到了这一点——"永远从别人的立场出发去思考，并从他的角度来看问题"，它可以很轻易地变成你事业中的一个里程碑。

许多人受过大学教育，研钻深奥的学问，可是，他们从未发现到，自己的心是如何起作用的。有一次，我为一些在一家冷气装置公司工作的年轻职员举办了一场"有效力的演讲术"的课程，他们都是大学毕业生。我找出一项资料，给他们打了个比方：

有个人要劝别人打篮球，他是这样说的："我要你们去打篮球，我喜欢篮球。可是前几次去体育馆，由于人数不足，不能分队对垒。那天晚上我们两三人只能做掷球游戏。一不小心，我的眼睛被球打青了，不过我希望明晚你们来，我要打篮球。”

你看，他提到了你想要的任何东西吗？你也不想去一个没人愿去的体育馆，不是吗？你不关心他想要什么，也不会希望自己的眼睛被打青。他能够让你看出体育馆里有什么你所需要的吗？当然能。他可以说去体育馆会让你精神焕发、食欲更好、头脑更清楚，你还可以从中得到消遣和快乐等等。

我再重复一次亚弗斯德那充满智慧的忠告：“首先撩起对方心中最迫切的欲求。如果能做到这一点，就可以如鱼得水，否则就将一事无成。”

研究会训练班中有一位学生非常担心他的儿子，原因是他儿子的体重很轻，不肯乖乖的吃东西。孩子的父母通常是这样责骂的：“妈妈要你吃这个、那个！”“父亲要你快快长大成人！”

这孩子会注意到这些话吗？他不会注意这些，也就像你不会去注意那跟你漠不相关的一次盛宴一样。

任何稍有常识的人，都兴地指望一个 3 岁的孩童对他 30 岁的父亲的规劝有什么反应。但这正是这位父亲本来所期望的，真是荒谬！这位父亲最后领悟到了这一点，于是他问自己：“孩子需要的到底是什么？我如何将我所需要的，和他所需要的连结起来？”

一旦他开始思考这个问题，那么事情就容易解决了。他的儿子有一辆三轮脚踏车，小家伙喜欢在屋前的人行道上踩着这辆三轮车玩耍。间隔他们几家的一个邻居家里，有个大一点孩子，是个“小恶霸”，他常把那小家伙推下三轮车，然后自己骑上去。

小家伙每次都会哭着跑回家，告诉自己母亲，他母亲就会把那个“小恶霸”推下三轮车，再让自己孩子坐上车子，像这样的情形，每天都发生。

这小孩所需要的是什么呢？这问题不需要进行深奥的探索。他需要的是自尊、发泄怒火以及征服。所有他个性中最强烈的情感，都在驱使着他去“报复”，揍扁那个“小恶霸”的鼻子。

于是，当他父亲这样的告诉他，只要他不挑食，乖乖地吃饭，终有一天他能把“小恶霸”的鼻子揍扁——当父亲向他作了这种保证之后，他就不再有偏食的毛病了。他开始自觉地吃菠菜、白菜、咸鱼以及任何其他食物，想让自己快些长大，狠狠地揍一顿那个经常羞辱他的“小恶霸”。

当这个问题解决后，还有另外一个问题，困扰着这位父亲。他的儿子有尿床的坏习惯。

小男孩跟他祖母睡在一起，祖母早晨醒来，就会摸摸床单，然后对小男孩说：“你看，约翰，昨夜你又干了些什么？”约翰总是这样回答：“不，没有，我没有尿床，这是你干的。”责怪他、打他、臊他，一再强调母亲不许他尿床——这一切都无济于事。因此，做父母的就开始想：“我们怎样才能使这个孩子不尿床呢？”他想要的是什么呢？

第一，他要穿像父亲一样的睡衣，而不愿意穿像祖母那样的睡袍。

祖母已受够了他夜晚的捣扰，所以约翰如果改去尿床的坏习惯，她很乐意替他买套睡衣。

第二，他要一张属于他自己的床——祖母对这件事也不反对。母亲带他到布鲁克林的罗塞尔百货公司，用眼光示意店员小姐，说："这位小先生要买点东西。"店员小姐以对待客人的尊敬口气说："年轻人，我能为你效劳吗？"他站在那儿，说："我要为自己买一张床。"当店员小姐把一张他母亲希望他买的床给他看了之后，她母亲对店员小姐使了个眼色，于是这个小男孩就在店员小姐的劝说下，买下了这张床。

床送到的当天晚上，父亲回家的时候，约翰奔到门口，大声的叫着说："爸爸，爸爸，快上楼来看，我自己买的床！"

父亲看到那张床，想到史考伯说过的"诚于嘉许，宽于称道"的规诫，就问儿子说："约翰，你不会再弄湿这张床了，是不是？"

"是的，是的，我当然不会。"为了维护自己的自尊，小男孩遵守了自己的诺言。他不再尿床了。现在的他穿起了睡衣，像个小大人一样。他希望自己像个大人，他做到了。

威立·温特尔曾说："自我表现是人类天性中最主要的因素。"为什么我们不在工作当中应用同样的心理学呢？当我们有了一个巧妙的主意时，为什么不让对方替自己说出来，而不使对方认为这是我们自己的想法呢？

切记：首先要把握对方心中最迫切的欲求。如果能做到这点，就可以如鱼得水，否则会处处碰壁。

# 2 处处受欢迎的7个方法

# 第一印象很重要

在日常生活中，有许多事情，由于长期的习惯和惰性，都变得不再合理。但你不要企图把这些不合理的习惯打破，不然的话，在应酬的路上，就会遭遇到对方“心理上的抵抗”。所谓“心理上的抵抗”，是对方觉得你不近人情，既然对方有这种感觉，你的应酬效果就会大大降低。

关于这些“不合理”的日常生活习惯和例子实在太多了，最平凡的小事，是日常见面那种礼貌。比如我们与朋友见面，分明并没有失礼之处，但一定要说“真是失礼得很”；分明是别人邀请你去，但临行时总会说句“打扰了”；去某公司任职，分明不是某人介绍的，但问起你时，你总会说“托你的面子，我进了某公司”，等等。

但假如你不说这种不合理的话，别人就会觉得你太不近人情了。不过，如果你到了欧洲或某些其他地方，你照上面的方式讲这种礼貌话，就不合适了。

在日本，公共汽车售票员会对每个下车的乘客说：“多谢你！”对上车乘客会说：“对不起，让你久等了。”假如国内的公共汽车售票员对客人这样说，恐怕客人要觉得这售票员的神经有问题了。所以不是合理不合理的问题，而是因为每个地方的生活风俗习惯不同。

一个人的“第一印象”是非常重要的，别人对你，或你对别人都是如此。

在应酬的路上，“第一印象”不好的话，如要挽回，就要费很大的努力。要想给别人留下良好的第一印象，请注意你的着装。

有人会有异议：“着装哪会成为问题？应酬的内容最要紧。”

你看见一个成年人穿了一条牛仔裤，你会有轻佻的印象吗？你看到某人穿的长裤裤管正中没有一条线，你会有“不好看”之感觉吗？如果你的答复都是正面的，那说明你没有正视现实。请留意你的服装吧，这并不是叫你穿上最流行的、最时髦的衣服，只是请你穿得整齐、清洁，至于衣服是新是旧，质料是好是坏，都不是最重要的。

专家们所写的书中，提出应酬前衣饰应该注意的六点：

一、鞋擦过了没有？

二、裤管有没有线？

三、衬衫的扣子统统扣好了没有？

四、胡子刮过没有？

五、头发梳好没有？

六、衣服上是否有褶皱？

不只在美国如此，在世界上任何地方都是一样。泰国有一家保险公司的外勤员向公司报告，当他们对农民进行劝说工作时，穿戴整齐比穿得不好在成绩上相差很多，可见农民们本身穿得不好，但是对穿得整齐的人，却比较有信赖感。

所以，不要过份嘲笑“先敬罗衣后敬人”这种社会风俗。我们进行应酬时，应该正视一下现实，推己及人，不然的话，就很可能会遭受一些不必要的损失。

对于陌生人，我们应该找别人介绍。以国外的人寿保险经纪人为例，他们去找新的主顾，现在都已采用“托人介绍”的方式，因为有人介绍，就绝不会吃闭门羹。的确，帮你写介绍信的人，一定是在对方心目中很有面子的。

现在社会上逐渐流行用名片加批若干字句代替介绍信，这是较好的办法，因为介绍信对方要打开来看，有的人看过信拒绝信内所提事项时，会把原信退回来，这时就使来者十分难堪；假如写名片就不会有这种情形。

卡迪克在他所著的《应酬之道》中说：“和陌生人初次见面，最好用介绍人做初次见面的话题。”这话是很中肯的。

应酬时间的长短问题，在一种恰当的应酬上，有非常重要的价值。确实，我们要从应酬的本质、目的和种类去加以判定，不能一概而论。但我们非常明白，现在的市内公用电话规定基本通话时间是三分钟，这一规定是通过深入的研究才制定出来的。它表示了一件小事情，应该在三分钟内了结；假如事情不是一说即合，或者需要辩论的，可能花上一小时也说不定。但是一种不变的原则，就是我们应该尽量缩短应酬时间，提防自己和对方产生“疲劳感”。因为时间这种东西，有物理方面和心理方面的区别，当你和一位知己朋友聊了一小时，而他一看手表，啊呀，12点了，快没有公共汽车了，末班船快开了……这样的应酬使人感觉到，分明物理的时间只有20分钟，心理上却有一小时以上的感觉。有些人参与应酬，对于物理时间满不在乎，却很重视心理上的时间，那就是说，当他对于这场应酬有兴趣时，他不计较到底花了多少时间；否则，心理上就有度日如年之感。

但毕竟我们人类是被物理时间控制着来生活的，所以最好还是不要浪费时间，方便自己，也方便了别人，更要紧的是使应酬本身有效果。

记住，时间是应酬的最后一项要素，也是最重要的因素，好好把握时间吧。

# 露出你的微笑吧

我最近在纽约参加了一个宴会。其中有一位客人——她是一位获赠大笔遗产的女士，可能是急于给每个人留下良好的印象，她不是惜花费大量的金钱，买了名贵的貂皮、钻石、珍珠。但她对自己的面孔却没有下过什么工夫，她的表情总是传达着尖酸刻薄以及自私的模样。她并不明白男人心中所想的——一个女人面部的神情远远比她身上所穿的衣服重要多了。

史考伯告诉我，说他的微笑能值100万美元。史考件的性格、魅力以及他那使别人喜欢他的才能，正是他卓越成功的全部原因。而他个性中最可爱的因素之一，就是他那能够打动所有人的微笑。

有一天下午，我和莫里斯·雪弗莱待在一起。坦白说，起初我感到很失望——他一直保持缄默，怏怏不乐，这和我所期望的完全相反。幸运的是他终于有了微笑，他的这种微笑犹如太阳穿透了乌云。如果不是因为他的微笑，可能雪弗莱还待在巴黎，和他的父亲及兄长那样，继续做一个木匠，一个家具的制造者。

行动比言语更具有力量。做一个微笑者，微笑会让人明白："我喜欢你，你使我快乐，我很高兴见到你。"这就是为什么狗那么讨人喜欢。它们是那样高兴见到我们，以至于迫切到心都要从肚子里跳出来似的。婴儿的微笑也有同样的效果。

医院的候诊室里，依序等待的人们，个个表情沉闷，气氛亦随之滞沉。密苏里州的兽医普拉威尔博士曾对我说过这样一件事：

有一年春天，他的诊所的候诊室里挤满了来为小宠物们打预防针的人们，在这难以打发的等待时刻，每个人都显得有点焦躁。

就在大家都还在等待的时候，候诊室走进来一位年轻的母亲，她带着一个 9 个月大的孩子和一只猫。她在椅子上坐了下来，她旁边坐着一位表情不是很愉快的男士，他已经因等待而显得有些不耐烦了。正在这时候，他突然发现旁边那位母亲怀里的小婴儿对他露出了一副天真的笑脸。这位绅士心想，接下来该怎么办呢？当然，这个问题只是在他脑子里一瞬即逝，然后他对那个婴儿也露出了笑容。接下来，他便和那位年轻的母亲攀谈起来。她谈到了她的孩子，他谈到了他的孙子。很快，整个候诊室的气氛一下子变得轻松活跃起来，人们开始相互聊天，而且每个人脸上都露出了温馨的笑容。

那个婴儿的笑容有诚意吗？当然。没诚意的笑骗不了任何人。我们知道那种笑是机械的，人们最讨厌它。我们是在讲一种真正的微笑、热心的微笑、发自内心的微笑，那种在人际交往中极具价值的微笑。

密歇根大学的心理学家詹姆斯·麦克奈尔教授在谈及他对笑的看法时说，有笑容的人在管理、教育、推销上更容易获得成功，更容易培养快乐的下一代。笑容比皱眉更能传达你的心意。这就是在教学上要以鼓励和微笑代替处罚的原因所在了。

一个纽约百货公司的人事经理告诉我，他宁愿雇用一位有可爱笑容而没有念完中学的女孩，也不愿意雇用一个面孔冷淡的哲学博士。

美国一家大橡胶公司的董事长告诉我，根据他的观察，一个人无论做什么事，除非他对此非常感兴趣，否则将很难获得成功。这位实业界的领袖并不怎么相信“十年寒窗可以成就功名”这句老话。“我所认识的一些人，他们起初成功了，是因为他们对自己的事业极其感兴趣。后来，我亲眼看到那些人开始变成工作的奴隶，工作对他们而言变得无聊起来了，他们失掉了所有工作中的乐趣，最终他们失败了。”

如果你希望别人看到你的时候很愉快，那么你一定要记住，当你看见别人的时候，你也一定要心情愉悦。我曾鼓励成千上万的商界人士，花上一个星期的时间，每天对人微笑，然后回到我的班上来谈他们的结果。效果如何呢?

这是纽约证券交易所会员威廉·史坦哈德写给我的一封信，他是纽约证券股票场外市场的一员，他的境遇算不上特殊:

我已经结婚18年了，每天早上从起床到准备好出门上班期间，我很少对妻子微笑，或说上一两句话。我是那些匆匆行走在百老汇的人当中最闷闷不乐的人之一。我要以微笑的经验发表一段谈话，所以我决定试一个星期看看。

第二天早上梳头的时候，我对着镜中自己的满面愁容说；“毕尔，你今天要把脸上的愁容一扫而空，现在就开始微笑。”当我坐下来吃早餐的时候，我以“早安，亲爱的”跟我太太打招呼，同时对她微笑。你曾提醒过我，她可能大吃一惊。嗯，可是你还是低估了她的反应。她完全被我搞糊涂了，显得非常惊愕。我对她说，要习惯我的这个样子。我每天早晨这样做，已经坚持了两个月。这种做法改变了我的态度，在这两个月当中，我们家所得到的幸福比去年一年还要多。

现在，当我去上班的时候，我会对大楼开电梯的人微笑着问好，和看门人微笑着打招呼。我在地铁售票处兑换零钱的时候，也会以微笑和服务员打招呼。当我站在交易所大厅的时候，还会向那些以前从未见过我的人们微笑。

很快，我就发现每个人都对我回报以微笑。对于那些爱发牢骚的人，我也不恼怒，而是和颜悦色地对待他。我一边听他们的抱怨，一边微笑，这就使得问题很容易就解决了。我发现微笑给我带来了财富，我每天都会收获许多钱财。

我同另一位经纪人共用一间办公室，他的秘书是一个讨人喜欢的小伙子。我很为我所取得的进展而感到高兴，因此我将自己最近所学到的关于人际关系的新哲学告诉了他，没想到他告诉我说，当我最初与他共用办公室的时候，他一直以为我是一个郁郁寡欢的人。直到最近，他才改变对我的看法。他说，当我微笑的时候，让他感到非常和蔼可亲。

现在我已经逐渐改掉了批评别人的习惯。我只会欣赏和称赞别人，而不蔑视和指责他们。我也不再只顾自己的需要，我现在更希望从别人的立场来分析问题。这些做法，真的改变了我的生活。现在我已经变成另外一个完全不同的人，一个更快乐、更充实、更富有的人，而且富有友谊和快乐——而这些显然才是真正重要的东西。

别忘了，写这封信的是一位饱经世故的、到过世界各地的精明经纪人。他以在纽约证券交易所买卖证券为生，而且干得非常出色——这可是很难干的一个行业，失败率高达99%。

你不喜欢微笑，该怎么办呢？有两个办法可以帮助你：

一、强迫自己微笑。

二、如果你一个人独处，不妨强迫自己吹吹口哨，或哼一支小曲，唱唱歌，装出很快乐的样子，这容易使你感到快乐。

哈佛大学已故著名教授威廉·詹姆士曾这样说过：“行动似乎是跟随着感觉而产生的。但它与感觉其实是同时进行的，这就足以使直接受意志控制的行动有规律，而且也间接地使不直接受意志控制的情感有一定的规律……因此，如果我们不愉快的话，那么得到它的主动方式就是让自己高兴起来，就好像你已经得到了快乐一样……”

世界上的每一个人都在追求幸福——而获得幸福的一个可靠方法，就是控制你的思想。幸福并不取决于外界的因素，而是取决于你内在的思想。决定你幸福与否的，不在于你有什么，或你是谁，或你在什么地方，或你正在做什么，而是你怎么想。

在酷热的热带地区，那些可怜的农奴用他们原始的农具耕作着，在那里我看到过许多快乐的脸孔。而这些快乐的脸孔却无异于我在纽约、芝加哥、洛杉矶有空调的办公室里所看到过的。

“事无善恶，”莎士比亚说，“但思想却使其有所不同。”林肯也曾说：“多数的人快乐的情形，跟他们内心所想得到的快乐相差无几。”他说得不错。我最近看到了这项真理的一个生动例子。

我当时刚踏上纽约长岛火车站的阶梯。在我面前，有三四十名拄着拐杖的残疾儿童正艰难地走上阶梯。有个男孩还必须靠人抱上去。我对他们的笑声和快乐的心情感到非常吃惊。我和一个带领这批孩子的管理员说了我个人的感受。

他说，“当一个孩子发觉他一辈子将是个跛子时，最初会惊愕不已。但等他的惊愕消逝之后，他常常会接受自己的命运，于是就比一般正常的孩子们更快乐一点。”在此，我要向那些孩子们致敬。我永远都不会忘记他们给我上的这堂生动的课。

富兰克林·贝特格是卡狄纳队原第三棒球名手，目前是美国最成功的推销保险的人士之一。他告诉我说，他多年前就已经发现，喜欢对人微笑的人永远都会受欢迎。所以，每当他走进别人的办公室以前，总是要先停下来，想想许多他应该感谢的事，从内心激发出真诚的微笑来，然后在微笑正从脸上消失的一刹那，进入办公室。他认为，正是这种简单的技巧，才使得他在推销保险业务上取得了如此大的成功，因此微笑对他的成功具有很大的影响作用。

让我们细读艾伯・赫巴德下面这段睿智的忠告吧——但不要忘记，除非你把它付诸实践，光是阅读对于你并没有明显的益处。

每回你出门的时候，都应该把下巴缩进来，抬头挺胸，使肺部充满空气，沐浴在阳光中，以微笑来招呼你的朋友们，每一次握手都要有力。不要担心被误解，不需要浪费一分钟的时间去想你的敌人。试着在心里肯定你所喜欢做的是什么，然后，在清楚的方向之下，集中精力实现自己的目标。

心里想着你所喜欢做的事情，然后，当岁月消逝的时候，你会发现自己掌握了实现你的愿望所需要的机会。正如珊瑚虫从潮水中吸取营养一样。在心中想象着那个你希望成为的有作为的人，而你心中的思想，每时每刻都改造着你，把你转化为你所希望的那种人……

思想是至高无上的。保持一种正确的人生观，一种勇敢的、坦白的和愉快的态度。思想正确，就等于是创造。一切事物，都来自于希望，而每一个诚恳的祈祷，都会实现。我们心里想什么，就会变成什么。把下巴缩进来，把头部高高昂起。我们就是明天的上帝。

古代的中国人非常睿智——他们对一切事物都看得非常透彻，有一句格言，我们都应该剪下来把它贴在我们的帽子里。这句格言就是“和气生财”。

说到开店做生意，弗兰克・弗莱奇在他为科林公司所设计的一幅广告中，为我们提供了这样的实用哲学：

圣诞节的微笑

它无所耗费，但收获颇丰。

它让那些得到的人获益，而施舍它的人却毫无所失。

它产生在一刹那之间，但却给人永恒的记忆。

没有人会富得不需要它，也没有人处于穷困而不因它而富起来。

它给家庭带来愉快，在商业界建立了好感，也是朋友间的亲热问候。

它是疲倦者的休息，沮丧者的曙光，悲伤者的太阳，也是大自然的良药。

但它却无处可买，求不来，借不到，偷不着，因为在你将它给别人之前，它对谁都没有什么实用价值。

而假如在圣诞节最后一分钟的忙碌采购中，我们的售货员也许太疲倦而不能给你微笑时，我们能请你留下一个微笑吗？

因为，那些不能给予微笑的人更需要微笑。

# 牢记别人的名字

1898 年，纽约发生了一场惨剧，一个孩子意外死亡。当天，邻居们准备去参加孩子的葬礼。吉姆走到马房去牵马。天气很冷，白雪铺满房屋和地面。马似乎已经好久没有运动了，当它看见水的时候，突然兴奋起来，甩开蹄子，踩死了吉姆。就这样，在那个北风凛冽的冬天，小镇在很短的时间就经历了两场葬礼。

吉姆留下了老婆、三个孩子和几百美元的保险金。

大儿子小吉姆十岁那年就去一个砖厂工作，运来沙子，倒进模板，再换个方向，让太阳晒干。他一直没有接受教育的机会，但是大家都喜欢他作为爱尔兰人身上那种特有的才华。后来他慢慢改善了自己的处境。在这一过程中，他培养了一种很厉害的记住别人名字的方法。

他从来没有接受过中学教育，但是他在 46 岁之前就拥有了四个学院授予的学位。他还是美国邮政局总局长和民主党全国委员会主席。

我向他请教成功的秘诀。他说："在工作上拼命。"

我说："呵呵，您在开玩笑。"

他笑着反过来问我："那你觉得呢？"

我说："我知道你可以叫出一万个人的名字。"

他又笑了，说："不，是五万个，我可以叫出五万个人的名字。"

请记住这项能力，因为吉姆靠这个帮助罗斯福当上了美国总统。之前小吉姆帮助一家石膏公司四处推销产品，后来他又当上了小镇的公务员。在那段时间里他发明了记住别人姓名的方法。他每认识一个人，都要询问对方的姓名、家庭人口、行业所属以及政治观点。他把这些资料和信息深深地刻在脑海里。即使一年后再看到某个人，吉姆也能拍拍对方的肩膀，叫出对方的名字，关心一下对方的太太和孩子，还有屋子后面的葵花。在罗斯福竞选攻势开展前的一段时间里，吉姆一天要写几百封信，寄给全国的人。然后他亲自出发，到无数地方和当地人一起吃饭，敞开胸怀地聊天。他的足迹遍布20个州，全程几万英里。

他回到住处后，就开始给认识的人写信，整理一份所有和他说话的人的名单。吉姆在信中称呼他们时都用"亲爱的"，结尾则写上自己的名字。

吉姆很早就发现人们对自己名字感兴趣的程度，超过地球上任何一种名称。如果你能记住别人的名字，就是对别人的一种尊重和褒奖，反之，你就会处于一种非常不利的地位。我在巴黎开课的时候，因为打字员没有把邀请函上的姓名打清楚，就收到了当事人很不客气的回复。

当一个人的名字很长的时候，大家都喜欢叫他的小名，好念也好记，同时省去了很多麻烦。但是很少有当事人不喜欢别人叫自己的完整的名字。席德去拜访一个名字很难记的人，那个人叫尼古得马斯·帕帕都拉斯。别人都叫他尼克。席德在心里背诵了很多遍他的名字，然后在见面时对他说："早上好，尼古得马斯·帕帕都拉斯先生。"这样叫的结果是，尼古得马斯·帕帕都拉斯先生呆了好一阵子，然后流下了眼泪。他对席德说，他来到这个国家已经快十五年了，从来没有人尝试用真正的名字来称呼他。

安德鲁·卡耐基的成功秘诀又是什么呢?

这位号称"钢铁大王"的人，其实对钢铁所知甚少，他所有的员工都比他更了解钢铁。但是卡耐基并不是靠对钢铁的了解来经营生意的，而是靠为人处世来发财的。他在小时候就表现出非凡的组织和领导才能。他在十岁那年就发现人们非常看重自己的名字。有一次，卡耐基和伙伴们抓了一只母兔子，接着又发现了一窝小兔子，但是小兔子们没有东西吃。于是卡耐基就想到了一个非常巧妙的办法。他对小伙伴们说，如果他们能找到足够的苜蓿和蒲公英喂兔子，他就用他们的名字来给小兔子命名。

这个方法成功了，孩子们争先恐后地去给小兔子寻找食物，因为他们的努力会换来一只和自己名字一样的兔子。卡耐基一直都没有忘记这个方法。多年之后，他用同样的办法在商界取得了成功。比如，他想和和宾夕法尼亚铁路公司建立长期的业务关系，当时该铁路公司的董事长名字叫艾格·汤姆森，于是卡耐基就在匹兹堡建立了一个大型钢铁厂，并给它取名叫"艾格·汤姆森钢铁厂"。结果可想而知，假如哪一天艾格·汤姆森的铁路公司需要铁轨的话，他会跟谁合作呢?

而那个兔子的方法在卡耐基和乔治·普尔门为卧车生意竞争时又派上了用场。

他们为了争夺联合太平洋铁路公司的业务而展开降价大战，直至成本与价格持平。卡耐基和普尔门都要去太平洋总部，他们在圣尼可斯饭店碰见了。

卡耐基说："普尔门先生，晚上好，我们不是在出自己的丑吗？"

普尔门说："你这话是什么意思？"

卡耐基就把他关于两家公司合并的想法说了出来，接着开始用所有的设想和论据来证明合作的好处。普尔门听得很认真，但没有发表什么意见。等卡耐基说完了，他问："那公司的名字呢？"

卡耐基说："可以叫普尔门皇宫卧车公司。"

普尔门两眼冒光，说："来，到我的房间来，我们来讨论一下具体的操作细节。"

他们就开始讨论，然后，这次讨论改写了美国的工业史。

卡耐基领导才能的秘密之一，就是牢记并且重视别人的姓名。他能够叫出很多员工的名字，他还为自己主管任期内无人罢工而感到非常自豪。

异曲同工的是，音乐大师彼德鲁斯也曾运用同样的方法，使他专车上的黑人厨师感到自己受到了尊重，因为彼德鲁斯总是称他为"考伯先生"。黑人大厨非常兴奋，因为这样尊重他的人并不多。

人们对自己名字非常重视，几乎可以用任何代价来换取自己名字的永垂不朽。就连脾气骄横却腰缠万贯的 R.T. 巴南也因为没有儿子继承自己的姓氏而感到沮丧和失望，最后他以两万五千美金的报酬，希望他的孙子继承巴南的姓氏。

几百年来，贵族和商人都在出钱资助贫困的作家、音乐家和画家，他们希望后者能够让他们的名字活在艺术的历史里面。博物馆和图书馆都以隆重的方式来纪念那些富有的捐赠者。纽约公共图书馆拥有亚斯都家族和李诸克斯家族的大量藏书。还有大都会博物馆，保留了本杰明·奥特曼和 J·P·摩根的大名。教堂则用彩色的玻璃窗来纪念那些捐赠者。

很多人说无法记住大量的姓名，其实是不愿意花时间和精力去记罢了。他们总是会说，他们太忙了。但我相信，他们总不会比罗斯福总统还要忙。罗斯福总统总是花时间去记一个人的名字，哪怕是只见过一次面的机械师。

克莱斯勒公司曾经为罗斯福总统特别制作了一辆汽车。张伯伦和机械师把车子送到了白宫。张伯伦在多年后说起这件事：

“我教总统先生怎么样使用一部带有复杂零件的汽车；总统先生则教给我宝贵的处理人的关系的方法。”

“总统非常愉悦地叫着我的名字，而且对于我讲给他听的那些汽车知识，他也非常感兴趣。”

“那辆车子经过非常特别的处理和设计，可以完全用手来控制。我们旁边围了很多人。”

“罗斯福总统显得异常兴奋，他说，这个车子真实太棒了，我从未见过这么好的车子，只需要按一个钮，车子就能开出去了。这是什么道理呢，看来改天我要拆开看看到底是怎么回事。并且，罗斯福总统还当着所有人的面称赞我，感激我为他造了这么棒的一辆汽车，冷却器、前灯、后灯、座位，一切都太棒了，他还把每一个细节都指给他的太太和白宫的官员看，还把他年老的黑人司机叫过来嘱咐，要好好照顾行李箱。然后我们的驾驶课结束的时候他说，张伯伦先生，我最好还是回办公室吧，我已经让联邦储备委员会等了半个小时了。”

“和我一起去白宫的那个机械师是个害羞的人，不怎么抛头露面，罗斯福总统只听别人说过一次他的名字，但是总统在离开之前走过去，叫了他的名字，感谢他到白宫。总统的声音一点都不做作，是发自肺腑的。”

“回到纽约后，我很快就收到了罗斯福总统的签名照片，还有一段致谢词，再次谢谢我的帮助。我一直弄不明白，他是怎么挤出时间来做这些事情的。”

罗斯福知道获得好感的最简单、最直接、最重要的方法，就是记住别人的姓名。但是我们之中有多少人认真地记过别人的姓名呢。

对一个政治人物来说，记住一个选民的姓名是最基本的政治才能，反之则是心不在焉或在心底根本就不懂得尊重别人。

拿破仑三世对自己能记得每一个见过的人的名字而感到自豪。他询问每一个见过的人的名字，如果没听清楚，就再问一遍；如果名字有点复杂，他就请教写法。他喜欢把别人的名字和表情、特征联系起来印在脑海里。如果对方是个很重要的人物，他就偷偷用纸和笔记下对方的名字，默念几遍，然后把那张纸悄悄撕掉。

这些都要花时间，但这是值得的，爱默生说："礼貌就是由一些小小的牺牲达成的。"

是小小的，不是大大的。

牢记别人的姓名并不是只有政界或商界的人必须修为的，每一个人都应该意识到这个问题的重要。

诺丁汉是印度通用汽车公司的员工，他几乎天天都要去餐厅吃午餐，也天天都会看见柜台后的小姐板着脸做三明治，似乎周围的人都是三明治。

"过几天，我在排队的时候特地看了一下她胸前的名牌，然后我笑着喊她的名字，嗨，艾丽斯。然后和她说我想要什么，结果她似乎忘了数量，给我装了一大盘子火腿、莴苣和马铃薯片。"

我们应该相信一个人的姓名里面包含着奇迹。名字使一个人变得唯一，使一个人区别于其他人。对一个人来说，他或她的名字是世界上最动听的词汇，所以，在你传递信息之前，别忘了别人的名字。

# 多讲对方感兴趣的话题

凡是拜访过罗斯福的人都对他广博的知识惊叹不已。

研究罗斯福的权威作家伯莱特福曾说过:“不论是牧童还是骑士，或纽约的政客和外交家，罗斯福都知道该和他说些什么。”

那么，罗斯福是怎样做到的呢?答案其实非常简单。罗斯福在接见任何一个来访者之前，都会先翻阅一下来记者特别感兴趣的话题的相关知识和信息。

罗斯福明白一个所有领袖都明白的道理，那就是谈论别人最看重最能畅所欲言的事情。前耶鲁大学教授菲利普写过一篇关于人性的文章，文中写到:

“我8岁那年，有一次去探望我的姑母，在她家里度假。一天晚上一个中年人也来拜访姑母。他与姑母谈了一会后注意到了我。得知我对船舶很感兴趣，他就和我谈了很久的船舶方面的事。他走了之后我在姑母的面前大力赞美他，说他对船舶是多么感兴趣，是个多么好的人。姑母对我说，他是纽约的一个律师，其实他对船舶并不感兴趣。那为什么他从头到尾都在和我谈论我感兴趣的事情呢?

姑母说，他是一个善良的人，他看你对船舶很感兴趣，就只和你谈论你喜欢的事情。而他自己也得到了别人的尊重和喜欢。

我牢牢地记住了姑母说的话。"

我的案头还放了一封信，它来自于在童子军中非常活跃的杰尔夫:

"有一次，欧洲将举行童子军大露营，我需要请一家美国大公司的经理资助我手下一个童子军的旅费。在拜访他之前，我听说他以前开过一张一百万的支票，在支票退回后又把它镶在镜框里。这是一件很令人好奇的事情，于是我走进办公室的第一件事情就是坐下来，和他谈论那张支票。我说我从来没有听说过这样的事情，我回去后要和我的童子军讲，我真的看见了一张一百万的支票了。他很兴奋地向我展示那张支票。我表示我很羡慕，继续向他询问支票的来历。"

你注意到了没有，杰尔夫先生没有一进门就谈论欧洲的童子军露营，或是童子军的旅费，而一直在谈论对方所感兴趣的事情。

"谈了好一会他问我，今天来是为了什么事情，接着我告诉了他。令我吃惊的是，他立刻答应了我的请求，而且还超过了我的期望，答应资助加上我之外的五个童子军去欧洲参加露营，并提供在那里住七个星期的全部资金。这还不算，他又把我介绍给他分公司的负责人，嘱咐他们帮忙。他还在巴黎亲自接待了我们，引导我们在城市里观光。后来他还给贫困的童子军提供工作。”

“如果我一开始就谈我的事情和要求，而不找他感兴趣的话题来聊天，让他先兴奋起来，那让他接受我将是一件非常困难的事！”

在市场的拓展中，谈别人感兴趣的话题也非常重要。现在让我们来举个例子，看看纽约一家高级面包公司——杜弗诺面包公司的经理杜弗诺先生是怎样做的：

杜弗诺一直想把面包卖给纽约的一家大饭店。他连续四年每个星期都要去拜访这家饭店的老板，参加他举行的所有交际活动，甚至在这家饭店长期租住了一个房间。但是那位老板对他一直视而不见。杜弗诺不知道怎么办才好了。

杜弗诺回想说：“后来我才想到了办法，我调查了一下，得知那位老板是美国饭店业协会的会员，而且他很想成为该协会的会长，同时还想更进一步成为国际饭店业协会的成员。不论协会的会议在什么时间什么地点召开，他就算跋山涉水连夜也要赶到。所以我不再谈面包的事情了，我和他谈起了饭店业协会的事情。反应竟然出奇得好！他饱含热情地和告诉我协会的一些事情，声音在很多时候是处于震动状态。他讲了很久，再离开之前，他劝我也趁早加入协会。”

“那次谈话的功效是巨大的，我没有提及任何和购买面包有关的事。几天之后，我接到他手下的一个负责人打来的电话，让我带着货样和价目表过去。”

负责人对我说：“我不知道你施了什么魔法，但他确实被你挠到关键部位了。”

“想想看吧，我在这个人屁股后面走了四年，就为了获得一个订单，要不是我找到了他感兴趣的东西，恐怕我还得做很多无用功。”

大家都看到了，也知道了以后怎样做比较好。

# 对人表现出真挚的关心

为什么要阅读这篇文章，以便明白怎样获得朋友呢？为什么不研究有史以来，世界上最伟大的结交朋友者的技巧呢？那么，这位世界上最伟大的结交朋友者是谁呢？你明天走在街上也许能碰到它。当你靠近它十英尺之内的时候，它会开始摇摇尾巴。如果你停下来，拍抚它，它就会在你面前高兴地跳来跳去，让你明白它是多么地喜欢你。而且你知道他这种热情的后面，并没有隐秘不明的动机：他并不要卖给你房地产，也不是要和你结婚。

你是否曾经想过，狗是唯一不需要为三餐而工作的动物？母鸡必须生蛋，母牛必须产奶，鹦鹉必须唱歌。但是狗只要给你友爱，它就会有三餐可吃。

当我五岁的时候，我爸爸用五十美分给我买了一只小黄狗，我叫它蒂比，它是我童年的欢乐源泉。每天下午大约四点半，蒂比就坐在前廊，一双美丽的眼睛不停地注视着走道，一当听到我的声音，或者看到我提着饭桶穿过丛林的时候，它就飞也似地跳起来，上气不接下气地跑上山丘来迎接我，兴奋地叫着跳着。

蒂比和我做了五年的好朋友。但是，在一个悲惨的晚上——我永远忘不了那个晚上——它在离我头部不到十英尺之内的地方，被雷电击死了。蒂比的死，是我孩提时代发生的悲剧。

蒂比从没有阅读过一本心理学的书，但它凭直觉就知道，一个人只要对别人真心感兴趣，在两个月之内，他所得到的朋友，就能比一个要别人对他感兴趣的人在两年之内所交的朋友还要多。我再一次重复这句话。你只要对别人真心感兴趣，在两个月之内，你所得到的朋友，就能比一个要别人对他感兴趣的人在两年之内所交的朋友还要多。

但是我明白，你也明白，许多人一生中都错误地想办法使别人对他们感兴趣。但这种方式没有用，别人不会对你感兴趣的。他们只对他们自己感兴趣——不论早上，中午，或晚饭以后。

纽约电话公司对电话中的谈话做了一项详细的研究，想找出哪一个词最常在电话中被用到。你猜到了：这个词就是第一人称的“我”。在500个电话中，这个词被使用了3950次。

当你拿起一张你也在内的集体照片，你最先看的是谁呢?

如果我们只是要在别人面前表现自己，使别人对我们感兴趣的话，我们将永远不会拥有真挚的朋友。朋友，真正的朋友，不是以这种方法交来的。

拿破仑试过这种方法，而在他和约瑟芬最后一次见面的时候，他说：

“约瑟芬，我是世界上有史以来最幸运的人；但是，在此刻，你是世界上我唯一能够依赖的人。”而历史家们怀疑他是否真的能够依赖她。

已经过世的维也纳著名心理学家亚佛·亚德勒，写过一本叫做《人生对你的意义》的书。在这本书中，他说：“对别人不感兴趣的人，他一生中的困难最多，对别人的伤害也最大。所有人类的失败，都出于这种人。”

你或许读过几十本有关心理学的书籍，还没看到一句对你来说更有意义的话。我不喜欢重复，但是亚德勒这句话意义太深远了。

有一次我在纽约大学选修短篇小说写作的课程，《柯莱尔》杂志的主编到班上来给我们上课。他说，他拿起每天送到他桌上的几十篇小说的任何一篇，只需要读几段，就能感觉出作者是否喜欢别人。

“如果作者不喜欢别人，”他说，“别人就不会喜欢他的小说。”

这位激动的主编，在讲授小说写作的过程中，曾经停下来两次，为他的传授大道理而致歉。“我现在所告诉你们的，”他说，“和你们的牧师所告诉你们的，是完全一样的东西。但是，请记住，你必须对他人感兴趣，如果你想成为一位成功的小说家的话。”

如果小说写作真是如此的话，待人处世尤其应该如此。

当杰斯顿最后一次在百老汇表演的时候，我花了一个晚上待在他的化妆室里。杰斯顿是公认的魔术师中的魔术师。前后四十年，他在世界各地一再地创造幻象，迷惑观众，使大家惊叹不已。共有六千万人买票去看过他的表演，而他赚了几乎两百万美元的利润。我请杰斯顿先生告诉我他成功的秘诀。他所受的学校教育确实与此一点关系也没有，因为他很小的时候就离家出走，成为了一名流浪者，搭货车、睡谷堆、沿街求乞，坐在车中向外看着铁道沿线上的标帜，就这样学会了认字。

他的魔术知识是否特别优越？不，他告诉我关于魔术手法的书已经有好几百本，而且有几十个人和他懂得相同多。但他有两样东西是别人所没有的。首先，他能在舞台上把他的个性展现出来。他是一个表演大师。他了解人类天性。他的所做所为，每一个手势，每一个语气，每一个动作，事先都很仔细地演练过，而他的动作也配合得分秒不差。除此以外，更重要的一点是，杰斯顿对观众很真诚。他告诉我，许多魔术师会看着观众，而对自己说，“嗯，坐在底下的那些人是一群傻子，一群笨蛋；我可以把他们骗得团团转。”但杰斯顿的方式完全不同。他对我说，每次一走上台，他就对自己说：“我很感激，因为这些人来看我表演。他们让我过上很舒适的生活。我要把我最高明的手法，表演给他们看看。”

他说，他每一次走上去台，总会对自己说：“我爱我的观众。”可笑吗？荒谬吗？你要怎么想都可以。我只是不置评语地把一位有史以来最著名的魔术师的秘方告诉你罢了。

舒曼·海恩克夫人对我说过类似的话。即使面败着饥饿和痛苦，即使生活中充满着许多的悲剧，使她一度差点杀死她自己和她的小孩——即使有这么多不幸，但她却一直唱了下去，终于成为有史以来最卓越的华格纳歌唱者。她坦白地说，她成功的秘诀之一是，对别人无限地感兴趣。

住在宾夕法尼亚州北华伦城的乔治·戴克，由于他的服务站被一条高速公路抢走了好位置而不得不提前退休。没过多久，退休后的那种无聊日子就让他受不了。所以他开始拉他那把旧提琴，来消磨时间。然后，他又到处旅行去听音乐，和许多修养很深的提琴家们见面。他以谦虚和友善的态度，对每位他所遇见的提琴家和他们的背景产生兴趣。虽然他自己并不是什么伟大的提琴家，但却因这样而结交了很多朋友。他又参加了很多比赛，很快，美国东部的乡村音乐迷就知道了“乔治叔叔”这个人。当我们听到乔治叔叔的大名时，他已七十二岁了，并且仍然享受着他每一分钟的生命。由于对别人具有持续的热情和兴趣，当大多数的人都觉得他们的时代已经过去时，他却为自己创造了一个崭新的生命。

而这也是西奥多·罗斯福非常受欢迎的秘密之一，甚至他的仆人都喜爱他。他的那位黑人男仆詹姆斯·爱默森曾写过一本有关他的书，取名为《西奥多·罗斯福，他仆人的英雄》。在那中，爱默森讲到一件富有启发性的事：

“有一次，我太大问总统关于鹑鸟的事。她从没有见过鹑鸟，于是他详细地给她描述一番。没过多久，我们小屋的电话铃响了（爱默森和他大太住在牡蛎湾罗斯福家宅的一栋小屋内）。我太太拿起电话，原来是总统。他说，他打电话是要告诉她，她窗口外面正好有一只鹑鸟，又说如果她往外看的话，可能看得见。他时常做出这类小事。每次他路过我们的小屋，即使看不见我们，我们也会听见他轻声叫出：

‘呜，呜，呜，安妮！’或‘呜，呜，呜，詹姆斯！’这是他路过时一种友善的招呼。”

仆人怎么能不喜欢一个像他这样的人？任何人怎能不喜欢他？

也正是这种深切关心他人的品性，使得查尔斯·伊利亚特博士成为有史以来最成功的一位大学校长。他从美国内战后第四年起一直到第一次世界大战爆发的前 5 年，一直在担任哈佛大学校长。下面是伊利亚博士做事方式的一个例子。

有一天，一名大学一年级的学生克莱顿到校长室去借 50 美元的学生贷款，这笔贷款得到了校长的批准。“接着我感激万分地致谢一番，刚要离去的时候，”克莱顿回忆道，“伊利亚特校长说，‘请再坐一会儿。’然后他令我惊讶地说：‘听说你在自己的房间里自己做饭吃。我认为这没有什么不好的，如果你所吃的食物是适当的，而且分量足够的话。我在念大学的时候，也这样做过。你做过牛肉狮子头吗？如果牛肉煮得够烂的话，那会是一道很好的菜。当年我就是这么煮的。’接着，他又告诉我怎样选择牛肉，怎样用文火去煮，然后怎样切碎，用锅子压成一团，放凉再吃。”

还有一件相同的事，一个似乎一点都不重要的人，却帮了新泽西的强生公司的业务代表爱德华·西凯一个大忙，使得他重新获得了一位代理商。

“许多年前”，希凯回想忆说，“在马萨诸塞地区，我为强生公司拜访了一位客户。这个经销商在耶姆的杂货店。每次我到店里去，总是先和卖冷饮的店员说几分钟的话，然后再和店主谈订单的事。

有一天，我正要和一位店主谈，但他突然要我别烦他，并说他不想再买强生的产品了。因为他觉得强生公司把活动都集中在食品和折扣商店，而对他们这种小杂货店造成了伤害。我灰溜溜地走了，然后到城里逛了几小时。后来，我决定再回去，至少要和他解释一下我们的立场。

“在我回去时，我和平时一样和卖冷饮的和其他店员都打了招呼。当我走向店主时，他向我笑了笑并欢迎我回去。之后，他又给了我比平时多两倍的订单，我很惊奇地望着他，问他我刚走的几小时中发生了什么事。他指着在冷饮机旁边的那个年轻人说，我走了之后，这个年轻人说，很少有推销员像我这样，到店里来还会费事地和他和其他人打招呼的。他和店主说，如果有人值得与他做生意的话，那就是我了。他觉得也对，于是就决定继续跟我合作。我永远都不会忘记，真诚地对待别人，是推销员最重要的品格——对任何人都是一样，至少对这件事来说是如此。”

我在个人的经验中发现，如果一个人对别人真诚地感兴趣的话，就能从即使是很忙碌的人那里获得关注、时间与合作。

几年前，我在布鲁克林文理学院讲授小说写作这门课，我们打算邀请一些知名但十分忙碌的作家，比如凯瑟琳·诺理斯、凡尼·赫斯德、伊达·塔贝尔、亚伯·德恩、卢伯·休斯以及其他几位作家，希望他们能到布鲁克林来，把他们的写作经验告诉我们。因此我们写信给他们，述说了我们对他们作品的倾慕，并深切地期望能得到他们的忠告，以及获知他们成功的秘诀。

每封信都由大约一百五十名的学生亲笔签名。我们说，我们知道他们很忙——忙得无法准备一篇演讲。因此，我们附上一串关于他们自己和写作方法的问题，请他们回答。他们很喜欢我们的做法。因此，他们从家里赶到布鲁克林来助我们一臂之力。以相同的方法，我劝使西奥多·罗斯福任内的财政部长李斯力·肖、塔夫脱总统任内的首席检察官乔治·威克尔沙、威廉·拜伦、富兰克林·罗斯福，以及很多其他的大人物到我的演讲班来，跟学生们进行交流。

我们所有的人——无论是屠夫、糕点师，或是宝座上的君王，任何人都会喜欢那些对我们表示尊敬的人。

当温莎公爵还是威尔士亲王的时候，有同次他安排好了日程，要去南美旅行一趟。在启程之前，他用了好几个月研读西班牙语，以便能够用该地语言发表公开演讲。南美人也因此而喜欢他。

许多年来，我一直都在打听朋友们的生日。怎样打听呢？虽然我一点也不相信星象学，但是我会先问对方，是否相信一个人的生辰和一个人的个性和性情有关系，然后我再请他把他的生日告诉我。举个例子来说，如果他说生日是 11 月 24 日的话，我就一直对自己重复地说，“11

月 24 日，11 月 24 日。”等他一转身，我就把他的姓名和生日写下来，事后再转写在一个生日本子上。在每一年的年初，我就把这些生日标明在我的月历上，因此它们能够自动地引起我的注意。当某人生日到了的时候，就会收到我的信或电报。效果有多么惊人呢？我常常是世界上唯一记得他们生日的人。

如果我们要交朋友，就要以热情和真诚去迎接别人。当别人给你打电话的时候，就利用相同的心理学。说话的声音，要显出你是多么地高兴他能打电话给你。纽约电话公司开了一门课，训练他们的接线生在说“请问您要拨几号”的时候，口气显出“早安，我很兴奋为您服务”的感觉。我们明天接电话的时候，别忘了这一点。

对别人显示你的兴趣，不仅可以让你交到许多朋友，更可以为你的公司增加客户的信任感。

在纽约，一家北美国家银行出版的刊物中，登载了一位储户梅德兰・罗斯黛的信。信中写道：

“我真希望您知道我是多么欣赏您的行员。每一个人都是如此有礼、热心。在排了一长列的队之后，有位行员亲切地和你打招呼，真是令人感到愉快。

去年我妈妈住了五个月的医院。在那时我经常会遇到贵行的一位行员玛依。她很关心我妈妈，还问了她的近况。

罗斯黛会继续与这家银行合作吗？这是毋庸置疑的。

查尔斯·华特德是纽约一家大银行的职员，他奉命要写一篇有关某一公司的机密报告。他知道某人拥有他非常需要的资料，于是他便去拜访那个人。那个人是一家大工业公司的董事长。当华特德被迎进董事长的办公室时，一个年轻的妇人从门边探出头来告诉董事长，她今天没有邮票可给他。

“我在为我那十二岁的儿子收集邮票。”董事长对华特德解释说。华特德讲明了自己来意，开始提出问题。这位董事长的回答十分含糊——很明显，他不想把心里话说出来。这次会见的时间很短，也没有任何效果。

“坦白说，我当时不知道该怎么办，”华特德说，他把这件事在班上提出来。“后来，我想起他的秘书对他说的话——邮票，十二岁的儿子，我想起了我们银行的国外部门收集邮票的事——从来自世界各地的信件上取下来的邮票。”

“第二天早上，我再去找他，传话进去，说我有一些邮票要送给他的儿子。我是否被很热情地带进去了呢？当然。即使他要竞选国会议员，和我握手也不可能更热情了。他满脸歉意，客气得很。‘我的乔治将会喜欢这张，’他不停地说，一面抚弄着那些邮票。‘瞧这张！这是一张无价之宝。’”

“我们花了一个小时谈论邮票，并看了他儿子的一张照片，然后他又花了一个多小时，把我所想要知道的资料全都告诉了我，又把他的下属叫进来询问。他还打电话给他的一些同行，把一些事实、数字、报告和信件，统统告诉了我。以一位新闻记者的话语来说，我大有所获。”

下面是另一个例子：

多年来，费城的克纳夫先生一直试图把煤推销给一家大的连锁公司。但是这家连锁公司的经理，却一直从市外的一个煤商那里采购燃煤。更气人的是，每次采购都要经过克纳夫先生的办公室门口。有一天，克纳夫先生在我的班上发表了一段谈话，把连锁公司骂得体无完肤，说它们是美国的一个毒瘤。而他仍然不懂为什么他没有办法把煤卖给他们。

我建议他采取不同的技巧。长话短说，下面是事情的经过。我们在班上分组辩论，题目是“连锁公司分布各处，对国家害多于益”。

在我的建议下，克纳夫站在否定的一边。他答应为连锁商店辩护，于是就跑到那家他痛恨的连锁公司去拜访一位高级职员，他说：“我不是来这儿推销煤。我是来请您帮我一个大忙。”他接着把辩论的事告诉了那个职员，说，“我是来找您帮助的，因为我想不出还有谁比您更能提供我所需要的资料。我非常想赢得这场辩论，对您的任何帮助，我都会非常感激。”

下面是克纳夫先生对后来的情况的介绍：

“我请他给我一分钟的时间。就是因为这个条件，他才答应接见我的。当我说明来意之后，他请我坐下来，和我谈了一个小时又四十七分钟。他请一位曾写过一本有关连锁商店书的高级职员进来。他写信给全国连锁组织公会，为我要了一份有关这方面的辩论文件。他觉得连锁商店对人类是一种真正的服务。他很以自己为数百个地区的人民所做的而感到骄傲。当他说话的时候，眼睛闪烁着光芒。我必须承认，他使我看到了一些我从前连做梦都不会梦到的事，他改变了我全部的想法。”

“当我要走的时候，他送我到门口，用他的手臂环绕着我的肩膀，祝我辩论得胜，还邀请我再来看他时把辩论结果告诉他。他对我所说的最后几句话是：‘请在春末的时候再来找我。我想下一份订单购买你的煤。’”

“对我来讲，这简直是奇迹。我连一句话也没提出来，他居然主动要买我的煤。我在两个小时中，因为对他和他的问题深深地感兴趣，比十年中我要使他对我和我的煤感兴趣所得到的进展还要多。”

克纳夫先生并没有发现另一项新的真理，因为很久以前，在耶稣出生的一百年前，一位著名的罗马诗人西拉斯就曾经说过：“我们对别人感到兴趣，是在别人对我们感兴趣的时候。”

要表示你的关切，这和其他人际关系一样，必须是诚挚的。这不但能使付出关切的人得到回报，同样也能使接受这种关切的人有所收获。它是条双向道，当事人双方都会受益。

在纽约长岛参加我们课程的马汀·金斯柏曾经提到，一位护士给他的关切深深影响了他的一生：

“那天是感恩节，我只有10岁，生病住进了市里面一家医院，预定明天就要动一次大整型手术了。我知道以后几个月里都是一些限制和痛苦了。我爸爸已经去世，我和我妈妈住在一个小公寓里，靠社会福利金度日。”

“那天，我妈妈因为有事不能来看我。我完全被寂寞、失望、恐惧包围了。我知道妈妈正在家里为我担着心，而且是孤零零的一个人，没人陪她吃饭，甚至没钱吃一顿感恩节晚餐。眼泪在我的眼眶里打转，我把头埋进了枕头下面，暗自啜泣，但全身都因痛苦而颤抖着。这时候，一位年轻的实习护士听到我的哭声，就过来看我。她把枕头从我头上拿开，抹去了我的眼泪。她和我说她非常寂寞，因为她必须在这天工作而不能和家人在一起。"

"她又问我愿不愿和她一起共进晚餐。然后她拿了两盘东西进来：有火鸡片、马铃薯泥、草莓酱，和冰淇淋甜点。她和我聊天并试着抚平我的恐惧。她应该四点就下班的，可是她一直陪我到将近十一点才走。她一直和我玩，和我聊天，等到我睡了才离开。"

"10岁以前，我过了许多的感恩节，但这个感恩节我将永生不会忘记。我还记得当时那种沮丧、恐惧、孤寂的感觉，突然一个陌生人的温情使那些变得若有若无了。"

所以，如果你想让别人喜欢你，或者培养真正的友谊，又或是既帮助别人又帮助自己，那么就对别人表现出诚挚的关切吧。

## 让对方感受到自己的重要

威廉·詹姆士说过:“人类本质里最深远的驱动力是希望具有重要性。人类本质中最殷切的需求是渴望得到他人的肯定。”

现实生活中有些人之所以会出现交际障碍，就是因为他们不懂得或者忘记了一个非常重要的原则:让他人感觉到自己重要。他们喜欢自我表现，夸大吹嘘自己。一旦事情成功了，他们首先表现出的就是自己有多么大的功劳，作出了多么大的贡献。这样不就是向他人表明你们确实不太重要吗?无形之中，他们伤害了别人。

有一天，我在纽约第三十二街和第八道交口处的邮局里排队等候寄一封挂号信。那位柜台后面的工作员显然对工作感到很不耐烦——秤重、拿邮票、找零钱、写收据，年复一年都是同样单调的工作。所以我对自己说:“我要让那位办事员喜欢我。而要让他喜欢，我就必须说些好话——不是关于我自己的，而应该是有关他的。”我又自问:“他又有什么值得让我称赞一番的呢?”有时，这实在是个难题，尤其当对方是一个陌生人时。但是这次却非常凑巧，我很快就在他身上发现了值得我称赞的地方。

就在他给我称信的时候，我热情地对他说：“我可真希望自己也有您这样一头好头发。”他有些惊讶地抬起头来看着我，脸上露出了由衷的微笑。接下来，我们便愉快地交谈起来。最后，他对我说：“有许多人曾说过我的头发好看。“我敢打赌，他那天吃午饭的时候，绝对非常高兴，那天晚上他回家后，也一定会高兴地把这件事告诉他的妻子，他甚至会对着镜子夸赞自己：“我的头发实在太漂亮了。”

有一次，我在一个公共场合讲到了这件事。当时一个人问我：“那你从他那里获得了什么？”是的，我要从他那里获得什么？我从他那里又得到了什么？我从他那里得到了什么！

如果我们真是这么自私，一旦没有从他人身上得到什么好处，就不对他人表示一点赞赏或者表达一点真诚的感谢，那么我们的灵魂比野生的酸苹果也大不了多少，我们的心灵也将会变得十分贫乏。

不错，我是希望从那位先生身上得到一点东西。但那东西是没有价的，并且我已经得到了。我得到了帮助人的欢乐，这种感觉会在事过境迁之后，会永远存在我的记忆里。

人类行为有个非常重要的法则，这一法则就是——时刻让别人感到重要。如果我们遵从这一法则，大概就不会惹来什么麻烦，而且可以得到很多友谊和永恒的欢乐。但是，如果我们破坏了这个法则，就难免后患无穷。

我也曾经指出，就是这种需求使得人类区别于其他动物，也正是这种需求，产生了丰富的人类文化。

几千年以来，许多哲学家曾就这个问题深刻地思量过。而他们得出的结论只有一个，这一法则并不新颖，可以说和历史一样的陈旧。2500年前，索罗亚斯特在波斯用这个原则教导他的门徒；2400年前，中国的孔子也这样谆谆劝导他的门生；2500年前，道教的始祖老子在函谷关也曾经这样说过；基督降生的前500年，佛陀已在神圣的恒河边教诲众生；甚至印度教的经典也这样记载着……这大概是世上最重要的法则："你要别人怎么对待你，就得先怎样对待别人。"

你希望得到朋友的认可，想让别人知道你的价值；你希望在自己的生活世界里有种深具重要性的感觉；你不喜欢廉价、言不由衷的恭维，而渴望出自真诚的赞美；你喜欢友人正像查理・夏布所说："真诚、慷慨地赞美他人。"我们全都喜欢那样。

那么，就让我们衷心地遵循这一永恒的定律——你希望别人怎样对待你自己，那你就应该怎样对待别人。

那样，我们应该什么时候去做？在什么地方去做？怎样去做？答案是：随时，随地。

罗纳尔德・罗兰是我们在加州开课时的讲师，同时教美工课。他曾经提起初级手工艺班里的学生克里斯的故事。

"克里斯是个安静、害羞、缺乏自信心的男孩，平时在课堂上很少引人注意。有一天，我见他正在伏案用功，便走过去和他搭话。他的内心深处似乎有一股见不到的火焰。当我问他喜不喜欢所上的课时，这个年仅 14 岁的害羞的男孩脸上的表情起了很大变化。我可以看出他的情绪波动很大，想尽力忍住泪水。他问我是不是觉得他做得不够好，我立刻否认了，说他做得很好。”

“那天，上完课走出教室的时候，克里斯用他那对明亮的蓝眼睛看着我，并且肯定有力地说，谢谢你，罗兰先生！”

“克里斯教了我永远难忘的一课——我们内心深处的自尊。为了使自己不致于忘记，我在教室前面挂了一个标语：‘你是重要的’。这样不仅每个学生可以看到，也随时提醒我：每一个我所面对的学生，都是同等重要。”

差不多你所遇见的每一个人都认为自己在某些地方比你优秀，这是一个未加任何渲染的事实。所以，要打动他们内心的最好办法，就是要巧妙地表现你衷心地认为他们很重要。

唐纳德是纽约一家园艺设计与保养公司的管理人。他对我讲述了这样一件事：

有一次，他去替一位著名的鉴赏家做庭园设计，这位屋主走过来作了一些交待，告诉他自己想在那里种一片石南和杜鹃花。

唐纳德对那位鉴赏家说：“先生，我知道你有个爱好，就是养了许多漂亮的好狗。听说每年在麦迪逊广场花园的展览里，你都会拿到好几个蓝带奖。”

这一小小的称赞所引起的效果非常大。

“是的，我从养狗中得到了很多的乐趣。你想不想看看它们？”鉴赏家愉快地说。

接下来，这位鉴赏家花了差不多一个钟头的时间，带着唐纳德去参观了各类的狗和它们所得的奖品，甚至还给唐纳德讲解了血统如何影响狗的外貌和智慧等知识。

接着，鉴赏家问唐纳德："你有没有小孩？"

“有的，”唐纳德回答，“我有个儿子。”

“啊，他想不想要只小狗呢？”鉴赏家又问。

“当然，他一定会很兴奋的。”

“那么，我要送一只小狗给他。”鉴赏家说道。

然后，鉴赏家又给唐纳德讲了一些怎么养小狗的方法，并打印了一份血统谱和饲养说明书给唐纳德。这位鉴赏家不仅送给了唐纳德一只价值好几百美元的小狗，而且还在百忙之中抽出一个多小时的时间。当然，这完全是因为唐纳德由衷地赞美他的癖好和成就的缘故。

曾经统治过大英帝国的狄斯莱利曾说："同人们谈谈他们自己，他们会愿意听上好几个钟头。"所以，假如你想使别人喜欢你，请让他人感到自己重要，而且一定要真诚。

# 做一个优秀的倾听者

最近，我应邀参加了一场纸牌会。我自己不会玩纸牌，在场还有一位漂亮的女子也不会。我们正好坐下来聊聊天。她知道我在汤姆森先生从事无线电这个行业之前，曾经担任过他的私人助理。当时，汤姆森到欧洲各地去旅行，由我来替他做即将播出的生动的旅行演讲。所以她说："啊！卡耐基先生，我想请你告诉我所有你到过的名胜及所见过的奇景。"

当我们在沙发上坐下的时候，她说她同她丈夫最近刚从非洲旅行回来。"非洲，这可是一个非常有趣的地方！"她说，"我总想去看看非洲，但我作了在阿尔及利亚待过 24 小时以外，其他任何地方都没有到过。告诉我，你是否到过野兽出没的乡村？是吗？多么幸运！我可真是太羡慕你了！请你告诉我关于非洲的情形吧！"结果，那次谈话持续了 45 分钟。那位女士没有再问我到过什么地方，也没有再问我看见过什么东西了。

事实上，她并不是真的想听我谈论我的旅行，她在那个时刻所需要的只是一个认真的倾听者，这能使得她沉浸在表达的乐趣中。

在现实生活中，类似这位女子的人少见吗？不，许多人都是这样。比如我曾经同一个植物学家谈过话，他是一个很有吸引力的人。我坐在椅子上倾听他讲大麻，讲庭内花园，以及关于低贱的马铃薯的事情，很令人惊奇。他还特别热情地解答了我的几个问题。

之前我已经说过，我们这是在宴会中。当时在座的还有十几位别的客人。但我违反了全部礼节的定例，忽略了其他人，与这位植物学家谈了数小时之久。直至午夜，与其他客人道别时，这位植物学家和主人不停地夸我，说我是“最富激性的”，最后他还说我是一个“最有趣的谈话家”。

最有趣的谈话家？我？事实是这样吗，事实是另外一种样子。虽然我对于植物学所知道的不会比对企鹅的解剖学多多少，但我做到了一点：注意倾听，并且我真正对此产生了兴趣。他也觉察到了这一点，所以他很自然地感到兴奋。倾听是我们对别人的一种最好的恭维。

使一次商务会谈趋向成功的秘诀是什么？注重实际的学者伊利亚特说：“使商务交往成功的办法没有什么神秘的，把注意力集中到讲话人的身上，任何方法都比不上这个。”其中的道理很简单，不是吗？你不必在哈佛读上 4 年书才领悟这一点。同时你我也知道，有的经营者租用豪华的店面，安置精美的橱窗，广告成本高昂，然后却雇用一些不会倾听他人讲话的店员，这些店员打断顾客谈话、反驳他们、激怒他们，甚至要将客人赶走。

乌顿的经验很值得参考。他在我的班上讲述过这样一个故事。

他在新泽西一家百货商店买了套衣服。衣服很令人失望：上衣褪色，将他的衬衫领子都弄黑了。他将这套衣服带回店里，找到店员，告诉了他衣服的糟糕状况。但他还没有说完，就被店员打断了。“我们已经卖出了数千套这种衣服，”这位售货员反驳说，“你是第一个来挑剔的人。”

正在激烈辩论的时候，另外一个售货员也加入了。“所有黑色衣服最初都要褪一点颜色，”他说，“这种价钱的衣服就是这样，是颜料的缘故。”

“这时我简直火冒三丈，”乌顿先生说，“第一个售货员怀疑我故意讹诈，第二个暗示我买了件便宜货，所以应该接受这种待遇。我无法忍受，准备骂他们，忽然经理踱了过来，他明白他的职责，也正是他使我的态度完全改变了。他将一个愤怒的人转变成满意的顾客。”他是怎样做的?

他采取了三个步骤：

第一，他静静听我从头到尾讲述了事情的经过，丝毫未打断我。

第二，当我说完的时候，售货员们又想要插话发表意见，他站在我的立场上与他们辩论。他不但指出我的领子明显是被劣质颜料所染，还坚持说，店里不能出售令客户感到失望的衣服。

第三，他承认他不了解事情的原因，并坦诚地对我说：“你要我怎样处理这套衣服呢？你尽管说，什么都可以。”

就在几分钟以前，乌顿还决定要退掉那套糟糕的衣服。但后来乌顿说：“我只想知道这种情况是否只是暂时的，是否有解决的办法。”

那位经理建议乌顿再试穿一个星期。“假如到那时还有问题，”他允诺道，“请您拿来换，直到你满意为止。让你这么不方便，我们很是抱歉”。

“我满意地离开了那家商店。一星期后这衣服没有再出现以往的状况。我对于那商店的信任也就完全恢复了。”乌顿说。

即使最激烈的批评者，都会在一个忍耐的、同情的静听者之前变成一位彬彬有礼的倾听者，同样地，即便是在怒火中烧的寻衅者像一条大毒蛇张开嘴巴吐出毒物的时候，也要认真地倾听。

纽约电话公司数年前应付过一个责骂接线生的很险恶的顾客。他破口大骂，像疯子一样发狂，他恐吓要拆毁电话，还拒绝支付他自己以为不合理的费用，他甚至写信给报社，还向公众服务委员会屡屡申诉，并多次把电话公司推进诉讼纠纷中。

最终，公司中的一位最有技巧的“调解员”被派去访问这位粗鲁暴躁的顾客。这位“调解员”安静地听着，并对他表示同情，让这位喜欢在口头上争强好胜的老先生发泄了他所有的不满。

“他滔滔不绝，我倾听了大概 3 个小时，”“调解员”叙述道，“以后我又多次去他那里，继续听他发牢骚，前后一共四次。在第四次访问结束后，我成为他创办的一个组织的成员，那个组织叫电话用户保障会。我如今仍是该组织的成员。可笑的是，据我所知，除他之外，我差不多是世上唯一的会员了。”

“在前后的几次访问中，我倾听且同情他所提及的每一点。我从未以电话公司其他员工那样的方式说话，他的态度基本上已经友善可亲了。我要见他的事，在第一次访问时没有提及，第二、第三次也没有提到，但在第四次，我彻底地结束了这个案子，不但使他付清了所有的帐，还促使他首次撤销了他向公众服务委员会的申诉。"

的确，那位脾气暴躁的先生自认为是在为真理而战，保障公众权益不受无情的剥削，但事实上他要的是自重感。他先从挑剔和抱怨开始，渴望被关注，然后自重感得到满足，在他从公司代表那里获得自重感后，他的空洞无端的冤屈即飞到九霄云外去了。

多年前，有个从荷兰移居来美的贫苦儿童，在学校下课后，他为一家面包店擦窗，一星期赚半美元。他家里很贫困，他天天到街上用篮子捡煤车上落在坑里的碎块。他叫巴克，一生只受过 6 年正规教育，但最后他成为了美国新闻界一个最成功的杂志编辑。

他怎样成功的？这说来话长，任何人成功的过程都一言难尽，但我们能够简单地告诉大家他是如何开始的——他正是采用本章提出的原则作为行动的起点。

他 13 岁离开学校，在西联做童工，一周的工资是 6. 25 美元。但他从未放弃学习和受教育的信念。他不坐车，不吃午饭，把钱省下来，直到够买一部《美国名人传全书》，之后他做了一件别人从未做过的事情。他读了名人的传记，然后依照人名一一给他们写信，请他们寄来有关他们童年时代的补充材料。他喜欢倾听，他鼓励名人讲述自己的故事。他写信给当时正竞选美国总统的加菲大将，问他是否真的做过运河上的拉船童工，加菲给他写了回信；他写信给格莱德将军，询问将军指挥的某个战役，格莱德赠送给这位 14 岁的孩子一张地图并邀请他共度晚餐，并与他聊了一整夜；他写信给爱默生，希望爱默生讲述自己的往事。这个为西联送信的小孩就这样和全美国最著名的人通了信：勃罗克、爱默生、朗雷洛、夏姆森、林肯夫人、奥尔科特、谢尔曼将军以及戴维斯。

他不只与这些名人通信，而且在他们假期的时候琮去拜访过其中好多位，作为他们家里受欢迎的一个客人。这样体现了勇敢和个性的经历使他产生了无法估量的信心。名人们激发了他的目标与向往，使他的人生产生了重要的转折。而所有这些，仅仅是因为他是个乐于倾听的认真可爱的孩子。

马可逊先生大概称得上是世上最优秀的名人访问者，他说由于多数人不注意倾听，所以他们不能给其他人留下好印象。“他们只关心自己下面要说什么，他们不知道用耳朵交流，只知道抓准机会滔滔不绝。一些大人物曾对我说，他们更喜欢善于倾听而非善于交谈的人，但倾听的能力仿佛比其他任何好性格都少见。”

其实，不仅仅是那些大人物愿意和善于倾听的人打交道，普通人也是如此。《读者文摘》中曾写道：“很多人请医生，说来说去只不过是想找一个能倾听他们说话的人。”

在美国内战紧张得无以复加的时候，林肯先生写信给伊利诺斯州的一位老朋友，请他到华盛顿来就某些问题提出一些建议。这位老朋友来到白宫后，林肯花了数小时与他谈论解放黑奴的宣言是否适当的问题，最后林肯与他的老朋友握手道声晚安，并派人将他送回了伊利诺斯州，竟然没有征求他的意见。整个谈话中一直是林肯在说话，仿佛是为了舒缓他因战争而引发的持续的紧张情绪。“谈话之后他似乎轻松多了，”这位老朋友说，“林肯没有要求得到建议，他只是需要一位友善的、同情的倾听者，使他能够让情绪以一种合理的方式得到宣泄。那是我们在困难中都需要的，满肚怨气的顾客所需要的，不满意的雇员、感情受伤的朋友都如此。”

假如你想让周围的人躲避你，指着脊梁骨议论你，甚至鄙视你，这里有一个最好的办法就是不倾听别人说话，不断地无休止地谈论你自己，从你的脚趾谈起，一直说到你家门前的法国梧桐。假如在别人谈话时，你有自己不同的意见，别等他说完，他绝对没有你聪明。为什么你要浪费自己宝贵时间去听他无聊的闲谈？立即插嘴，在任何一句话中打断他，让他的嘴唇悬在半空中。

那些讨厌的人就是沉浸在虚荣所激发的自重感当中。他们只谈论自己，只为自己着想。

哥伦比亚大学校长巴德勒博士曾说：“仅为自己设想的人，是无可救药的缺乏教育的自私的人，无论他受过什么人什么样的教导。”

因此，如果你希望成为沟通高手，那就先做一个善于倾听的人。问别人喜欢回答的问题，鼓励他谈论自己，听他讲述所取得的成就。不要忘记与你谈话的人的存在，对他本人的一切，他的需要、他的疑问和答案，比对你和你的疑问、答案要感兴趣无数倍。他留意他脖子上的痣比关注非洲的 40 次地震还要多。所以下次当你开始谈话的时候，就牢记一点：假如你要使人喜欢你，就做一个善于倾听的人，鼓励别人谈论他们自己。

# 3 获得信服的7个方法

# 争论永无赢家

第二次世界大战刚结束的某一天晚上，有一件事让我大为受益。

当时我是罗斯·史密斯爵士的私人经纪人。大战期间，史密斯爵士曾任澳洲空军战斗机飞行员，被派往巴勒斯坦工作。欧战胜利缔结停战条约后不久，他以三十天之内飞行半个世界的壮举震惊了全世界，因为没有人完成过这样的功绩。于是，澳洲政府颁赠他 5000 美元，英王授予他爵位。有一阵子，他是联合王国统治下被谈论最多的人。

有一天晚上我参加一次为推崇他而举办的宴会。宴席中，坐在我右边的一位先生讲了一段幽默故事，并引用了一句话，意思是：谋事在人，成事在天。

那位健谈的先生提到，他所引用的那句话出自《圣经》。我知道他错了。我肯定地知道这句话的出处，一点疑问也没有。于是，我满怀优越感地告诉他，这句话出自莎士比亚的作品，而不是《圣经》。他立即反唇相讥，“什么？出自莎士比亚？不可能！绝对不可能！那句话出自《圣经》。”他再三肯定是这样。

当时，我的老朋友法兰克·盖蒙坐在我左边。他沉浸莎士比亚的著作已经多年，因此我和那位先生都同意向他请教。盖蒙听后，在桌下踢了我一下，说："戴尔，你错了，这位先生是对的。这句话出自《圣经》。"

那晚回家的路上，我对盖蒙说："法兰克，你分明知道那句话出自莎士比亚。"

"是的，确实。"他回答，"哈姆雷特第五幕第二场。但是，亲爱的戴尔，我们是宴会上的客人。为什么要证明他错了？那样会使他喜欢你吗？为什么不保留他的面子？他并没问你的意见啊！他不需要你的意见。为什么要和他抬杠？记住，要永远避免和别人正面冲突。"

"永远避免和别人正面冲突。"说这句话的人虽已经身故了，但我受到的这个教训仍长存不泯。

那是我需要的教训，因为我向来是个积重难返的杠子头。小时候，我和我哥哥为天底下任何事物抬杠。进入大学，我又选修逻辑学和辩论术，也常常参加辩论比赛。后来我在纽约讲授演讲与辩论。有一度我曾想写一本这方面的书。从那次之后，我听过、看过、参加过、也批评过数千次的争论。

这一切的结果使我获得一个结论：天底下只有一种能在争论中获胜的方法，那就是避免争论，要像你避免响尾蛇和地震那样避免争论。

十之八九，争论的结果会使双方比从前更相信自己是绝对正确的。你赢不了争论。要是输了，确实你就输了；假如赢了，还是输了。为什么？假如你的胜利使对方的论点被攻击得千疮百孔，证明他一无是处。那又怎么样？你会觉得洋洋自得。但他呢？你使他自惭。你伤了他的自尊。他会怨恨你的胜利。并且“一个人即便口服，但心里并不服。”

潘恩人寿保险公司立下了一项铁则：“不要争论”。

真正的推销精神不是争论。人的心意不会由于争论而改变的。

举个例子。几年前，有位很冲动的名叫欧·亨利的爱尔兰人上过我的课。他受的教育不多，但却很爱抬杠。他做过人家的汽车司机，后来由于推销卡车并不成功而来求助于我。我问了他几个简单的问题，就发现他老是和顾客争辩。假如对方挑剔他的车子，他立刻会涨红脸，大声强辩。欧·亨利承认，那时候，他在口头上赢了不少辩论。

他后来对我说：“我从人家的办公室出来后常说，我总算整了那笨蛋一次。我确实整了他一次，但是我什么都没有卖给他。”

我的第一个难题不在于欧·亨利如何说话。我立刻要做的是，训练他如何自制，避免口角。

欧·亨利如今是纽约怀特汽车公司的推销明星。他是如何成功的？听听他的话：“假如我现在走进顾客的办公室，对方说：‘什么？怀特卡车？不好！你送我我都不要，我要的是何赛的卡车。’我会说：‘老兄，何赛的货色确实不错，买他们的卡车绝对错不了。何赛的车是优良公司的产品，业务员也呱呱叫。’”

“如此他就无话可说了，由于没有抬杠的余地。由于他说何赛的车子最好，我说没错，他只有住口了。他总不能在我同意他的看法后，还说一下午的‘何赛的车子最好’。接着我们不再谈何赛，我开始给他介绍怀特的优点。”

“如果是在当年听到顾客这样说，我早就气得脸一阵红一阵白了。我会开始挑何赛的毛病。可是，我越批评别的车子差，对方就越说它好，就越喜欢我的竞争对手的货物。”

“如今回想起来，真不知道我当初的推销是怎么做的。过去我用了那么多时间在抬杠上，现在我懂得了自制，收到了效果。”

正如富有智慧的本杰明·富兰克林所说的那样：“假如你老是抬杠、反驳，或许偶尔能获胜，但那是空洞的胜利，因为你永远得不到对方的好感。”所以，你应该自己权衡一下：你是想要口头的、表面上的胜利，还是想得到别人的好感呢?

你在争论中或许有理，但要想改变别人的主意，你就必须舍得，否则一切都徒劳。

威尔逊总统任内的财政部长威廉·麦肯锡，以多年政治生涯取得的经验归结为一句话：“靠辩论不可能使无知的人服气。”无知的人？麦肯锡说得太保守了。据我本人的经验，不论对方才智怎样，你都不可能靠辩论改变他的想法。

拿破仑的家务总管康斯坦丁在《拿破仑私生活拾遗》中写到：拿破仑和约瑟芬打桌球时曾说：“即使我的技术不错，但我总是让她赢，这样她就特别兴奋。”

我们能够从康斯坦丁的这句话里总结出颠扑不破的真理：让我们的顾客、情人、丈夫、太太在琐碎的争论上赢过我们。

释迦牟尼说："恨不能消除恨，争辩使爱中止。"争强好辩绝不可能消除掉误会，只能靠技巧、协调、宽容，以及用同情的眼光去看别人的观点。

林肯有一次严厉斥责了一位和同事发生激烈争吵的青年军官。林肯说："所有决心有所成就的人，决不会在私人争执上浪费时间。争执的后果不是他所能承担得起的，而后果包括发脾气，失去了自制。要在和别人拥有相等权利的事物上多让步一点，而那些明显是你对的事情就让步少一点。与其与狗争道，被它咬一口，倒不如让它先走。就算弄死了它，也治不好你被咬的伤。"

《点滴》一书中的一篇文章，提出了如何使不同的意见不致成为争论的主题建议：

第一，欢迎异见。有这样一句话："人们不需要意见总是相同的伙伴。"如果有人提出了你没想到的东西，你就应该衷心感谢。不同的意见可以使你避免犯重大错误。

第二，不要盲信直觉。当有人提出不同意见的时候，你最开始的自然反应是自我保护。你要谨慎，心平气和，注意你的直觉反应，因为这可能是你特别不好的地方。

第三，控制你的脾气。记住，你能够根据一个人在何种情况下会发脾气的情形，测定这个人的度量和成就究竟有多大。

第四，首先倾听。让你的反对者有说话的机会，让他们把话说完。

不要抗争、防护或争辩，否则，只会增加相互沟通的障碍。努力建立了解的桥梁，不要再加深误解。

第五，寻找相同点。在你听完了反对者的话之后，首先去寻找你和他的意见相同或相近的地方。

第六，诚实地承认你的错误。发现自己的错误，不要勇于承认，并为此进行道歉。这有助于沟通和减轻对方的敌对心理。

第七，. 同意认真考虑反对者的意见。要真心地承认，他的不同意见可能是对的。因此，答应考虑他们的意见是比较明智的做法。假如等到反对者对你说:“我们早就告诉你了，但是你就是不听。”那你就难堪了。

第八，为反对者关心你的事情而真诚地感谢他们。任何肯花时间表达相反意见的人，必然和你一样关注这件事。把他们当做帮助你的人，也许就可以把反对者转变为你的朋友。

第九，延缓采取行动，让双方都有时间把问题考虑清楚。建议当天稍后或第二天再举行会谈，如此所有的事实才可能都考虑周到。在准备举行下一次会谈的时候，要问自己:“反对者的意见是否是正确的？还是至少有一部分是正确的？他们的立场或理由是不是有道理？我的反应到底在解决问题还是只是在减轻一些挫折感而已？我的反应会使我的反对者远离我还是亲近我？我的反应会不会提高别人对我的评价？我将会胜利还是失败？假如我胜利了，我将要付出什么样的代价？假如我不说话，不同的意见就会消失了吗？这个难题会不会是我的一次机会？”

真·皮尔斯是歌剧男高音，他结婚已经快 50 年了。有一次，他说:

“我太太和我在很久以前就订下了协议，无论我们对对方如何的愤怒、不满，我们都一直遵守着这项协议。这项协议就是：当一个人大吼的时候，另一个人就应该静听——因为当两个人都大吼的时候，就没有沟通可言了，有的只是噪音和震动。”

# 以友好的方式开始

假如你对他人不真诚、不友好，又如何期望从他人身上得到友善的回报呢？请记住这句格言："投之以桃，报之以李。"我们有时或许激怒了他人，或者被人激怒。当你被人激怒，并且说了一大堆气话之后，你的确可以自己得到一些轻松，但是你想过对方的感受吗？别人会怎样呢？他会分享你的一吐为快吗？你那充满愤怒的声调、敌对的态度，真可以使他同情你吗？

"如果你握紧双拳来找我，我想我也会不甘示弱。"伍德罗·威尔逊曾这样说道，"但是，如果你对我说，让我们坐下来谈谈，假如我们意见不同，不同之处在哪里，问题的症结在哪里，那样，我是可以接受的。我们或许只在部分观点上有不同意见，但大部分还是一致的。只要彼此有耐心，开诚布公，还是能够达到步调一致的。"

威尔逊的这番说法显然不如小约翰·洛克菲勒的深刻。

1915 年，小约翰·洛克菲勒还是科罗拉多州一个不起眼的人物。当时，发生了美国工业史上最激烈的罢工，这场罢工持续了两年之久。愤怒的矿工要求科罗拉多燃料钢铁公司提高薪水，小约翰·洛克菲勒当时正在负责管理这家公司。由于群情激愤，公司的财产遭受破坏，军队前来镇压，于是造成流血事件，不少罢工工人被射杀。

如此情况下，民怨沸腾。不过最后，小约翰·洛克菲勒却赢得了罢工者的信服，他是如何做到的呢?

小约翰·洛克菲勒花了好几个星期结交罢工的工人，然后对工人代表做了一场精彩的演说，神奇地平息了工人的罢工，而且还使很多人对他产生了崇拜。在这里，我节选了那段著名的演说的开场词，他的语句里充满了友好。面对前几天还叫着要把他吊起来杀死的听众，他的话是那么有礼貌和友好。他是这样说的：

今天，是我一生当中最值得纪念的日子，由于这是我第一次有幸能和这家大公司的员工代表、行政人员和管理人员见面。我很兴奋站在这里，有生之年都不会忘记这次聚会。假如这次聚会提早两个星期举行，那样对你们来说，我只是个陌生人，我也只认得少数几张面孔。因为上个星期以来，我有机会拜访了整个附近南区矿场的营地，私下和大部分代表交谈过；我拜访过你们的家庭，与你们的家人见面，因而如今我不算是陌生人，可以说是你们的朋友了。基于这份互助的友谊，我很兴奋有这个机会和大家讨论我们的共同利益。

因为这个会议是由资方和劳工代表组成的，承蒙你们的好意，我得以坐在这里。

我感谢我们是一家人，因为，你们能代表公司的所有员工和劳工，而我是股东和董事们的代表。

如此出色的一番演讲，可以说是化敌为友的最佳的艺术表现形式之一。假如小约翰·洛克菲勒采用的是另一种方法，即与矿工们争得面红耳赤，用不堪入耳的话骂他们，或用话暗示错在他们，用诸多理由证明矿工的不是，那么结果会怎样？想必只会招惹更多的怨愤的暴行。

“如果人心不平，对你印象恶劣，你就是用尽所有基督理论也很难使他们信服于你。想想那些好责备的双亲、专横跋扈的上司、唠叨不休的妻子。我们都应当认识到一点：人的思想不易改变。你不能强迫他们同意你，但你完全有可能引导他们，只要你温和友善。”这段话是林肯在 100 多年前说的，他还说道：“这是一句古老而颠扑不灭的处世真理：一滴蜂蜜要比一加仑的胆汁能招引更多的苍蝇。人也是这样，如果你想赢得人心，首先要让他人相信你是最真诚的朋友。用一滴蜂蜜去润泽一个人的心，这才是聪明的做法。”

商界人士都了解，对罢工者表示出一种友善的态度是必要的。举个例子来说，怀特汽车公司的某一工厂有 250 名员工，他们因要求加薪而举行罢工。当时的公司总裁罗伯·布莱克没有采取动怒、责难、恐吓或发表霸道谈话的做法，而是在报刊上刊登了一则广告，称赞那些罢工者“用和平的方法放下工具”。因为发现罢工监察员无事可做，布莱克便买了许多球棒和手套让他们在空地上打棒球。有的人喜欢保龄球，他便租下了一个保龄球场。

布莱克富于人情味的举动，获得的同样是富有人情味的反应。那些罢工者找来了扫把、铲子和垃圾推车，开始把工厂附近的纸屑、烟头、火柴等垃圾扫除干净。你能够想像吗？一群罢工工人在争取加薪、承认联合公司成立的时候，同时清除工厂附近的地面！这在漫长、激烈的美国罢工史上是独一无二的。这次罢工最终在一个星期内获得和解，而且并没有产生任何不快或遗恨。

著名律师丹尼尔·韦伯斯特被许多人奉若神灵。即使他的声誉如日中天，但他那很具权威的辩论始终充满了温和的字眼，他的辩论中常常出现这些词语——“这有待陪审团的考量”“这也许值得再深思”“这里有些事实，相信您没有疏忽掉”“这一点，由您对人性的了解，相信很容易看出这件事的重大意义”——没有恫吓，没有高压手段，没有强迫说明的企图。韦伯斯特用的都是温和、平静、友善的处理方式，但仍不失其权威性，而这正是他成功的最大力量。

或许你并没有机会去处理罢工风潮，也没有机会在陪审团成员前发表演说。可是，你可能有机会遇到类似下面这样的情况。

斯特劳伯先生是位工程师，他想要求房东减低房租，但听说房东是个一丝不苟的人，恐怕很难被说动。他是我培训班中的一员，他在班上学到了一些处世规则，所以想借这件事实习一下，看看效果如何。后来他给我讲了事情的经过：

“我写了一封信给我的房东。我告诉他，等租约一到，我就要搬出公寓。实际上，我并不想搬家，只想降低房租，我很愿意继续住下去。

但情况并不乐观，其他房客都试过这一招，但都没有成功。他们告诉我，这位房东很难应付，要特别小心。”

“房东一接到信后就来找我。我在门口与他热情地招呼，我没有提到房租费高的事，只告诉他喜欢这栋公寓。请信任我，我当时的确在‘真诚、慷慨地赞美’他。我继续恭维他很会管理房子，如果不是付不起房租的话，我很愿意再多住一年。

“他一定从来没有碰到过这样的房客，显然一时不知该怎么是好。后来他跟我说了他的一些困扰，就是房客们的抱怨。有人写了14封信给他，其中有些显然在侮辱他。还有人要他叫楼上的房客停止打鼾，否则就算违约。‘像你如此的房客，真让我松口气。’他说。最后，还没等我开口，他便主动降低了我的房租，我要求付我能付起的数目，他也不多说什么便爽快地答应了。最后，当他要离开的时候突然转身问我：‘房子是否有什么需要改进的？’假如我用别人的方法要求减租，相信也不会获得好的结果。这就是友善、同情、赞赏所产生的力量。”

当我还是个喜欢赤脚到处乱跑的小男孩时，我读了一则《伊索寓言》，讲的是太阳和风的故事。一天，太阳与风正在争论谁比较厉害。风说：“我肯定一定是我。你看下面那位穿着外套的老人，我打赌，我能够比你更快地叫他脱下外套。”

说着，风便用力对着老人吹，希望把老人的外套吹下来。可是它越吹，老人把外套裹得越紧。后来，风吹累了，太阳便从背后走出来，暖洋洋地照在老人身上。没多久，老人便开始擦汗，最后把外套脱了下来。

太阳因此对风说道："温和、友善永远强过激烈与狂暴。"

伊索是个希腊的一个奴隶，可是他却教给我们许多有关人性的真理，使我们了解，现今住在波士顿或伯明翰的人，其实和 2600 年前住在雅典的人是一样的。太阳能比风更快让老人脱下外套，如今，温和、友善和赞赏的态度也更能让人改变心意，这是咆哮和猛烈攻击所难以奏效的。

记住林肯所说的话："一滴蜂蜜要比加仑的胆汁能招来更多苍蝇。"

# 一开始就让对方说“是”

我们在很多场合都看到过甚至亲身经历过这样的事情：两人或多人谈话，一方发表意见，而另外一方似乎只会说“不”。在这种时候，事情的对错不是最重要的，最重要的似乎是大家都要劈头盖脸地说“不”，以此来强调自己的主观意见。

根据哈里博士的研究结果显示，“不”是很难被克服掉的，一旦你开始了“不”的表述，你本性中的自尊感将使它无法停下来。你可以设想一下，别人每发表一个意见你就要否定一下，那这样的谈话还能顺利地继续吗？

明白说话技巧的人，通常在一开始就会收到大量关于肯定的答复，他们与别人的谈话总是会进入良好的气氛当中。

詹姆斯·艾伯森在格林威治的一家银行工作，他曾因让对方说“是”的技巧成功地留住了一位顾客。他这样对我讲述道：“一个年轻人想在银行开个户头，我递了几张表格给他，希望他填写，但他似乎对此很反感。如果是在学习人际交往课程之前碰到这样的事情，我肯定会直接地告诉他，不填写就不能开户。但是那天早上我突然觉得，最好不要涉及我们需要什么，而要考虑顾客需要什么。因此我决定诱使那位年轻人进入肯定的状态。我先同意了他的看法，然后说，其实表格并不是非填不可。但是紧接着我又说，假如你碰到了不幸运的意外，你是否愿意让亲人接收你的账号上的钱呢？他这下明白了，填写表格是为了自己，虽然烦琐但其实是好事，可以让以后的服务变得更细。接着我又问了他一些问题。在我的询问下，他的态度缓和下来，最后不仅填写了所有的表格，还在我的建议下开了一个信托账户，并指定他的母亲为法定受益人。让对方不停地回答是，会使他忘记自己的初衷，从而按照你的建议去走。”

约瑟夫·艾力森是西屋公司的一名业务代表，他在课上向我们讲述他的经历：

西屋公司一直想和管辖区内的一个人做生意。在艾力森接到任务之前，别的代表已经和他谈了十年。在艾力森接到任务之后，又和他谈了三年，还是没有成功。最后，在艾力林的不懈努力下，对方终于购买了他们公司的一些发动机。从那时候开始，艾力森认为事情已经有了良好的开始，以后就轻松了。

没想到，当三个星期之后艾力森去拜访对方时，负责接待他的总工程师却对他说：

“艾力森，我们不能再使用你们的马达了。”

艾力森问：“为什么？”

总工程师说：“你们生产的发动机太热了，我的手不能放在上面。”

艾力森恍然大悟，知道这个时候争论是没有意义的，因为他以前经常遇到这样的问题。不过，他马上想到了肯定的原则。于是，他对总工程师说：

“我百分之百同意您的意见，要是发动机真的很热，就不用再买了。你这里一定有符合标准的发动机吧？”

总工程师说：“是的。”

艾力森又问：“贵公司通常规定的发动机的温度可高出室内温度，是吗？”

总工程师说：“是的，可是你们的产品还是太热了。”

艾力森接着问：“工厂室内的温度是多少。”

总工程师说：“差不多是华氏 75 度。”

艾力森说：“那就很难了，室内温度是 75 度，而发动机的最大温度可达 75 加上 72 度。假如您把手放在这样的机器上，是否会烫伤呢？”

总工程师不得不说：“是的，会烫伤。”

艾力森说：“那就好了，您是否可以考虑不要把手放在发动机上。”

总工程师说：“你说的很对。”

接着，他们签了一个更大的合作订单。

奥克兰的斯诺先生说自己之所以成为一个商店的客户，只是因为店主让他不断地去肯定。

斯诺对弓箭狩猎很是着迷，也在这一爱好上花了不少钱。后来他的朋友建议他改用租的方式，于是他就去很多商店询问租用的事情。可惜店员们都说现在已经没有这种服务了。他又打电话去另一家，接电话的是个愉快的声音。

“听完我的想法后，他表示很抱歉，说店里早就不提供这种服务了。接着他开始提问。他问我是否以前在他们那里租用过东西，我说是的。他又问，那时候的租金是不是一把弓 30 美元左右，我答是的。他接着问我是不是一个对狩猎痴迷的人，我答确实。然后他说他们那里有一套弓箭正在打折销售，包括所有的小零件，一共才 30 多美元。这样一算，我只需要比以往的租金多付几块钱就能买一套全新的装备。他告诉我，正因为如此他才放弃了租借项目。”

“从那以后我就经常去那里消费。”

苏格拉底是最伟大的哲学家之一，他有一个方法被称为“苏格拉底法则”，也就是我们经常提及的肯定的法则：让对方说是。所以，下次你想说服别人的话，先别急躁，冷静下来，运用这一原则吧。

# 给他一个动听的理由

几乎每个人的体内都有理想主义的因子，都希望自己的行为能代表着某种希望和光亮的目标。所以，当你想使别人处在一种积极的态度中的时候，就去激发他内在的高贵的品质，这是最佳的外力。

我小时候生活的村庄是密苏里州劫车大盗詹姆斯活动的主要地带。有一次，我去詹姆斯家的老农场拜访，他的儿子仍然生活在那里。

詹姆斯儿子的夫人说起詹姆斯的一些往事，比如他想过各种办法抢劫银行和火车，然后把劫来的钱财分给附近的穷苦人家，让他们付清银行的抵押贷款。

詹姆斯肯定把自己当成了一名拯救劳苦大众的理想主义者，很多类似的后来者也如此，他们总是觉得自己在履行伟大的职责。当他们对着镜子的时候，会把自己看得很高大，感觉自己善良得一塌糊涂。J·皮尔波特·摩根在他的一本书中这样说过："一个人的行为通常有两种理由，一个是事情真正的动因，一个是听起来比较好听的原因。"人人都清楚那个真正的动机，这用不着废话。但每个人都是理想主义者，总愿意找一个动听的理由。所以，要想改变他们，就要给他们这样一个理由。

这样做有效果吗？让我们举些例子。

宾夕法尼亚州的法里尔先生是做房屋租赁的，他有一个房客，这个房客是个动不动就要搬走的脾气暴躁的人。这个房客的租约还差四个月到期，如果他提前搬走，在寒冷的冬天再找个新的住户是很难的。看来说好的钱就要泡汤了，而且法里尔此时已经入不敷出了。

遇到这种事，法里尔最直接的反应就是想尽一切办法留住那位房客，但是关于房租结算问题，他知道他们一定会吵起来，所以他打算采取另外一种方式。

他对房客说："先生，我差不多理解你的意思了，我相信你打算搬走。我租了多年房子，我懂得怎样观察人的本性，我从一开始就仔细观察过你了，我认为你是一个诚实守信的人，我非常确信这一点，所以，我才把房子租给你。所以，现在我建议你能把你的决定暂时放上几天，再仔细考虑一下。你在月初房租到期之前来找我，如果那时候你依然决定要搬家，我会承认我的判断错了，并允许你搬家。不过，我还是相信你会守信用的，你一定会住完合同规定的日期。毕竟，我们是人还是猴子，就看我们怎样做了。"

结果是可以想像的，那个房客继续住了下去，他把兑现诺言当成一种理想，可以证明自己光荣性存在的理想。

已经不在人世的诺德·诺斯曾在一家报刊杂志上看到他的个人照片，他感到很不舒服，因为他历来就不喜欢把自己抛进公众的视线中。通常人们遇到这样的事情会生气地说，赶快把照片去掉，理由是我不喜欢。

但是他用的是另外一种方式，他在给编辑的信中这样写道："请把那张照片去掉，我母亲不喜欢那样。"结果，编辑很快去掉了那张照片，因为每个人都有一颗尊敬母亲的心，而诺德激发的正是这种善良的品质。

新闻摄影记者想给洛克菲勒的孩子拍照片，但洛克菲勒并不想这样，但他没有说我不喜欢这样，请你们别这样拍，而是说你们都了解小孩子的心态，你们都是有孩子的人，你们知道，孩子出风头并不太好。摄影记者立刻停止的拍摄，因为他们内心都不希望孩子被伤害。

来自缅因州的希鲁斯·克第斯是个穷小子，结过一番努力拼搏，他创办了《星期六晚邮报》和《妇女家庭周刊》，成为了人人都羡慕的百万富翁。当初刚刚起步时，他根本就付不起很高的稿酬，但要想提高知名度，就必须让知名的作家给他投稿。于是他就采取了激发人内在的高贵品质的方法来约稿。比如他向奥尔科特约搞，那时奥尔科特正红得发紫，克理斯只付得起 100 美元的稿费，照常理来讲这几乎是不可能的。克第斯没有把稿费寄给奥尔科特，而是投进了奥尔科特最重视的一项慈善事业里。说到这里，有些人可能会质疑我的观点，他们会说这样的方法对那些本来确实有高贵的品质的人是有用的，但对其他人则不然。但我要说的是，确实所有的方法都不可能对所有人都有用。那么，在你没有肯定是否有用之前，何不试一试呢？

我再讲一个我的一位学生的故事。他叫詹姆斯·托马斯，在一家汽车公司当业务代表。某一天他遇到了这样一件事。汽车公司的六位客户拒绝交付服务费。确实，他们不是排斥所有的交费项目，只是认为其中的某项是错误的。公司的人检查后确认服务做得很好，没有账目发生错误，是客户错了。所以，他们的业务大军就去催款。

他们的伟大事业的步骤是这样的：

1. 找到每一位客户，告诉他们，必须缴纳一项已经过期很久的款项。

2. 继续告诉他们，公司没有任何错误，错的人是客户。

3. 公司是汽车公司，对汽车的了解和认识远远超过了客户，因此希望客户别再不懂装懂。

但都没有结果，两方对各自立场的坚持使得纠纷的火焰不可避免地燃起了，甚至到了要打官司的境地。

话说到这份上就可以了，那大家还吵架干嘛呢？真实情况是，他们吵了，而且吵得不可开交。吵架自古以来都是解决不了问题的，它唯一的作用是延缓了问题解决的进程。幸好公司的最高层得知了这件事，他们当然不赞成打官司，因为那是最后的一招。他们叫来了托马斯，叫他去收取那些“不可能收回的账”。于是托马斯出场了。

他是怎么做的呢？显然是不一样的方法。

1. 坚决不提关于公司和客户谁对谁错的问题，只是来肯定公司做了哪些事，没做哪些事。

2. 让客户先说，不发表意见，并说清楚公司也有可能犯错。

3. 客户对自己的车子确实非常了解，也肯定是权威。

4. 让他说话，绝不打岔，并且适当地站在他们的立场上。

如此这般后，托马斯感觉到客户的心理状态已经处在一个比较平衡的位置上，于是他对客户说："首先我希望您对我们之前的业务代表的言语和行为表示谅解，我也代表公司郑重地向您道歉，我在这里坐了这么长时间，了解了您对事情的理解，您在整个事件中所表现的正直和耐心令我非常敬佩。我不知道您是否能够继续正直和耐心，帮我一个忙，您确实可以做得比别人好，比任何人都好。这儿有一张账单，如果找您来作一个判断和评价的话，那是再好不过了。假如您是我们公司的董事长，同样会这么做的。你是最终的决定人，你说多少就多少，绝不计较。"

"客户评价了账单，上面的款项从100美元到400美元不等，结果，六个客户有五个选择了最高额，剩下一个只对一个款项表示坚决不付。更为可喜的是，这六位客户在两年内都购买了我们公司的新车。"

托马斯说："处理这一类问题的经验告诉我，在没有搞清楚事情本来面目之前，我必须假设客户是百分之百正确的、正直的、诚实的。如果你能使他相信他是对的，那他就会迫不及待地付清账单，而不用你像个催命鬼一样地去喋喋不休。这种方法的正确率几乎高达百分之百。如果一个人本性是喜欢诈骗和贪小便宜的，你就使他觉得自己是真诚善良的，于是他们就会将真诚善良的感觉化为行动，他们本来也不在乎那点钱。"

这一篇大家应该已经看明白了，道理很简单，那就是激发别人内心高贵的一部分，这是产生最佳交际效果的最佳外力。

# 先肯定而不是先指责

当罗斯福入主白宫的时候，他承认，假如他决策的正确率能有 75% 的话，就达到他预期的最高标准了。像罗斯福那样的人最高希望也仅是这样，那你我呢？假如你有 55% 的胜率，想必就可以到华尔街证券市场一天狠赚个一百万美元了。假如没这个把握，那你凭什么总是说别人错了而反复强调你是对的？

无论你用什么方式指责别人——眼神、声调、手势，以类似口头语言的方式告诉别人他错了，你以为他会转换立场和你站在一起吗？绝不会！由于你对他的智慧、判断力、荣耀和自尊心构成了最直接的攻击。这种行为除了挑起他反击的欲望外，绝不会使他改变自己的观点。永远不要使用这样的开场白："OK，你看我怎么做的。"这句话错得够彻底，它的意思基本等同于——我比你更聪明，我要告诉你一些事，使你改变看法，站在我的立场上。

那是一种挑衅者的姿态，只会挑起两个人之间的冲突。在你尚在酝酿的时候，对方就已经准备好迎战了。即使你搬出柏拉图或康德的逻辑也改变不了他已经肯定的意见，因为你伤害了他的自尊。

即便在最温和的情况下，要改变别人的看法都难。既然如此，为什么还要使它难上加难呢？为什么要给你自己增加没必要的困难呢？假如你真的要证明什么，不要让任何人看出端倪，把技巧发挥到位，使对方毫无察觉。

“必须用似无实有的方式诱导说服别人，提醒他仿佛他所未知只是忘记的，能再次想起来就行了。”三百多年前意大利天文学家伽利略这样说道，“你不可能教会一个人任何事情，你只能协助他自己弄懂某件事情。”

正如英国19世纪政治家查士德·斐尔爵士对他的儿子所说的：“假如可能的话，要使自己比别人聪明，又不要说出来。”

苏格拉底总是告诫他的门徒：“我只确信一件事，就是我一无所知。”

我不能奢望比苏格拉底更充满哲学层面的智慧，所以我不再强调别人的错误，我发现这么做会更有收获。假如有人说了一句你认为错误的话，也许你这样对他说会更好一些：“哦，是这样！我这里倒也有一种想法，可能不对，因为我常常会弄错，假如我弄错了，我很乐意你能纠正一下。我们来看看到底是哪里出了问题。”用这种句子的确会得到意想不到的效果。不论什么场合，处在何种境况，没有人会跳出来反对你。

我的学生哈尔德·伦克，是道奇汽车蒙大拿州的代理商，他就尝试了这个方法。他说，汽车销售这个行业压力很大，所以他在处理客户抱怨时常常冷酷无情，因此造成了不少冲突，销售额也大幅度下降，还产生了很多不愉快。

他在训练班上说：“当了解这种做法的错误性后，我就试试另一种办法。我开始这样说：‘我们的确造成了很多失误，实在是很抱歉。关于您的车子，我们大概也有没有尽到责任的地方，请你告诉我’。”这个办法果然使顾客怒气全消。而等到他气消了之后，他就会变得冷静，愿意坐下来讲道理，事情就容易解决了。很多顾客还因为我这种谅解平和的态度向我致谢。其中两位还介绍他们的朋友来买新车子。现在竞争越来越激烈，我们需要这样做，以便处理好和客户的关系，从而占领更大的市场。我相信对顾客所有的意见表示尊重是最基本的经商原则，而且以礼貌和灵活的方式加以处理，肯定会有助于胜利。

你承认可能是自己的错，就绝不会陷入泥沼。这样做不但会避免欲致对方于死地的争执，而且能够使对方和你一样平静下来，恢复理智，承认他也可能弄错了。

假如你肯定别人错了，但你采用直接的方式告诉他，想知道结果会怎样吗？我举一个特殊的例子来说明。

施密特生是纽约的一位年轻律师，最近在最高法院参加一个重要案子审议。案子牵涉到巨大数额的金钱和一项重要罕见的法律问题。

在渐趋激烈的辩论中，最高法院的法官对施密特说；“海事法追诉期限是六年，对吗？”

“场内顿时安静下来，”施密特在训练班上回忆说说：“似乎温度一下就降到冰点。海事法追诉期是无限的，我深知这一点，而且也直接告诉了法官。尽管我的见解符合法律，我的言辞表达比任何时候都通畅和富有文采。但我并没有使用处理人与人之间关系的基本的言辞。我犯了年轻和幼稚的错误，当着全场人的面和一位德高望重、学识渊博的人说，你错了。”

没有几个人的思考是遵循一般性逻辑标准的。许多人都有主观臆断的毛病。许多人都沉浸在固执、嫉妒、猜忌、恐惧和傲慢的自我意识中，丝毫没有觉察这些情绪并没有对自己的长远发展产生什么样的效用。所以，假如你很想指出别人犯的错误时，请在每天早餐前坐下来读一读下面这段文字。这是詹姆斯·哈维·罗宾逊教授说过的一段话：

我们有时会在毫不设防或被热情冲昏头脑时改变自己的想法，但假如有人指出我们错了，我们会觉得受了莫大的侵犯，变得更加固执。我们对自己的想法确信无疑，尽管它们在很多时候毫无根据。但假如有人直接否定我们，反而使我们变本加厉地肯定自己的想法，并且夸大它们的广度。很显然，并不是那些想法对我们有多珍贵，而是我们的自尊心和面子受到了威胁……

“我的”这个简单的词，是为人处世中最不该忽视的，合理运用这两个字才是智慧之源。无论说“我的”晚餐，“我的”屋子，“我的”狗，“我的”亲人，“我的”国家或“我的”上帝，都凝聚了相同的力量。我们耻辱于说我的计时器不准，或我的车太破旧，也讨厌别人纠正我们对火车的见解、水杨素的药效或亚述王沙冈一世生辰八字的错误……我们愿意继续相信过往习惯了的事实，不作任何新的探讨，而假如我们确信事实遭到别人置疑，我们就会搜肠刮肚地找借口为自己辩护。最终呢，所谓的真理就变成推动我们既定事实获得证明的无数借口，它们因为人的面子问题大行其道，不接受讨论和沟通，像石像一样伫立在古罗马的广场上。

美国南北战争期间，最杰出的报人哈利斯·金里莱，激烈地反对林肯的政策。他相信以侮辱、嘲讽、诘骂就能使林肯改变自己的看法而同意他的。他发起攻击，日复一日，年复一年，不厌其烦，并在自己似乎酣畅淋漓的文字中感到无与伦比的快感。就在林肯遇刺的那天晚上，金里莱还发表了一篇尖酸粗鲁的攻击林肯的文章。那些凶狠的攻击使林肯同意金里莱的意见了吗？一点也没有。嘲讽和诘骂是永远办不到的。

假如你试图了解一些有关为人处世、提高自制力、铸造品格的理想建议，不妨看看本杰明·富兰克林是怎样克服喜欢和人争辩的坏毛病的，同时请记住，正是这种的克服，使他成为了美国史上最精明、最圆滑的外交家。

当富兰克林还是个毛毛躁躁的小伙子的时候，有一天，一位老朋友把他叫到一旁，尖刻地批评了他。情形大致是这样:

“本，你已经快把每一位与你意见相左的人都打击完了，你真是无药可救了。你喜欢走很端，没有人能够接受。假如你不在场，你的朋友会觉得他们会自在得多。你确实知道很多事情，没有人能再教你什么知识了。但是也没有人打算告诉你什么，因为那样会弄得不愉快，费力不讨好。于是你不再吸收新知识了，但你知道吗，其实你的旧知识也很有限，并没有你自己想像的那样渊博。"

富兰克林接受了这些惨痛的教训，他已经够成熟、够明智，很快就领悟到他正面临社交失败的命运。他下决心即刻改掉傲慢无理、粗鲁野蛮的性格。

"我给自己定下一条戒律，"富兰克林说，"绝对不去正面、直接、武断地反对别人。我甚至不准许自己在文字或语言上措辞太激烈、太过肯定。我从此减少乃至不说'确实''无疑'等，而改用'我想''我假设'或'我想像'，一件事该怎样怎样，或者'目前我看来是如此'。当别人表达某个我完全不同意的观点时，我决不马上反驳他，或立刻挑出他的错误。我会在轮到我回答的时候，表示在某些前提和局面下，他的意见没问题，但就目前这件事，看来还有其他的良性办法。我很快就体会到改变态度的收获。无论是何种类型的谈话现场，只要我在，气氛都融洽得很。我怀着谦虚的态度去表达自己的见解，不但易被接受，而且还有减少了与别人口头上的冲突和纠纷。当我发现自己有错时，谈话的气氛也不会变得尴尬，而我碰巧是对的时候，更能让对方不加考虑的赞同我。

"我这样做的时候，的确觉得和我的本性相冲突，不大习惯，甚至感觉心脏和脑子变得僵硬，但久而久之就成为我的习惯，变得越加容易了。改正后的五十年以来，我基本上没有再讲过一些太武断的话。这个习惯使我在提出新的法案或修改旧条文时，能够得到同胞的重视，并且在成为民众协会的一员后，具有相当的影响力。其实我并不善于外交的客套辞令，更没有排山倒海似的雄辩能力，遣词造句没有文采，有时还会说错话，但总的来说，我的观点还是得到了民众广泛地支持。”

北卡罗莱纳州金蒙顿市的凯塞琳·阿尔弗瑞德，是一家纺纱工厂的工业工程督导。她讲述了自己在接受训练的前后，怎样处理一个敏感的问题。

她说：“我的职责之一是规划及保持企业的员工激励机制，以使流水线作业员可以提高纱线的产量，而她们也能提高收入。在我们起初只有两三个纱线品种的时候，先前制定的方法还很管用，但是后我们扩大了规模和提高了生产能力，以便生产 12 种以上不同的纱线品种，过去的办法便不适用了，于是就需要想出新的办法。于是我想到了以一个作业员在任何一个时间段所生产的纱线的等级给予相应报酬的办法，接下来我就在参加的两个会议中向厂里的高层证明我的方法是对的。我详细地说明他们过去用的办法不再适用，并挑出他们不能给予作业员公平待遇的地方，强调这样下去对我们的宏观计划会很不利。我拿出我的方案，踌躇满志。可是，我失败了。因为我太急于为我的新办法辩护，而没有考虑到高层的面子，这样的话，他们自然也就不会考虑我的建议。因此我的建议也就胎死腹中，失去了实行的可能。”

“在几次参加这个训练班之后，我就深深地反思了一下我以前的做法。我向高层请求再召开一次会议。在这一次会议中，我请他提出到底哪里出了致命的漏洞。我们讨论每个关键的地方，并请他们说出最好的可行性办法。而我就在适当的时候以低调的建议引导他们按照我的思路把办法提出来，最后，会议的结束实际上也就等于他们欣然地接受了由我提出来的办法。”

“现在我绝对相信，假如率直地说别人是错误的，不仅不会产生好的效果，并且还会对人和整个局势产生不利影响。你指责别人所带来的直接结果是剥夺了别人的强烈的自尊感，并使自己成为不受欢迎的人。”

耶稣说：“尽快同意反对你的人。”耶稣出生前的两千年，埃及国王阿克图给他儿子一些精明的、今天我们同样需要的忠告：圆滑一点，它可使你得到所有你想要的。

不要和你的丈夫、客户或对手争辩。不要说他错了，也不要刺激他，而要运用一点外交手腕。只需要一点努力，你就能获得最宝贵的收获。

# 同情与谅解很重要

你想不想拥有一个神奇的短句，可以阻止争吵，除去不良的感觉，创造良好的意志，并能使他人注意倾听？想？好极了。请记住下面这句话：“我一点也不责怪你有这种感觉。如果我是你，毫无疑问的，我的想法也会和你的一样。”

像这样的一段话，会使脾气最坏的老顽固软化下来。让我以亚尔·凯奇为例来说明。假如你拥有亚尔·凯奇的身体、性情和思想，假如你拥有他的那些环境和经验，你就会和他完全一样——也会得到他那种下场。因为，就是这些事情——也只有这些事情——会使他变成他那种样子。

比如，你不是响尾蛇的唯一原因，是你的父母并不是响尾蛇；你不去亲吻一只牛，也不认为蛇是神圣的，唯一的原因，是因为你没出生在恒河河岸的印度家庭里。

你现在的一切，并不全都是你自己造成的。所以，那个令你觉得讨厌、心地狭窄、不可理喻的人，他的那副样子，他们的德行也并不全在于他们自己。为那个可怜的家伙难过吧。可怜他、同情他。你自己不妨默诵约翰·戈福见到一个喝醉的乞丐蹒跚地走在街道上时所说的这句话："若不是上帝的恩典，我自己也会成为那样子。"

明天你所看见的人中，有四分之三都渴望得到同情。给他们同情吧，他们将会非常爱你。

有一次我在电台发表演说，讨论《小妇人》的作者露易莎·梅·奥尔科特。确实，我知道她是住在麻省的康科特，并在那里写下她那本不朽的著作。可是，我竟未假思索地、贸然地说出我曾到过新罕布尔州的康科特，去凭吊她的故居。假如我只提到新罕布尔州一次，可能还会得到谅解。可是，老天！真遗憾！我竟然说了两次。无数的信件、电报、短函涌进我的办公室，像一群大黄蜂一样在我这完全没有防备的头部绕着打转。多数是愤慨不平，当然还有一些是侮辱我的。一位名叫卡洛妮亚·达姆的女士，她自小在麻省的康科特长大，当时住在费城，她把冷酷的怒气全都发泄在我身上。假如我称奥尔科特小姐是来自新几内亚的食人族，她大概也不会更生气了，因为她的怒气实在已经达到极点。我一面读她的信，一面对自己说："感谢上帝，我并没有娶这个女人。"我很想写信告诉她，虽然我在地理上犯了一个错误，但她却在普通礼节上犯了更大的错误。这将是我信上开头两句话。于是我预备卷起袖子，把我真正的想法告诉她。但是我没有那样做。我控制住了自己。我知道，任何一位急躁的傻子，都会那样做——而大部分的傻子只会那样做。

我要比傻瓜更高一筹。因此我决定试着把她的敌意改变成善意。这将是一项挑战，一种我可以玩玩的游戏。我对自己说："毕竟，如果我是她，我的感受也可能会和她的一样。”于是，我决定同意她的观点。当我第二次到费城的时候，就打电话给她。我们谈话的大致内容如下：

我：某某夫人，几个礼拜以前您写了一封信给我，我由衷地向您表示感谢。

她：（有深度、有教养、有礼貌的口吻）是哪一位？我有此荣幸和您说话？

我：您并不认识我，我名叫戴尔·卡耐基。在几个星期以前，您听过我一篇有关露易莎·梅·奥尔科特的广播演说。我犯了一个不能原谅的错误，竟说她住在新罕布尔州的康科特。这是一个非常笨的错误，我想为此向您道歉。您真好，肯花那样多时间写信指正我。

她：卡耐基先生，我写了那封信，非常抱歉，我只是一时发了脾气。我想我必须向您道歉。

我：不！不！该道歉的不是您，而应该是我。任何一个小学生都不会犯我这种错误。在那次以后的第二个星期日，我在广播中道歉过了，现在我想亲自向您道歉。

她：我是在麻省的康科特出生的。两个世纪以来，我家族里的人参与了麻省所有的重要大事，我很为我的家乡感到骄傲。因此，当我听你说艾尔科特小姐是出生在新罕布尔州时，我可是太伤心了。不过，我很惭愧我写了那封信。

我：您伤心的程度一定不如我的十分之一。因为我的错误并没伤害到马萨萨诸塞州，但却使我大为伤心。像您这种地位及文化背景的人士很难得写信给电台的人，如果您在我的广播中再次发现错误，希望您再写信来指正。

她：您知道嘛，我非常兴奋您接受了我的批评。您一定是个大好人。我很乐于和您交个朋友。

因此，由于我向她道歉并同意了她的观点，使得她也向我道歉，并同意了我的观点。我很满意，因为我成功地控制了怒气，并且以友善的态度来回报侮辱。我终于使她喜欢我，因此得到无穷无尽更真实的乐趣。假如我当时怒气冲冲地叫她滚到一旁，跳到斯古吉尔河去自杀，那一切都不要谈了。

每一个入主白宫的人，几乎每天都要遭遇到棘手的做人处世问题，塔夫脱总统自然也不例外。他在经验中学到："同情"在中和酸性的狂暴感情上，有特别巨大的化学价值。塔夫脱在他的一本书中举了这样一个例子，详细说明他是如何平息一位既失望又具有野心的妈妈的怒气的。

塔夫脱写道，"有一位住在华盛顿的夫人，因为她的丈夫具有一些政治影响力，她便跑来见我，缠了我六个多礼拜，要求我任命他儿子出任一项职位。她得到了许多参议员及众议员的协助，她还请他们一起来见我，重申对她的保证。这项职位需要具备某些技术条件，于是我根据该局局长的推荐，任命了另外的一个人出任这一项职位。然后，我接到这位夫人写来的一封信，指责我是世界上最差劲的人，因为我拒绝使她成为一个快乐的妇人，而那对我来说只不过是举手之劳而已，她更加进一步抱怨说，她已和她的州代表商量过了，将投票反对一项我特别感兴趣的行政法案，她说这正是我应该得到的报应。”

“当你接到像这样的一封信时，你马上就会想，怎么能和一个行为不当或者甚至有点无礼的人认真？然后，你也许会写一封回信。而如果你够聪明的话，就会把这封回信放进抽屉，然后把抽屉锁上，先等上两天——像这样的书信，通常要迟两天才回信——经过这段时间，你再把它拿出来，就不会再想把它寄出去了。我采取的正是这种方式。于是，我坐下来，写一封信给她，语气尽可能显得有礼貌。我告诉她，在这种情况下，我很明白作为一个妈妈肯定十分失望，可是，事实上，任命一个人并不是凭我一个人的喜好来决定的，我必须选择一个有技术资格的人，因此，我必须接受局长的推荐。我还表示，希望她的儿子在目前的职位上能够完成她对他的期望。这终于使她的怒气化解了，她写了一张便条给我，对于她前次所写的那封信表示深深的抱歉。”

“但是，我送出去的那项任命方案并未立刻获得通过。经过一段时间以后，我接到一封自称是她丈夫的来信，虽然，据我看笔迹完全一样。信上说，由于她在这件事情上过度失望，导致神经衰弱，病倒在床上，演变成严重的胃癌。难道我就不能把以前那个名字撤销，改由她的儿子代替，而使她恢复健康吗？我不得不再写一封信，这次是写给她的丈夫。我说，我希望那项诊断是不正确的，我很同情他，他的妻子这样病重他一定十分难过，但要把送出去的名字撤销，是不可能的。我所任命的那个人最后终于获得通过，在我接到那封信的两天之后，我在白宫举行了一次音乐会。最先向我和我的夫人致意的就是这对夫妇，虽然这位做妻子最近差点‘死去’。”

杰易·蒙格是俄克拉荷马州吐萨市一家电梯公司的业务代表。这家公司和吐萨市一家最好的旅馆签有合约，负责修理这家旅馆的电梯。旅馆经理为了不愿给旅客带来更多的不便，每次修理的时候，顶多只准许电梯停开两个小时。可是修理至少要八个小时，而在旅馆突然停下电梯的时候，他的公司最好的技术工又不一定能够及时赶到。

在蒙格先生能够为修理工作派出一位最好的技工的时候，他打电话给这家旅馆的经理。他没去和这位经理争辩，他只是说："瑞克，我了解你们旅馆的客人很多，你要尽量减少电梯停开的时间。我了解你很注重这一点，我们可以尽量配合你的要求。不过，我们检查你们的电梯以后显示，如果我们现在不彻底把电梯修理好，电梯损坏的情形可能会更加严重，到时候停开的时间可能会要更长。我知道你不会愿意给客人带来好几天的不方便。"

经理不得不同意电梯停开八个小时总比停开几天要好。由于蒙格表示了谅解这位经理要使客人愉快的愿望，他便很容易地而且没有争议地赢得了经理的同意。

亚瑟·盖兹博士在他那本精彩的好书《教育心理学》中说："所有的人类都渴望得到同情。小孩子急于展示他的伤口，或者甚至把小伤口弄大，以求获得充分的同情。大人为了同样的目的展示他们的伤痕，叙说他们的病痛，特别是外科手术的细节。从某种观点来看，为真实或想象的不幸而'自怜'，实际上就是一种世界性的现象。"

# 让别人自己说服自己

这个世界上没有人喜欢被别人强迫做某事。假如你想取得别人的信任和你合作，就要征询别人的想法和意愿，不要让他感到某种压迫感，而要让他感觉自己的意愿才是最终的决定因素。

我的一位学生的例子可以很好地反映这一点。阿道夫·塞尔茨信在费城，他发现公司的汽车推销员们普遍情绪低落，这让他觉得必须想法鼓舞一下他们的士气。于是，他召集这些销售人员开会，在会上鼓励他们对自己提意见，说出他们希望老板有哪些优良品质。他们回答后，他把答案写在黑板上。

之后，他又说："我会尽量按照你们希望的去做，达到你们所要求的品质。那么现在，请告诉我，你们会以什么样的品质来回报我呢？"

回答来得很快：忠诚、积很、乐观、团队精神，天天精神饱满地工作 8 小时。有一个人甚至愿意一天工作 14 个小时。会议在一种充满勇气和启发的气氛中结束。塞茨尔后来和我说，他们公司的销售量在接下来的一段时间内急剧攀升。

塞尔茨解释说："这也算是一份道义上的交易。只要我遵守道义契约，他们也会遵守。探询他们最渴望被关注的希望和愿望，就等于在他们心灵上打了最需要的一针。”

没有人愿意接受自己在被强迫的感觉中行事，我们趋向于觉得是出于自愿购买东西，而不是被商家强迫。我们很喜欢有人来关心我们的意见、想法和需求。

尤金·威森先生在感悟这个道理之前，损失了许多本来可以挽回的佣金。威森在一家给服装和纺织品设计花样的画室当推销员。威森在三年中的每个礼拜都去拜访纽约的一位客户，那人是个优秀的服装设计师。

威森说："他总是答应和我见面，很认真地看看我的草稿，但仅此而已，他从来不买我的东西。他总是在最后说，不行，威森，看来我们没法合作。”

近一百次的失败后，威森终于深刻认识到自己的方法过于陈旧了，在交际上有可怕的硬伤。因此他下定决心，每个星期留出一个晚上研究怎样为人处事、最新观念，以改变自己固有的热忱方式。

不久他找到了一项新方法，就赶紧去实践。他随手抓起六张未完成的草稿，冲入那位设计师的办公室。“假如可以的话，希望你帮我一个小忙，”他说，“这是几张没做完的草稿，能否请你告诉我，如果能对你有所帮助，我们应该怎样做才比较好？”设计师默默看了草稿一会儿，然后说："把这些图放这，威森，几天后再来见我。”

三天以后威森去听取了他的建议，取了草稿回到画室，按照设计师的意思把它们全部完成。结果确实是可喜的，这些设计全部被接受了。

这是九个月之前的事。到现在为止，这位买主已经购买了我们很多画，那都是以他的思路去画的，威森也因为这批成功的交易使自己的佣金涨到 1600 多美元。

威森说："为什么一直无法和这位买主合作，我现在终于明白，我以前总是催促他购买我认为好的东西，但那仅仅是我认为，他在很多时候并不这么想。我现在则正好相反。我努力探询他的想法和喜好。他如今觉得这些图案都是他创造的，所以很乐意购买，事实上也确实如此。我现在用不着想着怎样去说服他了。他主动就会买。"

在罗斯福去当纽约州州长期间，他经常用特殊的方法处理问题。他和白宫的政治首脑们保持着很密切的关系，另一方面又强制性地进行一些他们很愤怒的改革。以下是他的做法：

他经常邀请所有的政治首脑推荐某个重要职位的接任人选。

罗斯福说："他们也许会推荐一个综合能力很差的人，就是那种需要别人来提拔和照顾的人。我就和他们讲，让这样一个人来独当一面显然太冒险，民众也不会赞成。"

他们接着又推荐另一个同党人的名字，这一次是个老政府公务员，他只希望各方面相安无事，没有进取心，事业上没有什么建树。我说这样的人也无法实现民众的期望。我继续恳请他们，希望他们能找到一个和职位相适合的人选。

他们再次建议了人选，这个人和职位基本上能适合，但还是不大行。

“我感谢他们，恳请他们再尝试一下，算是为我们的政府和民众的利益考虑。他们最后一次推荐的人就能胜任了，因此他们也就给一个我也很满意的最佳人选以提名。我对他们的持续的帮忙表示万分的感激，然后就任命那个人担任要职。我还把整个人员运作的功劳归于他们，我告诉他们，我如此做完全是为了取悦他们，现在该他们来支持我了。”

“他们也确实支持了我，像《文职法案》和《特别税法案》这类全面性的改革方案他们都平和地接受了。”

罗斯福尽可能地请教别人的意见，并很尊重那些意见。当罗斯福决定让一个人担当某个重要职位时，他都让政治首脑们觉得是他们自己选出了适当的人选。

一位汽车商人也曾用类似的技巧成功地将二手货车卖给了一名苏格兰人。这位商人起初拼命地向那名苏格兰人推荐一辆辆的车子，但苏格兰人总是不太满意。要么觉得外形不好看，要么觉得发动机不好，要么觉得价格太高。这位商人也是我班上的学生，他利用上课时间向班上的同学求助。

我们劝他别再拼命地向“苏格兰佬”推销，而要想办法让对方主动购买。不必和“苏格兰佬”说该怎样做，尝试让他告诉你该怎么做，也就是说，让他觉的他才是最终的决定者。

这个建议让商人感到很新鲜，并且感觉到了成功的希望。几天之后，正好有位顾客想用旧车换辆新车，商人就准备尝试一下这个新方法。他预测“苏格兰佬”可能会喜欢这辆旧车，于是便他打电话给他，想征询他的建议。

商人对他说：“你是个很识货的买主，很清楚车子的价值。不知道你是不是能看看这部车子，看看它处于什么档次，应该出价多少才合适？”

“苏格兰佬”的脸上呈现非常灿烂的笑容。终于有人来请教他了，他的能力已受到欣赏和确认。他开车上了皇后大道，从牙买加区开到佛洛里斯特山，然后开回来。最后他提出了自己的建议：

“你如果花 300 美元买这辆车子是很合算的。”

这位商人问道：“假如我 300 美元把它买下，再卖给你你要吗？”

300 美元？是的，这是他的主意，他估算的价格。

这笔生意果然立即成交了。

这样的技巧不光能够运用于商界和政界，同样也适用于家庭生活中。

俄克拉荷马州的保罗·戴维斯在训练班上讲述了他的故事：

“我的家庭和我享受了一次最有趣味的观光游玩。我早就想着要去看看诸如葛底斯堡内战战场、费城独立厅等历史古迹，还有华盛顿、法吉谷、威廉士堡的殖民时代的村庄，也罗列在我梦想哪一天亲临参观的游玩名单上。

“我夫人南茜在三月里提到她有一个夏天的出外游玩计划，包括逛完整个美国西部，以及新墨西哥州、亚利桑那州、加州等。她已经等这一天很长时间了。但是很明显，我们不能同时照顾到两个人的计划。

“我的女儿安妮刚读完了初中版美国历史，对那些历史事件正感兴趣得不行。我问她想不想在度假的时候去看看课本提到的那些地方，她很兴奋。

“两天后我们一家三口坐在餐桌旁，南茜说，假如大家都同意夏天去东部各州度假的话，不仅对安妮很有意义，对全家来说也是一件令人愉快的事。

也正是采取了这一心理战战术，一位X光机生产商和布鲁克林当地最大的医院做了一笔很大的交易。那家医院正在扩大规模，准备组建全美国最好的X光科。L大夫负责X光科的组建工作，他整天被推销员围追堵截，这些推销员们和L大夫拼命地诉说着自己机器设备的优点，好像如果L大夫不买就是毕生的损失。

有一位制造商却用了不一样的方式。他比其他人更懂得怎样抓住人性中最细微的部分。他给L寄了一封信，内容大致如下：

“我们最近生产出一套最新的X光机器设备，第一部分刚运到我们的办公室。它们并不是十分完美，还有很多可以改进的地方。假如你能抽点时间来看看并提出宝贵意见，使它们能对你的事业做出更大的帮助，我们将万分感激。我知道你十分忙碌，所以我会在你通知的任何时间派车子去接你。”

“我感觉很惊讶，”L大夫在训练班上讲述这件事时说，“又觉得受到莫大的尊重。从来没有任何一位做销售的使我感觉如此重要。我每天晚上都很忙，可是，为了去看看那套设备，我还是推掉了一个重要的晚餐约会。最后，我发现自己越检查越喜欢。”

“没有人试图口沫横飞地想把它卖给我。我觉得，完全是我自己决定为医院买下那套设备。我接受了，于是就买了下来。”

爱默生有一篇叫《自己靠自己》的散文，文中说：“天才的每一次创作和发明，都融有我们过去放弃的想法，这些想法再次闪现在我们眼前的时候，就显得非常难得甚至伟大。”

让我们来看看这一原则在商业上的价值。

美国最大的汽车公司需要购买那一年度汽车的坐垫，一共有三个厂家竞标这一大订单。三个厂家都做好了产品样本以备挑选。经过几轮的检验，汽车公司发现三家产品的品质和规格都不错，很难取舍。最后汽车公司给三家都发了通知，准备进行最后一次筛选。

其中一个厂家的业务代表R先生来到汽车公司，他刚患了咽喉炎，几乎发不出任何声音。

R先生回忆说：“当时我的喉咙疼得厉害，负责最后一轮检验的是汽车公司的总经理、纺织部高级工程师、采购部经理和市场部总监。我站起来准备说话，但只发出了沙哑刺耳的声音。没办法，我只好掏出纸和笔，写下几个字：总经理，各位负责人，对不起，我嗓子哑得太厉害，不能说话。没想到的事情发生了，汽车公司的经理竟然说：‘还是我替你说吧。’”

R先生回想起来这件事来仍然带着惊讶的表情：“他把我带去的产

品样本摆出来给部门经理们检验，同时找出了它们的优点，大家也活跃起来，积极地参与讨论。我无法说话，就在一旁点头微笑，或者做一些手势。虽然我对我们的产品很有信心，但事情的过程乃至结果都出乎了我的意料之外。我们获得了那笔50万件的大订单，这是我自工作以来得到的最大的订单。现在回想起来，假如我的嗓子没有哑，我在那次审核中滔滔不绝，那结果很有可能就是另外一种样子。这一次巧合所带来的收获使我明白，让别人说话是多么重要。"

这个世界上每个人都重视自己，人们希望自己被关注、被尊重，如果你把这样宝贵的机会留给自己而把别人晾在旁边，让他们产生嫉妒、自卑和不快，而我们自己的优越感和自豪感却大行其道，那你就只有等着别人远离你。

所以，别忘了很重要的一点，那就是在交往中，无私一点，谦虚一点，有百利而无一害。

# 4 成为有影响力的人的6个方法

# 委婉地暗示他人的错误

没人喜欢被当面指责，如果你这么做了，肯定会遭遇反抗。但是如果你能换一种方式，提醒或者暗示对方注意自己的错误，则会带来不一样的效果。

有一天中午，史考伯路过自己的钢铁厂，看见几个工人蹲在“禁止吸烟”的牌子下面抽烟。史考伯是不是走过去说，你们这几个家伙，难道没看见牌子吗，赶紧出去抽。他确实不会这么做，否则他就不是史考伯了。他慢慢地走过去，递给每个工人一只雪茄，说:“诸位，如果你们可以不在这里抽烟，我将万分感激。”工人们马上明白自己犯了工厂的条规，但是史考伯没有责怪，只是使他们明白，还送了他们小礼物，这样的人谁不喜欢呢，这样的方式怎么可能引来怨恨呢?

约翰·华纳梅克也是这样的人。他有一家自己的大商场，几乎每天他都要去转一转。有一次他看见商场的员工在一起说笑玩闹，根本没有注意有一个顾客在柜台前站了很久。华纳梅克一声不响地走过去，亲自接待了那位顾客，然后把货款交给了售货员，接着就走开了。

人们常常批评政府官员拒民众以千里。他们确实非常忙碌，但大多时候是因为助理的过分保护。助理们不希望自己的上司被打扰，变成负担。卡尔·兰福特在奥兰多当了多年市长，他经常和属下说，不要拦住来访的民众。但并不管用，助理们仍然一如既往地拒绝来访的人。兰福特市长没有批评助理，只是找人把办公室的大门拆了，这下助理们明白了，再也没有阻拦来访者。

很多人在必须批评的情况下都是先扬后抑。他们先真诚地称赞对方，然后必然要说“但是”，接着进入正题，开始批评。比如，你的孩子不专心学习，你很生气，但是你必须马上压抑住怒火，先从赞美开始，你可以说：“约翰，我们真为你感到骄傲，你这学期的学习成绩明显地进步了，但是，如果你再多用点功的话，肯定会表现得更好。”孩子一听就不对劲了，他们会敏锐地感觉到你表扬的目的是为了批评，就开始怀疑你表扬的可信度。这个时候该怎么办呢？很简单，你把但是换成另一个关联词“而且”。

同样是刚才那句话，我们可以这样说：“约翰，我们真为你感到骄傲，你这学期的学习成绩明显地进步了，而且如果你再多用点功的话，肯定会表现得更好。”这样说孩子就能欣然接受了，因为在这一句话中，前后是递进的关系，和消极的观点没有丝毫的联系，但是又把批评的意思很好地表现了出来。

对那些非常敏感的人，用巧妙的暗示让他们改正自己的错误，这样会收到奇妙的效果。罗得岛的玛姬·杰克曾经面对一群懒惰的工人。她家要装饰房子，所以请了工人过来。他们的技术都不错，唯一的缺点就是工作完一天之后没人去收拾满地的碎木块。玛姬·杰克不好发火，她和孩子们捡起碎木块，整齐地摆在屋子的一角。第二天早上她见到工程的领队，对他说："昨天的草地很干净，而且也没有打扰邻居，我们感到非常兴奋，真是感谢你们。"从那之后，工人每天下班前，都会收拾好碎木头，并整齐地放在一边。工头也每天都会来检查一次。

在部队里面，正规军与后备军之间的最大区别，就在于是否剪头发，后备军人认为他们是普通民众，没有义务执行只有正规军才执行的命令——把头发剪断。陆军第542分校的士官长哈雷·凯塞负责一队后备军的领导，他不想让这种不满的情绪持续下去，那他该怎么办呢，强制吗？责骂吗？显然不能！但是话总得说，只是不能把意思用直接的方式来表达。他是这样说的："诸位，你们全是真正的领导者，如果你们以领导者的身份来看待这件事情时那是最好不过了。很多人在尊敬你们，所以你们要为他们树立榜样。我马上也要去理发，而且头发会比诸位更短。你们站在镜子前想想，如果你想成为别人的榜样，是不是需要剪头发了，需要做一个像样的领导者。如果你们认为那样是一种莫大的光荣，我会安排合适的时间方便诸位到营区里剪发。"

以这样的话所引导，结果是可以预料的。好几个人都走到镜子面前看了看自己，然后在凯塞安排的时间里去理发了。

凯塞又于第二天早晨对大家说，他已经看到队伍中的很多人都已经拥有焕然一新的气质了，那是一种领导者的气质。

1887 年 3 月 8 日，美国伟大的牧师及演说家亨利·华德·毕奇尔去世了，日本人对他的评价是，他让整个世界发生了改变。葬礼那天，莱曼·阿伯特被邀请去给伤心的牧师们作演说。他很激动，感到莫大的责任，为了使自己做最好的表现，他把自己的演讲稿反复修改，并像福楼拜那样雕辞琢句，然后让妻子听他读。

实际上演讲稿写得很不好，就像一些例行的政府报告那样，枯燥无味。而他的妻子如果是那种急性子的女人，很可能会说："亲爱的，我很难想像你把一篇重要的演讲稿写成这样，难道你不重视这次演讲吗?我真害怕，我的丈夫会让全场的观众在百科书似的说教中酣然睡去。看在你所信仰的上帝的份上，你能否顺其自然一点，不要把做作的语言当成华丽的。你如果拿着这个去上台读的话，只会给自己带来耻辱。"

这样的话如果说出口，可以想像会产生什么样的结果。她深知这一点，所以她不会那么做。她听完后，淡淡地说："你这篇文章如果拿到专业的评论杂志上的话会非常好。"

她说出了那篇稿子的优点，但是暗示给丈夫的是，作为专业评论的文章是非常好的，但是作为演讲稿则很不恰当。阿伯特明白了妻子的意思，所以在演讲时候就没有用那篇准备了很久的稿子，也没有用其它的稿子，而是采取了即兴演讲的方式，非常好地把握的了风格和尺度，既恰到好处地表达了的全场人的共同心声，又渲染了合适的气氛。

# 先一步承认自己的错误

我住的地方差不多是在纽约的地理中心点上。从我家步行一分钟，就可到达一片森林。春天，黑草莓丛的野花白茫茫一片，松鼠在林间筑巢育子，野草长到高过马头。这块没有被破坏的林地叫做森林公园——它确实是一片森林，或许与哥伦布发现美洲的那天下午所看到的没有什么不同。

我经常带雷斯到这个森林公园去散步，它是我的小波士顿斗牛犬。它是一只友善而不伤人的小猎狗，由于我们在公园里很少碰到其他人，所以我经常不给雷斯系狗链或戴口罩。

有一天，我们在公园遇见一位骑马的警察，他仿佛迫不急待要表现出他的权威。

“你为什么让你的狗跑来跑去，却不给它系上链子或戴上口罩？”他申斥我说，“难道你不知道这是违法的吗？”

“是的，我知道。”我轻柔地回答，“不过我认为它是不会在这儿咬人的。”

“你认为！你认为！法律是不管你如何认为的。它可能在这里咬死松鼠，或咬伤小孩。这次我不追究，但如果下回让我看到这只狗还没有系上链子或套上口罩在公园里的话，你就必须去和法官解释啦。"

我客客气气地答应照办。我确实照办了——而且是好几回。但是雷斯不喜欢戴口罩，我也不喜欢那样，于是我们决定碰碰运气。事情很顺利，但接着我们撞上了暗礁。一天下午，雷斯和我在一座小山坡上赛跑，忽然间——很不幸地——我看到那位执法大人，跨在一匹红棕色的马上。

雷斯跑在前头，径直向那位警察冲去。我想这下栽定了。清楚了这点，我决定不等警察开口就先发制人。我说："警官先生，这下您逮了我一个正着，我有罪，我没话可说。你上星期警告过我，如果再带小狗出来而不替它戴口罩你就要罚我。"

"好说，好说！"警察回答的声调很柔和，"我知道在没有人的时候，谁都忍不住要带这么一条小狗出来溜达。"

"确实是忍不住，"我回答，"但这是违法的。"

"像这样的小狗大概不会咬伤别人吧！"警察反而为我开脱。

"不，它大概会咬死松鼠。"我说。

"哦，你大概把事情看得太严重了，"他告诉我，"这样吧，你只要让它跑过小山，到我看不到的地方——事情就算了。"那位警察，也是一个人，他要的是一种重要人物的感觉。于是当我责怪自己的时候，唯一能增强他自尊心的方法就是以宽容的态度表现慈悲。但假如我有意为自己辩护的话……嗯，你是否和警察争辩过呢?

我没有和他正面交锋，我承认他绝对没错，我绝对错了，我爽快地、坦白地、热诚地承认这点。由于我站在他的立场上说话，他反而为我说话，整个事情就在和谐的气氛下结束了。查士德·斐尔爵士也不会比这位骑马的警察更和蔼，只是一个星期以前他还打算用法律来威吓我呢！

所以，当我们知道免不了会遭受责备，何不抢先一步，自己先认错呢？听自己谴责自己不比挨人家的批评好受得多吗？

你如果知道有某人想要或准备责备你，就自己先把对方要责备你的话说出来，那他就拿你没有办法了。十之八九他会以宽大、谅解的态度对待你，忽视你的错误——正如那位警察对待我和雷斯那样。

费丁南·华伦是一位商业艺术家，他应用这个技巧使一位暴躁的顾客的情绪得到了缓解。

“精确、一丝不苟，是绘制商业广告和出版物的最重要的项目。”华伦先生事后说。“有些艺术编辑要求他们所交下来的任务立即实现，在这种情形下，难免会发生一些小错误。我了解，某一位艺术组长总是喜欢从鸡蛋里挑骨头。我离开他的办公室时，总觉得倒足了胃口，不是由于他的批评，而是由于他攻击我的方式。最近我交了一件很急的定稿给他，他打电话给我，要我立即到他办公室去。他说出了问题。当我到办公室之后，正如我所料——麻烦来了。他满怀敌意，对于终于有了挑剔我的机会而感到兴奋。他恶意地责备我一大堆——这正好是我运用所学自我批评的机会。于是我说：‘某某先生，假如你的话不错，我的失误一定不可原谅。我为你工作了这么多年，确实该知道怎么画才对。我觉得惭愧。'"

"他立即开始为我辩护起来。'是的，你的话并没有错，不过毕竟这不是一个严重的错误。只是……'"

我打断了他。'任何错误，'我说，'代价大概都很大，叫人不舒服。'

他开始插嘴，但我不让他插嘴。我很满意。有生以来我第一次在批评自己——我从前不喜欢这样做。

'我应当更小心一点才对，'我继续说，'你给我的工作很多，照理应当使你满意，于是我打算重新来。'

'不！不！'他反对起来，'我不想那样麻烦你。'他赞扬我的作品，告诉我他只需要稍微修改一点就行了，又说一点小错不会花他公司多少钱；毕竟，这仅是小错——不值得担心。

"我急切地批评自己，使他怒气全消。结果他邀我共进午餐，分手之前他给我一张支票，又交代我另一项工作。"

一个人有勇气承认自己的错误，也能够获得某种程度的满足感。这不只能够清除罪恶感和自我卫护的气氛，而且有助于解决这项错误所制造的问题。

新墨西哥州阿布库克市的布鲁斯·哈威，错误地核准给一位请病假的员工全薪。在他发现这错误之后，就把这件事告诉这位员工，而且解释说必须纠正这项错误，他要在下次薪水支票中减去多付的薪水金额。这位员工说这样做会给他带来严重的财务问题，于是请求分期扣回他多领的薪水。但这样做，哈威必须先获得上级的批准。

“我知道这样做，”哈威说，“一定会使老板感到不满。在我考虑如何以更好的方式来处理这种状况的时候，我知道这一切的混乱都是我的错误，我必须在老板面前承认。

“我走进他的办公室，告诉他我犯了一个错误，然后把整个情形告诉了他。他大发脾气地说这应当是人事部门的错误，但我重复地说这是我的错误。他又大声地指责会计部门的疏忽，我又解释说这是我的错误。他又责怪办公室另外两个同事，可是我一再地说这是我的错误。最后他看着我说：‘好吧，这是你的错误。如今把这个问题解决掉吧。’这项错误改正过来了，而没有给任何人带来麻烦。我觉得我很不错，由于我可以处理一个紧急的状况，并且有勇气不去寻找借口。自那以后，我的老板就更加看重我了。”

即便傻瓜也会为自己的错误辩护，但能承认自己错误的人，却会凌驾于其他人之上，并且有一种高贵怡然的感觉。比如说，历史上对南北战争时的李将军有一笔很美好的记载，就是他把毕克德进攻盖茨堡的失败全部归咎在自己身上。

毕克德那次的进攻，无疑是西方世界最显赫、最辉煌的一场战斗。毕克德本身就很辉煌，他长发披肩，并且和拿破仑在意大利战役一样，差不多每天都在战场写情书。在那悲剧性的七月午后，当他的军帽斜戴在右耳上方，轻盈地放马冲击北军时，他那群效忠的部队不禁为他喝彩起来。他们喝彩着，跟随他向前冲刺。队伍密集，军旗翻飞，军刀闪耀，阵容威武、骁勇、壮大，北军也禁不住发出喃喃的赞赏。

毕克德的队伍轻松地向前冲锋，穿过果园和玉米田，踏过草地，翻过山丘。同时，北军大炮一直没有停止向他们轰击。但他们继续挺进，毫不退缩。

忽然，北军步兵从隐伏的墓地山脊后面窜出，对着毕克德那毫无防备的军队一阵又一阵地开枪。山间硝烟四起，惨烈犹如屠场，火山爆发。几分钟之内，毕克德麾下除了旅长一人之外，全体阵亡，五千士兵折损五分之四。毕克德统率其余部队拚死冲刺，奔上石墙，把军帽顶在指挥刀上挥舞，高喊："弟兄们，弄死了他们！"

他们做到了。他们跳过石墙，用枪把、刺刀拚死肉搏，最终把南军军旗竖立在墓地山脊的北方阵线上。

军旗只在那儿飘扬了一会儿。即使那只是短暂的一会儿，但却是南军战功的辉煌纪录。毕克德的冲刺——勇猛、光荣，但是却是结束的开始。李将军失败了。他没办法突破北方，而他也明白这点。

南方的命运决定了李将军大感懊丧，震惊不已，他将辞呈送交南方的戴维斯总统，请求改派"一个更年轻，有为之士"。假如李将军要把毕克德的进攻所造成的惨败归咎于任何人的话，他能够找出数十个借口：有些师长失职啦，骑兵到得太晚不能接应步兵啦，这也不对，那也错了……

但是李将军太高明，不愿意责怪别人。当残兵从前线退回南方战线时，李将军亲自出迎，自我谴责起来，"这是我的过失，"他承认说，"我，因我一个人，败了这场战斗。"

历史上很少有将军有如此勇气和情操，自己独负战争失败的责任。

艾柏·赫巴是最具独特风格的作家之一，他那尖酸的笔触常常惹起强烈的不满。可是赫巴那少见的做人处世技巧，经常将他的敌人变成朋友。

例如，当一些愤怒的读者写信给他，表示对他的某些文章不以为然，结尾痛骂他一顿时，赫巴就这样回复：

回想起来，我也不全部同意自己。我昨天所写的东西，今天不见得全部满意。

我很兴奋了解你对这件事的看法。下回你在附近时，欢迎驾临，我们可以交换意见。

遥致诚意。

赫巴谨上

面对一个这样对待你的人，你还能说什么呢？

当我们正确的时候，我们就要试着温和地、讲技巧地使对方赞同我们的看法；而当我们错了——若是对自己诚实，这种情形十分普遍——就要立刻而诚恳地承认。这种技巧不仅能产生惊人的效果，而且，信不信由你，任何情形下，都要比为自己争辩还有趣得多。

别忘了这句古语：“用争斗的方法，你绝不会得到满意的结果。但用让步的方法，收获会比预期的高出很多。”

## 请教或建议，而不是命令

我最近有幸和美国最有名的传记作家伊达·塔贝尔小姐在一起吃饭。我对她说我目前正在写作一本有关人性的书，接着我们就围绕“如何为人处世”展开了讨论。她显然对这个题目也深有体会。

她说她当初为了写欧文的传记，专门拜访了与欧文共事了三年的朋友。他们说，欧文在三年内从来没有说过要做什么、不要做什么的话，他都是以尊重的口吻问别人，比如“你可以考虑一下这件事吗？”或者是“你觉得这样做合适吗”。他在让别人替他做速记后都要问，“你觉得怎么样。”如果哪里写得不是很好，他会说：“假如我们把这一句改成这个样子，你觉得会不会好一点？”他总是让别人尝试着自己去动手。他不会命令别人该怎么样，他希望大家都自己动手，有错误了就从错误中学习。这样的方法反而能让别人积极地处理问题，因为这是一种尊重的体现，当人们的自尊心得到认可的时候，他希望与你合作，而不是反抗你。

反之，即使别人确实有错误，而你声色俱厉地指责别人，那产生抵触甚至愤怒的情绪是非常正常的事，他甚至能够很长的时间生气。而如果这样的粗鲁行为和言语来自一个有一定权威的人，那后果也不会很好。

唐·斯塔瑞里是宾州威明市一所职业学校的老师。有一次，他班上的一个学生因为没有按照规章制度停车，给学校的一个入口带来麻烦。学校的一位老师为此怒气冲冲地来到班上狂吼："是谁把车停在过道上？"车主举手应答。那位老师又转向他大吼："你赶快把它开走，否则我就用铁链把它捆起来拖走。"

那位学生是犯错了，他把车放在那里，妨碍了交通。但是结果呢，不但那位车主没有理会这个咆哮者，其他人也把车停在那里，以增加他的不便。事情原本不用这样。假如这位咆哮者换一种方式来说话，比如，他平和友善地和班里的人说："请问堵住门口的那位车主是谁，你好，如果你能把它移开，别的车就方便通过了，麻烦您帮个忙，谢谢啦！"

那位同学听到这样的话肯定乐意把车开走，心里还会有歉疚，其他人下次也会小心。

一个疑问句之所以能够产生这样的作用，是因为这里面包含了尊重的前提。在企业里少一些命令，多一些提问，往往会激发员工的积很性和创造力。

麦克是约翰内斯堡一家小工厂的老板，有一次，他的工厂获得了一张大订单。但如果签字，货期不一定能跟上，除非工人们加班加点地工作。为此，他没有发出强制性的命令，而是把大家召集到一起，先谈了这个大订单对整个工厂的意义，然后用诚恳地语气问大家：“我们是不是能想出办法来完成这张订单，有没有好的办法来处理时间和工作量的分配问题，大家想想办法，如果实在不行我们就不接这个订单了。”

工人们听到这样的话马上要求接他签下这笔订单，然后他们再一起讨论办法。他们的态度只有一个，就是“我一定能办得到”。

最后在所有人共同的努力下，他们接下了单子，保证了货期的兑现。而这一切，是强制所不能带来的。

# 给对方留足面子

通用公司曾经面对过一个棘手的问题，公司计算机部门主管查尔斯·史坦恩梅兹在职位上的表现非常糟糕，必须要免去他的职位，否则会给整个公司的战略执行带来麻烦。但要命的是史坦恩梅兹在电器专业方面是位一等的天才，在业内也非常有名气，得罪不起。公司想了一下，就给他换了个新头衔——通用电器公司工程部高级顾问，工作没有大变化，只是换了一种称呼。

史坦恩梅兹几乎是公司内脾气最暴躁的人，但面对这项人事调动却表现出很高兴，周围的高级职员也很兴奋。但是，如果轻易地把他撤职，或者当众批评他，肯定要引起一场大风暴。但是他们给了他面子，十足的面子。这太重要了。

想想我们身边，有多少人能慷慨地给别人面子呢。大家都在表现自己，夸奖自己，生怕自己不被全世界人知道。我们那么轻易地就去批评小孩或者员工，挑他们种种毛病，给予严重的警告，甚至不去考虑是否伤害到他们的自尊。其实，给别人一点面子，从别人的角度去朝窗外看，一点都不难。

会计师马歇尔·克拉克曾经给我写过一封面信，大致内容如下：

我们在三月份将要进行大裁员，没有人愿意做这样得罪人的工作。行业内已经积累了这样的习惯，处理这件事情一定要快刀斩乱麻，我们通常都是把别人叫进办公室，然后说："请坐，一个季度又过去了，我们最近业务也不多，也没有太多的工作交给你处理，也许你也知道，你只是在业务比较繁忙的时候多做些事。"

这些话给他们带来失望，他们感觉自己被遗弃了。他们之中的很多人都是以会计为终生职业的，像我们这么快就辞退他们，肯定不会被理解，这对我们公司也会产生很多不好的影响。所以我决定换一种方式，以婉转的、体谅的方式来解散公司的多余人员。

我在仔细分析和考察了他们在冬季的工作表现之后，把他们叫进我的办公室。我说："请坐，你最近一段时间的工作非常好（假如确实很好），上次你到纽约去出差，遇到了很多困难，而你处理得也很不错。我真诚地告诉你，公司以你为荣。你对我们这个行业的情况也很了解，所以你不管在哪家公司，都会干得很好，我们公司在这一点上非常相信，我们也会支持你，希望你不要忘记！"

这样处理他们就能接受了，而且没有任何不快，他会理解我们，不会觉得是被遗弃的，并且假如哪一天我们需要他们，他们也会毫不犹豫地投奔我们。

我在上课的时候总是用很长的时间来讨论让人保留面子的重要性。宾夕法尼亚州哈里斯堡的弗瑞·克拉克在课上讲述了在他公司发生的一件事：

“在我们的生产例行会上，一位副董事用尖锐的、毫不留情的语言责问一位流程监督，指责他的工作做得很差。而那位监督为了免予被羞辱，回答的时候就含糊不清。副董事暴跳如雷，认为监督在撒谎。

从那一刻开始，那位监督就无心工作了，因为以前所有的努力都毁于这一刻。他本来是个很优秀的职员，但是在几个月后就辞职了，加盟了我们的竞争对手，工作仍然很出色。”

安娜·马佐尼是我的另外一名学员，她也讲述了一件类似的事。她是食品包装行业的市场营销专家，她的工作是新产品的上市前期调研。她花了很长的时间做了一次市场调研，但在上交之前突然发现调研报告有一个很大的漏洞，这导致前面的努力都白费了，必须重新来一遍。但是在开会之前她没有时间去和经理讨论，只好硬着头皮站在台上。她用尽全力稳定自己的情绪，因为那些人本来就认为女人太容易闹情绪而无法担任重要的行政工作。她简单地做了一下报告，说因为调研中发生了一些错误，所以她会作修正，下次开会时再拿出来。她心想老板肯定会批评她。可没想到他走过来，除了感谢她的工作之外，只是强调说在一个新计划中犯错误有时候是很难避免的。他对下一次的调研会充满信心，认为一定会对公司的帮助更大。对于这样的老板，她只有一个念头，就是绝不让老板失望。

事情在很多时候是这样的，即使我们完全正确，而别人确实是错了，我们也不能让别人丢脸而伤害他的自尊。法国作家安托安娜·德·圣苏荷曾写过："我们没有权利和资格以语言或者某件事去贬低别人，事情的重要性不在于我觉得他怎么样，而在于他觉得他自己如何，打击别人的自尊是一种可怕的罪行。"

世界上任何一个伟大的人物，都不会花费时间去满足他们情绪上的小满足。这里有一个例子：

一九二二年的土耳其在与希腊进行了几个世纪的敌对之后，决定把希腊赶出土耳其领土。穆斯塔法·凯末尔站在演讲台上，对着众多士兵说了一句充满斗志和激情的话，他说："你们的目的地在地中海。"接着世界近代史上最为悲惨和壮烈的战争爆发了。最后土耳其人取得了胜利，希腊两位高级将领去土耳其本土签署了投降协议。他们遭到土耳其国民的辱骂，但是凯末尔没有表现出一个胜利将军的骄傲。他拉住两位高级将领的手说："两位一定走累了。"商议完投降协议的种种条款之后，他用军人之间说话的方式说："战争是不好说的，即使是最优秀的将领也会犯错误，胜败对军人来讲不是不可接受的。"

凯末尔在那样举国欢庆的时刻都没有忘记尊重别人，这也是我们应该学习的。

# 用美誉激励他人

我们常常犯一个错误，就是把别人看起来不算严重的错误夸大，以突出事情的严重性，引起对方的注意和警惕。实际上，错误和警惕是有的，但改正就很难了。

我的一个大龄未婚男友终于订婚了。他的未婚妻希望他去学一学老式的舞蹈。

回忆起这件事时，他说：“也许只有上帝才知道我是不是需要上舞蹈课。我的姿势和步伐和20年前无异，还是老旧的一套。第一个老师告诉我，我全都错了，必须忘记以前所有的东西，这样才能重新开始。第二位老师则不是这么说的，她说，我的姿势和步伐也许有点陈旧，但看得出来，还是有一些功底的，所以不用多久就能学会新的舞步。第一位老师说得也许是大实话，但这样的实话并不是教育的唯一方式，她使我冷淡灰心，而第二位老师则先赞扬我已经有的优点，然后降低难度，给了我信心，这才是重要的。她还说我有跳舞的天赋，她是第一个这么说的人。”

“我时常和自己说，我是一个四等的跳舞者，但是第二位老师告诉我，我是天生的跳舞者，这句话点燃了我内心深处所有的兴趣和热情，我从此也明白了，错误总是相对于正确而言的，而正确却是潜藏的，前者易见，但只要别给错误打气，让信心从内心涌出，事情看起来就容易做到。这样看来，我们平时总是强调爱人、孩子、员工是错误的，是没有天赋的，抹煞了他们的信心和勇气。只要我们稍微注意一点说话的技巧，给予鼓励和赞扬，那么对方很可能因此做出超越自我的努力。”

我的朋友托马斯是个人际关系方面的高手，他具有赋予别人信心和力量的能力。上星期我去参加他们的桥牌友谊赛。我根本就不会玩桥牌，纯属看看热闹。

托马斯对我说：“为什么不尝试和我们一起玩呢，桥牌需要的只是一些记忆力和判断力，谈不上什么复杂的技巧。所以对于你来说是很容易的。更何况你还研究过人类记忆组织的。”在我还在发愣的时候，他们就拉我了进去。那是我生平第一次打桥牌，我觉得桥牌并不算难，而这在很大程度上要归功于给我信心的托马斯。

说到桥牌，让我想到了艾利·库柏森，他写的有关桥牌的书籍被译成十几种语言，在各地出版发行，赢得了百万册以上的销量。但他对我说过，这一切都来自一位年轻女士的鼓励，否则他不会是现在的样子。

1922 年，托马斯来到美国，他想到一份教哲学和社会学的工作，但是他没找到。后来他又先后卖过煤，卖过咖啡，但都失败了。那时他也玩桥牌，但他从来没想过他会用教这个作为职业。那时他玩牌的技术很差，并且非常固执，每玩一圈他都会提出疑问，玩完后还要不停地讨论，所以人们都不再愿意跟他玩。

后来，他遇到了约瑟芬·迪伦，她是一位美丽的桥牌教师。他们相爱了，并且结了婚。她发现他总是非常用心地研究他的牌，于是，她对他说，他在桥牌上有未被挖掘的天赋。这使他把桥牌作为职业。

在俄亥俄州辛辛那提，我们课程的一位导师琼斯，讲述了怎样用这个道理来改变他儿子的事。

1970 年，他 15 岁的儿子大卫曾到辛辛那提跟他生活过一段时间。大卫的过去很不幸，在 1958 年，他在一次车祸中头部受伤，因为手术而在头部留下了一道很大的疤痕。琼斯和妻子在 1960 年离婚了，刚开始时大卫和母亲在德州的达拉斯生活。15 岁以前，他在学习上有些迟钝，校方认为他的大脑受过伤，有障碍，所以让他留级了两次。

唯一值得安慰的是，大卫迷上了研究收音机和电视机，他想成为一个电视机技师。当大卫来到辛辛那提跟父亲生活在一起之后，琼斯对儿子的爱好非常支持，不过，他对大卫说，如果想成为一句优秀的电视机技师，必须先学好数学，在这之前，大卫的数学成绩一团糟。

琼斯决定帮助儿子把数学学好，他给大卫买来了包括加减乘除的四组彩色卡片，还和他一起看卡片，一起学习。经过一系列的训练，以及在父亲的不断激励下，大卫的数学成绩终于有所长进了。

不久之后，大卫便拿回了一张成绩是 B 的数学成绩单，这在以前是不可想象的。与此同时，在其他方面，大卫也取得了惊人的进步。他的阅读能力有了很大提高，并开始表现出了绘画的天赋。到了学期末，科学老师让大卫筹备参加一个展览比赛，大卫利用杠杆原理设计并制造了一个高难度的模型。在这个展览中，大卫获得了第一名，因此，他又参加了辛辛那提市科学展览的比赛，并且成为全市第三名。

琼斯在回忆这一切的时候说："是鼓励让大卫做到了这些。曾他，他是一个留级的孩子，校方认定他大脑受损，他的同学叫他'现代原始人'，而当他突然发现学习并不那么难，有些东西还很有趣时，奇迹出现了。从八年级的第2学期起一直到高中，他都上了荣誉榜，在他上高中期间，全国荣誉协会选上了他。当他发现学习的容易和乐趣时，他整个人生都不一样了。"

## 帮助别人，成就自己

对别人好不是一种责任，它是一种享受，因为它能增进你的健康与欢乐。你对别人好的时候，也就是对自己最好的时候。

当我动手写这篇文章时，我曾设了一个 200 美元的奖金，征求那些"我怎样战胜忧虑"的真实动人故事。

这项征文有三位评委：东方航空公司总裁艾迪·瑞肯贝克、林肯纪念大学校长斯图沃特·麦克兰德以及广播新闻分析家卡腾·博恩。我们收到的故事中，有两篇精彩得不分上下，无法决出一二，我们决定把奖金平分。以下叙述的是其中一个故事——波顿的故事：

波顿 9 岁失去了妈妈，12 岁丧父。爸爸死于意外，妈妈有一天离家后就再也没有回来。就这样，波顿再也没有机会见到她那两个小妹妹了。妈妈离家 7 年后才给他寄来了第一封信。

波顿妈妈出走以后的第 3 年，他的爸爸死于一次意外事件。他有两位姑姑，她们又老又病又穷，收留了波顿家三个小孩。最后，只剩下波顿和他的小弟弟没有人要，镇上人怜悯我们，收留了他们。他们当时最害怕别人把他们当孤儿看，但这种恐惧是躲不过的。

波顿在镇上一个穷人家寄居了一阵子，但那年头光景不好，一家之主失业了，他们再也没有能力多养活一口人。于是，洛夫廷夫妇把波顿接到离镇十一英里的农庄，并收留了他。洛夫廷先生当时已70岁了，长年卧病在床，他告诉波顿只要不撒谎、不偷窃，并且听话，就能一直和他们住在一起。这三条戒律成了波顿的圣经，他一直恪守这些规则。

刚开始上学的第一个星期对波顿来说糟透了。其他的小朋友不断取笑他的大鼻子，骂他是笨蛋，叫他“小孤儿”。波顿心里难受极了，很想揍他们一顿。但洛夫廷先生却对他说：“永远记住！一位真正的男子汉不会随便和人打架。”

洛夫廷太太给波顿买了一顶新帽子，他很喜欢。一天一个大女孩把他的帽子抢走并弄坏了，波顿回到家大哭起来。洛夫廷太太教了他一个化敌为友的方法。她对波顿说：“拉尔夫，如果你先对他们感兴趣，看看能帮他们什么忙，他们就不会再逗你，或叫你小孤儿了。”波顿听了她的话，开始用功读书，而且开始帮助同学，帮他们写作文，帮他们写辩论稿。渐渐的，同学们再也没有人欺负他，或者叫他“小孤儿”了，而是开始越来越喜欢他。

在平常的生活中，波顿也开始不断帮助其他人。村中有两位老农人相继去世，一位太太被丈夫遗弃。长时间以来，波顿一直在帮助这几位寡妇。上学和放学途中，他会到她们家，帮她们砍柴、挤牛乳、喂牲畜。现在人们不再诅咒他，反而称赞我。每个人都把他当作朋友。当他由海军退役回来时，人们都对他流露出真正的感情。到家的第一天，就有二百多位邻居来看望他。有人开了 80 英里的车，他们对波顿的关心是那样真诚。

波顿先生万岁！他懂得怎样交朋友！他也知道怎样战胜忧虑、享受人生。

西雅图的弗兰克·卢帕博士也是一样。他已瘫痪了 23 年。但西雅图《星报》的斯图尔特·怀特豪斯告诉我："我采访过卢帕博士很多次，我不知道还有谁比他更无私，更善用人生。"

这位卧床不起的病人怎么能善用人生呢？我让你猜两次。他是因为批评抱怨而做到的？不是……那是因为自怜，把自己当作一切的中心？又错了！他做到了，因为他遵循威尔斯王子的誓言："我服务于人。"他收集了许多其他瘫痪病人的姓名地址，给他们写信鼓励。事实上，他组织了一个瘫痪者联谊俱乐部，让大家相互写信，最后他组织了一个全国性的社团组织。

他躺在床上，平均一年要写 1 千封信，给成千上万个同病相怜的人带来喜悦。

卢帕博士与其他人最大的区别在哪里？因为他有一种无穷的精神力量，有一种使命感。

他深切体会到，比自身生命更高贵的奉献动机，会带来真正的喜乐。正如萧伯纳所说："一个以自我为中心的人总是在抱怨世界不能顺他的心，使他欢乐。"

我可以写一本有关忘我而找回健康欢乐的书，这种故事太多了。先说说玛格丽特·泰勒·耶茨的故事，她是美国海军最受欢迎的女性。

耶茨太太是一位小说家，但她写的小说没有一部比得上她自己的故事真实而精彩，她的故事发生在日本偷袭珍珠港的那天早晨。耶茨太太由于心脏不好，一年多来躺在床上不能动，一天得在床上度过很长时间。最长的旅程是由房间走到花园去进行日光浴。即使那样，也只有在女佣的扶持下才能走动。她告诉我她当年的事情。

“我当年以为自己的后半辈子就这样卧床了。如果不是日军来轰炸珍珠港，我永远都不能再真正生活了。”

“发生轰炸时，一切都陷入混乱。一颗炸弹落在我家附近，震得我跌下了床。陆军派出卡车去接海、陆军军人的妻儿到学校避难。红十字会的人打电话给那些有多余房间的人。他们知道我床旁有个电话，问我是否愿意帮忙作联络中心。于是我记录那些海军陆军的妻小现在留在哪里，红十字会的人会叫那些先生们打电话来我这里找他们的眷属。”

“很快我发现我先生是安全的。于是，我努力为那些不知先生生死的妻子们打气，也安慰那些寡妇们——很多妻子都失去了丈夫。这一次阵亡的官兵共计 2117 人，另有 960 人失踪。

“开始的时候，我还躺在床上接听电话，后来我坐在床上。最后，我越来越忙，又亢奋，忘了自己的毛病，我开始下床坐到桌边。因为帮助那些比我情况还惨的人，使我完全忘了我自己，我再也不用躺在床上了，除了每晚睡觉的八个小时。我发现如果不是日本空袭珍珠港，我可能下半辈子都是个废人。我躺在床上非常舒服，我总是在消极地等待，现在我才知道潜意识里我已失去了复元的意志。”

“空袭珍珠港是美国史上的一大惨剧，但对我个人而言，却是最重要的一件好事。这个危机让我找到我从来不知道自己拥有的力量。它迫使我把感觉力从自己身上转移到别人身上。它也给了我一个活下去的重要理由，我再也没有时间去想自己或照顾自己。”

心理医师的病人假如都能像耶茨太太所做的那样去帮助别人，起码有三分之一可以痊愈。这是我个人的想法吗？不，这是著名心理学家荣格说的，他说：我的病人中有三分之一都不能在医学上找到任何病因，他们只是找不到生命的意义，而且自怜。

换个方式说，他们一生只想搭个顺风车，而游行队伍就在他们身边经过。于是他们带着自怜、无聊与无用的人生去找心理医师。赶不上一班渡轮，他们会站在码头上，责怪所有的人，除了他自己，他们要求全世界满足他们自我为中心的欲求。

你现在也许会说：“这些事也不怎么样，如果圣诞夜遇到孤儿，我也会关心他们；如果我碰到珍珠港事件，我也会很兴奋做耶茨太太所做的事，可是我的状况和人家不一样。我的日子再平凡不过了。我一天得做八小时无聊的工作，从来没有任何有趣的事发生在我身上。我怎么会有兴趣去帮助别人呢？我又干嘛要帮助别人？那对我有什么好处呢？”

这个问题还算合理，我来试着回答。不管你的人生多么单调，你每天总不免要遇到一些人，你对他们怎样？你只是视而不见，还是想多认识他一点？例如邮差，他一天得跑几百里路，为人们送信，你可曾费心了解他住哪儿？看看他妻女的照片？你关心过他是否疲倦或觉得无聊吗？

杂货店小弟、送报生、擦鞋童呢？他们也都是人啊！他们也有烦恼、梦想、野心咽！他们也想与他人分享，问题是你有没有给他们机会？你可曾对他们表示过热切真诚的兴趣？我谈的就是这一类的事。你用不着变成南丁格尔或社会改革者，才能帮助这个世界——你个人的世界，你可以从明早碰到的第一个人开始改变。

这样做对你有什么好处？好处确实是带来更大的欢乐、更大的满足，更以自己为荣。亚里斯多德把这种态度称之为“开化了的自私”。波斯宗教家左罗斯特说：“对他人好不是一种责任，它是一种享受，因为它能增进你的健康与欢乐。”富兰克林说得更简单：“你对他人好的时候，也就是对自己最好的时候。”

纽约心理服务中心主任林克曾说：“我觉得，现代心理学最重要的一个发现就是，科学证明为完成自我实现与得到欢乐，自我牺牲与纪律都是必要的。”

多想想别人不仅能使自己免于烦恼，也能结交更多朋友，得到更多乐趣。我曾为此请教耶鲁大学的威廉·费尔普斯教授，以下是他的回答：

“我去旅馆、理发店或商店时，一定会和我碰到的人谈谈话。我要让他们觉得他们是一个人，而不是一部机器上的螺丝。有时我会夸美发店里的女服务生眼睛或头发很美。我会问她们理发时站一整天累不累，我问她是怎么进入理发业的，干多长时间啦？理过多少回啦？

“我帮她一起数。我发现对人们感兴趣给他们带来很大的乐趣。我常和行李搬运工握手。工作了一整天，这会令他精神振作。一个炎热的夏天，我到火车餐车上去吃午餐。餐车挤得水泄不通、闷热无比，而服务又很慢。服务生终于过来把菜单给我，我说：‘在厨房做菜的那些人今天可惨了。’服务生开始责骂，我以为他生气了，他说：‘老天啊！客人都在抱怨食物不好，他们埋怨服务太慢，又嫌这里太热、东西太贵。我听这些抱怨听了 19 年，你是第一位也是惟一位对厨师表示过同情的客人。我祈祷有更多像你这样的客人。’

“服务生只因为我把厨师当人看待就如此惊异，人所企求的，只不过是希望自己被当作人对待。有时我在路上碰到有人牵着狗散步，我总不忘赞赏那只狗。我走过后回头看时，常会看到那人很欣赏地拍拍他的狗，我的赞赏重新引起了他的欣赏。

“有一次在英国，我碰到一位牧师，我真心称赞他那只壮实聪明的牧羊犬。我请他告诉我怎样训练那只狗。我走开后，回头看见那牧羊犬搭在它主人的肩上，而它主人正在拍它的头。就因为对牧人的狗表示感兴趣，我就能使那牧人开心，那只狗也开心，确实我自己更开心。”

一个常和搬运工握手，又能对厨子表示同情的人，或是常称赞别人的狗有多棒的人，你能想象他们会终日愁眉不展，需要心理医师吗？你一定想象不出吧！有一句中国谚语说：“赠人玫瑰，手有余香。”

下面这段是一位女士的故事，她现在已经当祖母了，几年前，我去她住的小镇演讲，住在她家一个晚上，第二天她开车送我去 50 英里外的车站坐火车。车上，我们谈到怎样交朋友，她说：“卡耐基先生，我要告诉你一件我从来没有告诉过任何人的事——连我先生也不知道的事。我们家以前在费城是靠社会救济金生活的。我年轻的岁月中最大的悲剧都来自我们的贫困。我从来不能像别的少女们那样享受正当的社交生活。我衣着寒酸，而且这些衣服总是很小，绷在身上，当然款式也都过时了。我觉得无颜见人，经常哭着睡去。绝望中，我忽然心生一计，每次在聚会里，我都请我的男伴谈谈他的经历、想法以及对未来的计划。我提出这些问题，倒不是对他们的回答非常感兴趣，实在只是希望分散他们的感觉力，不让他们看出我的装扮寒酸。可是，奇妙的事发生了：当我听这些青年谈话时，我学到了一些东西，而开始产生了真正的兴趣。我变得兴味盎然，自己也忘了服饰的问题。可是最令我吃惊的是；因为我是个很好的聆听者，又鼓励他们谈论自己，他们和我在一起时总是很欢乐，我竟渐渐成为最受欢迎的女孩，有三位男士都要求我嫁给他。”

看人看到这里可能会说：“什么对别人的事感兴趣，这全是胡说。我才懒得过问别人的事，我只要自己赚到钱，得到我所追求的东西就行了，管别人闲事干嘛？”

确实，你有选择的自由，你可以按自己的意思去做，不过，如果你是对的，那样所有的古圣先贤——耶稣、孔子、佛祖、柏拉图、亚里斯多德、苏格拉底等就全都错了。也许你对宗教大师有反感，那样，让我来举几个无神论者的例子。第一个例子是剑桥大学豪斯曼教授，他是当代很负盛名的学者。1936年，他在剑桥做演说《诗之形与核》中曾提到：

耶稣说："人因我失去生命者，将得永生"。这实在是永恒的真理，也是最深刻的道德发现。我们一天到晚从传教士那里听到这种论调，而豪斯曼教授是一位无神论者，也是一位悲观主义者，他却依然发现，一个人只想到自己，是不可能活出真正的人生来的，事实上，他会活得很糟。相反的，忘记自身、服务他人的人才得以享受人生之喜悦。

如果这也不能打动你，我们再来看看20世纪最杰出的美国无神论者——西奥多·德莱塞。德莱塞把全部的宗教都看成神话，而人生只是"一出傻瓜说的故事，没有任何意义。"但德莱塞却遵循耶稣的一个道理——服务他人。德莱塞说过："如果人想从人生中得到任何欢乐，就不能只想到自己，而应为他人着想，因为欢乐来自于你为别人、别人为你。"

让我用德莱塞的另一段话来结束之个话题："帮助别人过得更好，我们就应该立即行动，不要再浪费时间。这条道路，我只能经过一次，假如我能行任何善事——请让我现在就做，不要让我拖延，也不要让我轻视，因为，我再也不能回到这条道路上。"

# 5 自我提升的10个方法

# 自爱最重要

布莱顿博士在《爱……，或者逝去》一书中写到："一定程度的自爱，是一个人健康成熟的标志。自我重视感对实现工作和事业的目标是必不可少的。"

是的，健康成熟的生活标准就是喜欢自己，不是自负的骄傲，也不是自卑的自怜，而是怀着人类与生俱来的尊严感，认真地诚恳地接受自己。

成熟的人不会躺在床上对着天花板想着自己比不上别人，或者认为自己比不上某个同事，或者是认为自己比不上在街上开着高级轿车的人。他可能经常批评自己，明确地知道自己的弱点和缺点。但是他赞同自己的基本目标和动机，把时间和精力放在寻找战胜自己的缺点的方法上，并且付出行动，而不是怨天尤人，长吁短叹。

他拥有健康的宽容之心，因此他能够非常好地和自己相处。

有些人认为喜欢自己和喜欢别人并非同等重要。心理学家告诉我们，如果一个人不能真正地喜欢自己，那就不可能真正地喜欢别人。对一切事物都持有抱怨和忿恨的人，只会对身旁的人怀有敌意和虐待的心理，并且变本加厉地自暴自弃。

哥伦比亚大学的教授杰西尔坚决认为教育应该起到一种帮助儿童和成人认识自己的作用，从而促进建立自我认同和赞许的完整人格。他在《当教师面对自己的时候》中指出，教师的工作和生活时时处处在努力、得意、希望和绝望之中，接受自己对教师来说同样是重要的。

在我们国家的医院里，有一半以上的病人都厌恶自己，还没有进医院的人当中又有很多无法妥当处理感情问题或需要精神治疗。我不想去分析造成这种局面的各种压力和因素。在我们这样一个竞争激烈、节奏很快的现代社会里，人的精神问题多多少少与人们追求金钱与权力有关系。

哈佛大学的怀特教授在《进步：性格自然成长的分析》中谈起了目前社会很流行的一种观念：人应该调整自己去适应环境。怀特反驳说："这种观念认为一个人的理想状态就是能成功地压抑自己与适应狭窄的生活方程式，而不问这样做的结果是使人失去个性、目标和方向，遮蔽了人创造与发展的潜能。"

我非常赞同怀特博士的观点。很少有人有勇气特立独行或明白我们的真实处境。我们在行动之前就被社会文化和经济观念限制住了。从吃饭、穿着、生活方式和观念，我们和邻居如此相似。一旦我们某个不一样的行为与这种环境相异时，我们就会变得精神紧张或神经过敏，甚至于厌恶自己。

我认识的一个女性嫁给了一个野心勃勃、很有进取心、独断专行的政治家，于是，夫妇两人的社交圈就是所谓的名流圈子，里面横竖着以社会地位和金钱数量来权衡人的标准。这位女性温柔贤淑，有谦虚的性格。在这种环境中她的优点都被别人认为的缺点所取代。她越来越自卑，直到讨厌自己。

在我看来，这个女人的问题的关键不在于她无法适应环境，而在于她无法适应和接受自己，无法心平气和、快快乐乐地接受自己。她没有彻底明白，一个人只能按照自己的性格而不可能按照别人的性格来行事。

她要做的第一件事就是不能用别人的标准看来权衡自己。她必须明确自己的价值观，然后自信地生活，并且善于和自己相处，消除厌恶自己的情绪。

夸大自己错误的程度和范围是讨厌自己的人经常做的事情之一，适当的自我批评是好事，有利于一个人的成长。但是演变为一种强迫性的观念时，就会使我们变得瘫痪，从而无法聚集力量做积极正面的事。

班上有一位女学员对我说："我总是感到胆怯和自卑。别人好像都很沉着、自信。我一想到自己的缺点就感到泄气，于是就无法自如地说话了。"

每个人都有自己的缺点，但问题的关键不在于你的缺点，而在于你有多少优点。

决定一件艺术品和一个人的最终因素不是缺点。莎士比亚的作品中充满了历史和地理的基本常识的错误，狄更斯则尽力在小说中渲染伤感的气氛。但是谁计较呢？缺点并不妨碍他们成为一流的文学大师，因为优点才是最终的决定因素。我们在交朋友的时候也会感到对方缺点的存在，但是我们喜欢和他们交往是因为我们喜欢他们身上的优点。

自我完善的实现依赖于对优点的发挥，取长补短，而不是整天惦记着自己的缺点。

对以前和当前错误的过分计较会导致一个人的罪恶感和自卑感快速滋长，不用很久，我们就不再尊重自己，习惯性地对自己痛打五十大板。所以，我们一定要让以前的事情沉到水底，然后游到水面上来重新呼吸新鲜的空气。

要学会喜欢和接受自己，首先必须挖掘自己对缺点的包容之心。包容不代表我们要降低对自己的要求，然后躺在床上睡大觉，而是要明白人无完人。对别人求全责备是不公平的，要求自己完美则是一种极端的自我本位。

我认识的一个女人是个绝对的完美主义者。她要求自己做什么事情都不能有疏漏。但在别人眼里，她是个失败的人。一个简单的报告她需要折腾几个小时，结果耽误了自己的时间也耽误了别人的时间；一篇主题演讲她什么都要涉及和讲解，结果让听众百无聊赖；她绝不接待临时到访的客人，因为她没有任何准备。她绞尽脑汁追求完美，事实上，她的确做到了一种形式意义上的完美，但直接的代价是毁掉了生活中的理解、自然和乐趣。其实，完美并非完美本身，她是想超越别人，因为她不想自己在优点方面和别人处在同一水平线上。她想成为人群的焦点。所以，她做事并不是出于发挥自己已有的才能，她并不能享受工作和生活的欢乐，只是为了超过别人，让自己在高高的完美的架子上昂起头。

人没有完美的，强迫性的对完美的追求一旦不成功，这个人就会变得讨厌甚至憎恨自己。

人不能时时刻刻都处在特别认真的状态中，学着喜欢自己的前提之一就是能偶尔放慢行进的脚步欣赏自己。

马里兰州的精神病协会董事巴缔梅尔说："过去的人习惯在睡觉之前回想一下当天的活动，做一下反省。现在的人好像已经很少用了，实际上，这仍然是一个有用的办法。"

在我们可以接纳和喜欢自己之前，千万别指望别人能在与我们相处的过程中感到轻松和愉悦。爱默生说，不能忍受孤独的人，永远像被风吹拂的水面，一刻也不得安宁，永远无法平静下来表达任何积极美好的东西。

通过和自己真诚宽容的相处，我们可以触摸到自己内心的真实，可以建立一个坐标，一个基本点，一个宁静的湖泊。宁勃格在《礼物从大海中来》里说："一个人只有在进入自己真正的心脏内核时，才能与他人在根本上发生关联，对我来说，孤独在发现自我内核这一方面具有绝对积极的意义。"

孤独让我们保持与喧嚣的距离，从而不会迷失自己，我们可以透过宁静的空气客观地评价世界和他人。孤独对灵魂的好处就像新鲜空气对心脏的好处一样。

把自己所有细小的欢乐和满足都寄托在他人身上的人，无疑会加重所爱的人的负担，因为他抽取了别人的欢乐。健全人格的标准就是在喜欢和尊重自己的前提下喜欢和尊重别人。

# 不要自卑，做最真实的自己

一个人想要集他人一切的优点于一身，是最愚蠢、荒谬的行为。

我有一封伊笛丝·阿雷德太太从北卡罗莱那州艾尔山寄来的信。“我从小就非常的敏感而腼腆，”她在信上说，“我的身体一直太胖，而我的一张脸使我看起来比实际上还要胖很多。我有一位很古板的妈妈，她觉得把衣服弄得漂亮是一件很愚蠢的事情。她经常对我说：‘宽衣好穿，窄衣易破。’而她总照这句话来帮我穿衣服。因此我从来不和其他的小孩一起做室外活动，甚至不上体育课。我非常的害羞，觉得我和其他的人都不一样，完全不讨人喜欢。

“长大之后，我嫁给一个比我年长好几岁的男人，但是我并没有改变。我丈夫一家人都很好，也充满了自信。他们就是我应该是而不是的那种人。我尽最大的努力要像他们一样，但是我办不到。他们为了使我开朗而做的任何事情，都只会令我更退缩到我的壳里去。我变得紧张不安，躲开了所有的朋友，情形坏到我甚至怕听到门铃响。我知道我是一个失败者，又怕我的丈夫会知道这一点。因此每次我们出现在公共场合的时候，我都假装很开心，结果经常做得太过头。我知道我做得太过分，事后我会为这个而难过好几天。最后不开心到使我觉得再活下去也没有什么道理了，我开始想自杀。”

出了什么事才能改变这个不欢乐的女人的生活？只是一句随口说出的话。

“随口说出的一句话，”阿雷德太太继续写道，“改变了我的整个生活。有一天，我的婆婆正在谈她怎么教养她的几个小孩，她说：‘无论事情怎样，我总会要求他们保持本色。——保持本色——就是这句话！在那一刹那之间，我才发觉我之所以那样苦恼，就是由于我一直在试着让自己适合于一个并不适合我的模式。

“在一夜之间我整个改变了。我开始保持本色。我试着研究我自己的个性，试着找出我究竟是怎样的人，我研究我的优点，尽我所能去研究色彩和服饰上的问题，尽量照可以适合我的方式选择衣服。我主动地去交朋友，我参加了一个社团组织——起先是一个很小的社团让我参加活动，把我吓坏了。可是我每发一次言，就会增加一点勇气。这事花了很长的一段时间，可是如今我所有的欢乐，却是我一直没有想到可能得到的。在教养我自己的小孩时，我也经常把我从痛苦的经验中所学到的结果教给他们，不管事情怎么样，总要保持本色。”

“保持本色的问题，像人类的历史一样古老，”詹姆斯·高登·季尔基博士说，“也像人生一样的普遍。”不情愿保持本色，即是很多精神和心理问题的潜在原因。安吉罗·帕奇在幼儿教育方面，曾写过数以千计的文章，他说：“没有人比那些想做其他人，和除他自己以外其他东西的人，更痛苦的了。”

希望能做和自己不一样的人的想法，在好莱坞特别流行。山姆·伍德是好莱坞著名的导演之一。他说在他启发一些年轻的演员时，所碰到最头痛的问题就是：要让他们保持本色。他们都想做二流的拉娜·特纳，或者是三流的克拉克·盖博。“这一套观众早已经受够了，”山姆·伍德说，“最安全的做法是，要尽快抛开那些装腔作势的人。”

最近，我请教素凡石油公司的人事室主任保罗·鲍延登，来求职的人常犯的最大错误是什么。他应当知道的，因为他曾经和六万多个求职的人面谈过，还写过一本名为《谋职的六种方法》的书。他回答说：“来求职的人所犯的最大错误就是不保持本色。他们不以真面目示人，不能完全的坦诚，却给你一些他以为你想要的回答。”这个做法一点用也没有，由于没有人要伪君子，也从来没有人情愿收假钞票。

有一个电车车长的女儿，特别辛苦地学会这一点。她想要成为一位歌唱家，但是她的脸长得并不好看。她的嘴很大，又有龅牙，每一次公开演唱的时候——在新泽西州的一家夜总会里——她一直想把上嘴唇拉下来盖住她的牙齿。她想要表演得“很美”，可结果呢？她使自己大出洋相，注定了失败的命运。

但是，在那家夜总会里听这个女孩唱歌的一个人，却认为她很有天分。“我跟你说，”他很直率地对女孩说，“我一直在看你的演唱，我知道你想掩藏的是什么，你觉得你的牙齿长得很难看。”这个女孩顿时觉得无地自容，可是那个男的继续说道：“这是怎么回事？难道说长了龅牙就罪大恶极吗？不要想去遮掩，张开你的嘴，观众看到你不在乎，他们就会喜欢你的。再说，"他很犀利地说，"那些你想遮起来的牙齿，说不定还会带给你好运呢。"

凯丝·达莉接受了他的忠告，不再去感觉牙齿。从那时候起，她只想到她的观众，她张大了嘴巴热情而兴奋地唱着，这让她成为电影界和广播界的一流红星。其他的喜剧演员如今都还希望能学她的样子呢。

著名的威廉·詹姆斯，曾经谈过一些一直没有发现他们自己的人。他说一般人只发展了百分之十的潜能。"和我们应当做到的来比较，"他写道，"我们等于苏醒了一半，对我们身心两方面的能力，我们只使用了很小的一部分。再扩大一点来说，一个人等于只活在他体内有限空间的一小部分。他具有多种的能力，却习惯性地不知道怎么去利用。"

你和我也有这样的能力，因此我们不该再浪费任何一秒钟，去忧虑我们不是其他人这一点。你是这个世界上的新东西，以前从没有过，从开天辟地一直到现在，从来没有任何人完全和你一样。而将来直到永远永远，也不可能再有一个完完全全像你的人。新的遗传学告诉气我们，你之所以是你，必是因为你爸爸的二十四个染色体和你妈妈的二十四个染色体所遗传到的是什么。"在每一个染色体里，"据阿伦·舒恩费说，"可能有几十个到几百个遗传因子——在某些情况下，每一个遗传因子都能改变一个人的一生。"这是科学的事实。一点也不错，我们是这样"既可怕又奇妙地"造成的——我们每个人都是独一无二的。

假如你想对这一点了解得更详细的话，不妨到图书馆去，借一本叫做《遗传与你》的书，这本书的作者就是阿伦·舒恩费。我可以和你深谈保持本色这个问题，由于我对这一点的感想非常深。我很清楚我自己所谈的问题，由于我有过代价相当大的痛苦经验。我在这里要说明一下，当我由密苏里州的乡下到纽约去的时候，我进了美国戏剧学院，希望能做一个演员。

我当时有一个自以为非常聪明的想法——一条成功的捷径，这个想法特别之简单，特别之完美，所以我不懂为什么成千上万富有野心的人居然没有发现这一点。这个想法是这样的，我要去学当年那些有名的演员怎样演戏，学会他们的优点，然后把每一个人的长处学下来，使我自己变成一个集所有优点于一身的名演员。多么愚蠢！多么荒谬！我居然浪费了很多的时间去模仿别人，最后终于了解，我一定得维持本色，我不可能变成任何人。

这次痛苦的经验，应当能教给我长久难忘的一课才对，但是事实不然。我并没有学乖；我太笨了，希望那是所有关于公开演说的书本中最好的一本。在写书的时候，我又有了和以前演戏时一样的笨想法。我打算把很多其他作者的观念，都“借”过来放在那里——使那一可能包罗万象。于是我去买了十几本有关公开演讲的书，花了一年的时间把它们的概念写进我的书里，可是最后我再一次地发现我又做了一次傻事：这种把别人的观念整个凑在一起而写成的东西非常做作，非常沉闷，没有一个人可以看得下去。因此我把一年的心血都丢进了纸篓里，整个地重新开始。这一回我对自己说：“你一定得维持你自己的本色，无论你的错误有多少，能力多么有限，你也不可能变成别人。”

于是我不再试着做其他所有人的综合体，而是卷起我的袖子来，做了我最先就该做的那件事：我写了一本关于公开演讲的教科书，完全以我自己的经验、观察，以一个演说家和一个演说教师的身份来写。我学到了——我希望也能永远持久下去——华特·罗里爵士所学到的那一课。我说的华特·罗里爵士，是 1904 年的时候在牛津大学当英国文学教授的那位。“我没有办法写一本足以媲美莎士比亚的书，”他说，“但是我可以写一本由我写成的书。”

保持你自己的本色，像欧文·柏林给已故的乔治·盖许文的忠告那样。当柏林和盖许文初次见面的时候，柏林已经非常有名，而盖许文还是一个刚出道的年轻作曲家，一个礼拜只赚三十五块美金。柏林很欣赏盖许文的能力，就问盖许文要不要做他的秘书，薪水大概是他当时收入的三倍。“可是不要接受这个工作，”柏林忠告说，“假如你接受的话，你可能会变成一个二流的柏林，但假如你坚持继续保持你自己的本色，总有一天你会成为一个一流的盖许文。”

盖许文感觉到了这个警告的正确性，最后他慢慢地成为他那一代美国最重要的作曲家之一。卓别林、威尔·罗吉斯、玛丽·玛格丽特·麦克布蕾、金·奥特雷，以及其他好几百万人，都学过我在这一章里想要让各位明白的这一课，他们也学得非常辛苦——就像我一样。

卓别林开始拍电影的时候，那些电影的导演都坚持要卓别林去学当时特别有名的一个德国喜剧演员，但是卓别林直到创造出一套自己的表演方法之后，才开始成名。鲍勃·霍帕也有相同的经验。他多年来一直在演歌舞片，结果毫无成绩，一直到他发展出自己搞笑的本事之后，功成名就。威尔·罗吉斯在一个杂耍剧团里，不说话只表演抛绳技术，持续了好多年，最后才发现他在讲幽默笑话上有特殊的天分，于是开始在耍绳表演的时候说话，并一举成名。

玛丽·玛格丽特·麦克布蕾最初进入广播界的时候，想做一个爱尔兰喜剧演员，结果失败了。后来她发挥了她的本色，做一个从密苏里州来的、很平凡的乡下女孩，最终成为纽约最受欢迎的广播明星。

金·奥特雷刚出道的时候，企图改掉他克萨斯的乡音，像个城里的绅士，自称是纽约人，结果大家因此在他背后笑话他。后来他开始弹五弦琴，唱他的西部歌曲，开始了他那了不起的演艺生涯，成为全世界在电影和广播两方面最有名的西部歌星。

你在这个世界上是个新东西，应当为这一点而庆幸，应当尽量利用大自然所赋予你的一切。归根结底说起来，全体的艺术都带着一些自传性质，你只能唱你自己的歌，你只能画你自己的画，你只能做一个由你的经验、你的环境、和你的家庭所造成的你。无论好坏，你都得自己创造一个自己的小花园；无论好坏，你都得在生命的交响乐中，演奏你自己的小乐器。

就像爱默生在他那篇《论自信》的散文里所说的：“在每一个人的教育过程之中，他肯定会在某个时期发现，羡慕就是无知，模仿就是自杀。不论好坏，他必须保持本色。虽然广大的宇宙之间充满了好的东西，但是除非他耕作那一块给他耕作的土地，否则他绝得不到好的收成。他所有的能力是自然界的一种新能力，除了他自己之外，没有人知道他能做出些什么，他能知道些什么，而这都是他必须去尝试求取的。"

上面是爱默生的说法；下面是一位诗人——已故的道格拉斯·马罗区——所说的：

假如你不能成为山顶的一棵青松
就做一丛小树生长在山谷中
但须是溪边最好的一小丛
假如你不能成为一棵大树，就做一丛灌木
假如你不能成为一丛灌木，就做一片绿草
让公路上也有几分欢娱颜色
假如你不能成为一只麝香鹿，就做一条鲈鱼
但须做湖里最好的一条鱼
我们不能都做船长，我们得做海员
世上的事情，多得做不完
工作有大的，也有小的
我们该做的工作，就在你的手边
假如你不能做一条公路，就做一条小径
假如你不能做太阳，就做一颗星星
不能凭大小来断定你的输赢
无论你做什么都要做最好的一名

# 做一个正直的人

人格操守是事业上最根本的资本，但许多青年人过分地注重技巧、权谋和诡计，忽视了对正直的品格培养。

林肯的美好名声为什么不会随着岁月的流逝而消失，反倒与日俱增、妇孺皆知呢？因为林肯的一生都保持着正直的品格，从来没有作践过自己的人格，从来不糟蹋自己名誉的缘故。

试问，在人类的历史上，有谁能像林肯那样精神不死、流芳百世呢？恐怕是很罕见的。

而这恰恰印证了一句话："人的品格是世界上最伟大的一种力量。"

假如一个青年在刚踏入社会的时候，便决心把建立自己的品格作为今后事业的资本，做任何事情，都无悖于养成完美人格的要求，那样，即便他无法获得盛名与巨大利益，但终不至于失败。而那人格堕落、丧失操守的人，则无法成就真正伟大的事业。

人格操守是事业上最忠实的资本，多数青年对于这一点缺乏认识。这些年轻人过份地注重技巧、权谋和诡计，却忽视对正直的品格的培养。为何有许多公司情愿以特别昂贵的代价，去用已死数十年或数百年的人的名字来做公司的名称呢？由于在那些已逝者的名字里面含有正直的品格，代表着信用，使消费者感到可靠。想想有些人的名字，其信用之稳固程度就像直布罗陀的岩石一样，坚固不移，这就能够明白人格的价值了。

有一些青年人明明了解这样的事实，但是他们仍然不将事业的基础建立在正直的品格，反而建立在技巧、诡计和欺骗上，这难道不令人感到奇怪吗？但也有相当多的年轻人并不把事业建立在不可靠和不诚实的基础上，而建立在坚如磐石的正直品格上。这样，他们的成功才是真正的成功，才有真正的价值和意义。

公道、正直与诚实是成功所包含的要素。而这种美德，林肯无一不具备，倘若缺乏这各种美德，自然无法做出轰轰烈烈的事业来。

每一个人都应当感到，在自己的体内有一种富贵不能淫、威武不能屈的力量。这股宝贵的力量就是一个人的品格，而人应不惜生命来维持他正直的品格。大凡历史上真正的伟大人物，都是不会因金钱、权势、地位等各种诱惑而出卖人格的。

林肯做律师时，有人找他为一件诉讼中明显理亏的一方作辩护，林肯回答说："我不能做。假如我这样做了，等到出庭陈词时，我将不知不觉地高声说，林肯，你是个说谎者，你是个说谎者。"

当一个人过着一种虚伪的生活，戴着假面具，做着不正当的职业时，他将受到自己内心的嘲笑，甚至会鄙弃自己。他的良心将不停地拷问他的灵魂："你是一个欺骗者，你不是一个正直的人。"这就会败坏人的品格，削弱人的力量，直至完全葬送人的自尊和自信。

不论有多大的利益，多么难以抵制的引诱，千万不能出卖自己的人格。假如一个人过分追逐名利，将会败坏他的才能，毁灭他的品格，使他做出违背良心的事情来。

因此，不论你从事何种职业，你不仅要在自己的职业中做出成绩来，还应在自己做事的过程中建立自己高尚的品格。在你做一个律师、一个医生、一个商人、一个职员、一个农夫、一个议员，或者一个政治家时，你都不要忘记：你是在做一个人，要做一个具备正直品格的人。这样，你的职业生涯和生活才会有重大的意义。

# 激发你的潜能

约翰·费尔德看到自己的儿子马歇尔在戴维斯的店里招待顾客，就问戴维斯："戴维斯，近来马歇尔生意学得怎么样？"

戴维斯一边从桶里拣出一只苹果递给约翰·费尔德，一边答道："约翰，我们是多年的老朋友，不想让你日后懊悔，而我又是一个直爽的人，喜欢讲老实话。马歇尔肯定是个稳健的好小孩，这不用说，一看就知道了。但是，即使在我的店里学上一百年，他也不会成为一个出色的商人。他生来就不是一个做商人的料。约翰，还是把他领回乡下去，教他学养牛吧。"

如果马歇尔仍然留在这个地方，在戴维斯的店里做个伙计，那样他日后决不会成为举世闻名的商人。可是他随后到了芝加哥，亲眼看到了在他周围许多原来很贫穷的小孩做出了惊人的事业，他的志气突然被唤起，他的心中树起一个要做大商人的决心。他问自己："如果别人能做出惊人的事业来，为什么我不能呢？"其实，他具有大商人的天赋，但戴维斯店铺里的环境不足以激发他潜伏着的才能，无法发挥他贮藏着的能量。

一般来说，一个人的才能来源于他的天赋，而天赋又不大容易改变。但实际上，大多数人的志气和才能都深藏潜伏着，必须要外界的东西予以激发。潜能一旦被激发出来，如果又能加以继续的关注和教育，就能够发扬光大，否则终将萎缩而消失。

因此，如果人们的天赋与才能不被激发、不能保持、不能得以发扬光大，那样，其固有的才能就会变得迟钝并失却它的力量。爱默生说："我最需要的，就是有人叫我去做我的能力所能做到的事情。去做我力所能及的事情，是表现'我'的才能的最好途径。拿破仑、林肯未必能做的事情，但我却能够做，只要尽我最大的努力，发挥我所具有的才能。"

我们许多人的体内都潜伏着巨大的才能，但这种潜能酣睡着，一旦被激发，便能做出惊人的事业来。

在美国西部某市的法院里有一位法官，中年时还只是一个不识文墨的铁匠。他现在60岁了，却成了全城最大的图书馆的主人，获得许多读者的赞誉，被人认为是学识渊博、为民谋福利的人。这位法官唯一的希望，就是要帮助同胞们接受教育，获得知识。可是他自身并没受系统地接受教育，又为何产生了这样的宏大抱负呢？原来他不过是偶然听了一篇关于"教育之价值"的演讲。结果，这次演讲唤醒了他潜藏着的才能，激发了他远大的志向，从而使他做出了这番造福一地民众的事业来。

在我们的现实生活中，有很多人直到老年时才表现出他们的才能。为什么到老年时才会激发他们的才能呢？有的是由于阅读富有感染力的书籍而受到激发；有的是由于聆听了富有说服力的讲演而受感动；有的是由于朋友真挚的鼓励。而对于激发一个人的潜能，作用最大的通常都是朋友的信任、鼓励、赞扬。

在印第安人的学堂里，曾经刊登过不少印第安青年的照片。他们在学校里毕业时的神情与他们刚刚从家乡里出来时的神情大为不同。在毕业照片上，他们是气宇轩昂的模样，一个个服装整齐，脸上流露出智慧，双目炯炯，看起来才华横溢。看了这样的照片，你一定可以预见到他们将来能做出伟大的事业来。但是大部分人回到他们自己的部落以后，奋斗一段时间后，就不能保持他们新的标准了，逐渐又恢复旧日的面目。这确实不能一概而论，也有少数人由于具有坚强的意志，具备了抵抗堕落的力量。

倘若你和一般失败者面谈，你就会发现，他们失败的原因，是因为他们无法获得良好的环境，是因为他们从来不曾走入过足以激发人、鼓励人的环境中，是因为他们的潜能从来不曾被激发，是因为他们没有力量从不良的环境中振奋起来。

在人的一生中，无论在何种情形下，你都要不惜一切代价，走入一种可能激发你的潜能的气氛中，可能激发你走上自我发达之路的环境里。努力接近那引起了解你、信任你、鼓励你的人，这对于你日后的成功，具有莫大的影响。你更要与那些努力要在世界上有所表现的人接近，他们往往志趣高雅，而且抱负远大。接近那些坚持奋斗的人，你在不知不觉中便会深受他们的感染，养成奋发向上的精神。如果你做得还不是十分完美，那些在你周围向上爬的人，就会来鼓励你下更大的努力，做更艰苦的奋斗。

在每个人的身体里面，都潜伏着巨大的能量。这些能量，只要你能够发现并加以利用，便可以帮你成就你所向往的一切东西。

人们体内的亿万细胞中，有着巨大的潜在力量。这种潜力要是能够被唤醒，就能做出许多神奇的事情来。然而大部分人好像都不明白这一点。病人在病势垂危、呼吸困难时，在听了医师或亲友的一席热烈恳切的安慰话后，竟然能起死回生。这种情况在医生看来，也是常有的事。一般来说，疾病之所以置人于死地，首先是因为病人也失掉了对生命的信心。

世界上有无数碌碌无为的人，有些人竟然到了难以自立的境地，但在这些人的体内同样有着大的潜能，只要能够激发他们体内的一小部分潜能，就可以成就他们伟大的、神奇的事业。

我见过一个体力平常的人，在被催眠后，有人把他的头和脚搁在两只椅子的边上，而身体悬空着，这时让六七个人站在他身上，而他竟能支持得住。如果在他的身上搁了一块木板，让一匹马站上去，他竟然也能支持得住。这都是由于人心灵深处内在力量被激发后所造成的奇迹，因为照上面的方法做，按照一个人平均的体力决不能支持一千多磅的重量，但是在催眠状态，他竟然毫无困难地做到了。

那样，他能够做出这样的事情，力量来自于哪里呢？确实不是来自于催眠家，催眠家的作用仅在于把那被催眠的人的力量从身体里激发出来。这力量不是来自外部，而是来自于内部，是潜伏在他自己的身体里面。

因为人体内都存在着巨大的内在力量，所以人人都能做成不朽的事业。而一切真实、友爱、公道与正义，也都存在于这内在的力量中。

在人的身体和心灵里面，有一种永不坠落、永不败坏、永不腐蚀的东西，这便是潜伏着的巨大力量。这种力量一旦被唤醒，即便在最卑微的生命中，也能像发酵粉一样，对身心起发酵净化作用，增强人工作的力量。

有些时候，人会有机会看到自己的内在力量，比如在失去一个爱友的时候，发现了自己从未发现过的能力；有时读了一本富有感染力的书，或者由于朋友们的真挚鼓励，也能发现自己的内在力量。但无论用什么方法，通过何种途径，一旦激起内在力量，你的行为一定会大异于从前，你就会变成一个大有作为的人。

一个立足于诚实、公道、正义原则的人，即使全世界的人都反对他，他依然能屹立在世界上，绝不动摇。林肯之所以对世界有这样巨大的影响力，不仅在于他所具有各种天赋和才华，更在于他能把公道、正义等原则当做他安身立命的基础。

如果一个人能同自己那永不死亡、永不败坏的高贵神性相和谐，他便能发挥自己更大的效能，获得无上的幸福。未来的医生会让病人知道，在人的身体中有一种创造的作用是永远在进行的，这种创造的力量，不但创造他自己的生命，还在不断地更新生命，恢复生命。比如，以骨折为例，什么时候骨头折断，经过伤科手术什么时候就会使之复原。如果我们的教育注重这一方面的训练，那么自然的治疗便会补救身心上各种缺陷。

创造我们身体的力量，就是在每夜的睡眠中，改造更新我们身体的因素，我们身体的各种新陈代谢，也是由这种力量造成的。但很多人并不知道深入自己的意识内层，去开发那些供给身体力量的源泉，因此，他们的生命往往是枯燥而毫无生气的。然而如果我们能够深入到自己内在力量的深处，那么就可以寻找到生命的大源泉。一旦饮到这生命的活水，就不再会感到口渴，而这种源泉是取之不尽，用之不竭的。所以，一个人一旦能对内在的力量加以有效果地运用，他的生命就永远不会陷于卑微贫困的境地。

# 坚守信用

一个年轻人如果希望闻名世界、流芳百世，他首先要获得大家对他的信任。一个人如果学会了获得他人信任的方法，要比拥有万贯家财更足以自豪。

但是，世界上真正懂得获得他人信任的方法的人却是少之又少。大多数的人都无意中在自己前进的道路上设置了一些障碍，比如有的态度不好，有的缺乏机智，有的不善待人接物，结果经常使一些有意和他深交的人感到失望。

有些年轻人开始经商时，经常觉得一个人的信用是建立在金钱基础上的。一个有钱的人、有雄厚资本的人，就有信用，其实这种想法是不对的。与百万财富比起来，高尚的品格、精明的才干、吃苦耐劳的精神要高贵得多。

任何人都应该努力培养自己良好的名誉，使人们愿意与你深交，愿意竭力来给予你帮助。

一个明智的商人一定要把自己训练得十分出色，不仅要有经商的本领，为人也要诚实、坦率、讲信用，在决策方面要培养起坚定而迅速的决断力。

有许多银行家非常有眼光，他们对那些资本雄厚，但品行不好、不值得人信任的人，决不会借出一分钱。他们反而愿意把钱借给那些资本不多，但肯吃苦、能耐劳、小心谨慎、时刻感觉良机的人。

信贷部的职员们在每次贷款之前，一定会对申请人的信用状况研究一番：对方的生意是否稳当？能否成功？只有等到觉得对方确实很可靠，没有问题时，他们才肯贷款。

任何人都应该懂得这样一个道理：人格是你一生最重要的资本。要明白，欠钱不还时，其实是在拿自已的人格开涮。

严赛尔·赛奇说："坚守信用是成功的最大关键。"一个人要想赢得他人的信任，一定要立下很大的决心，花费大量的时间，不断努力才能做到。

有一次，我去拜访一家大杂志的主编格林先生，询问他对人怎样获得信用的看法。

他谈到了以下三点：

第一，必须注意自我修养，善于自我克制，做事恳切认真，建立良好的声誉；随时设法改进自己的缺点；行动要踏实可靠，做到言而有信，与人交易时必须诚实——这是获得他人信任的最重要条件。

第二，一个想要获得他人信任的青年人，必须老老实实做出业绩来让人看，证明他的确是判断敏锐、才学过人、富于实干的人。一个才能平平的人把多年的储蓄都拿来投资到事业上，固然是很好的事情，但如果他在某一方面有所专长，他给人留下的印象就不知道要好多少倍。因为在这样一个企业和职业都专业化的时代，一个无所专长、又样样都懂一点的人物，与那些在某一领域有所专长的人相比，竞争力总是不够的。所以，假如一个人身上有一笔最可靠的资本——在某一领域有所专长，那样无论他走到哪里，都会受到重视。

第三，一个青年商人要想成功，他更需要一种最可贵的资本——良好的习惯。有良好习惯的商人远比那些沾染了各种恶习的人容易成功。世界上本来已有不少人快跨入成功的门槛，但是因为有一些不好的习惯，使得别人始终不敢对他抱以信任，他的事业也因此而受阻于中途，没有办法再向前发展。那些沾染了各种恶习的人，自己大多是不大清楚的，但那些与他们发生交往、产生业务往来的人却看得很清楚，因为他们大多是很看重这些问题的。

一个人的品格大都是经过他的习惯来培养成功的。有些青年人原来品格优良，却因为沾染了一种恶习，结果再也没有出头之日。许多年轻人一开始很不在意自己的习惯，觉得那只是暂时的小事。但是，久而久之，他可能会因为一些恶习而为人所排挤，到时候他可能会懊悔起来，开始反思："没想到那样随便玩玩也会成为改不了的恶习。"但是，到时再懊悔又有什么用呢?

一个立志成功的青年，为了自己的前途无论怎样都要抵制不良的诱惑，在任何诱惑面前都要坚定决心、不为所动。他必须永远善于自我克制，不饮酒、不参与赌博、不弄虚作假、不因为毫无意义的项目而举债、不去赛马场。他的娱乐项目应该是正当而有意义的。否则，只要稍动邪念，他就会一下毁掉自己的信用、品格和成功。如果去仔细分析一个人失败的原因，就可知道多半是因为那人有着种种不良的习惯。

一家杂志社的社长查尔斯·克拉克先生向我讲述了他对于青年人要坚守信用的看法。

他说："许多人能获得成功靠的就是获得他人的信任。但到今天仍然有许多商人对于获得他人的信任一事不以为然，不肯在这一方面花费心血和精力。这种人肯定不会长久地发达，可能用不了多久就要失败。

"我可以十分有把握地拿一句话去奉劝想在商业上有所作为的青年人：你应该随时随地地去加强你的信用。一个人要想加强自己的信用，并非心里想着就能实现，他一定要有坚强的决心，以努力奋斗去实现。只有实际的行动才能实现他的志愿，也只有实际的行动才能让他有所成就。也就是说，要获得人们的信任，除了一个人人格方面的基础外，还需要实际的行动。任何一个青年人在刚跨入社会工作时，绝对不会无缘无故得到他人的信任。他必须发挥出所有才干，在财力上建立坚固的基础，在事业上获得发展、有所成就。

"然后，他那优良的品行、美好的人格才会被人所发现，才会使人对他产生完全的信任，他才能走上成功之路。我们杂志社外派去采访社会名人的记者，他们最在意的不是那个成功者的生意是否兴隆，收入是否多；而是那个人是否还在不断进步，他的品格是否端正，他的习惯是否良好，以及他创业成功的历史和奋斗过程。许多青年人都没有感觉到：越是细小的事情，越容易给人留下深刻的印象。比如，你向别人借钱后，到了约定日子没有办无法去还钱，你随口说过几天再还吧。对方如果稍有判断力，他一定可以看出你是一个什么样的人，是否值得信任。

“你或许会这样想：过几天有什么不可以的呢？那位借给你钱的人不是很有钱吗？但是，你反过来想一想，这样一来你本身的信用要受到多大的损害啊！又有不少年轻人平日为人的确很诚实可靠，但他们有一个毛病，那就是对任何事情都太马虎，这样就容易在不知不觉中使自己的信用丧失。比如，他们明明在银行里存款已经不多，却还是开出了一张超额的支票，结果害得收款的人到银行去碰壁。假如这样做生意，那样他的一切信用将最终会破产。”

一个精明能干的商人做起事来总是很迅速、敏捷，从不会显露出拖拖拉拉、行动缓慢的样子，这就是他们走向成功的有效果手段。他们订立合同后从不违约，也决不会开出空头支票。他们明白，无论是树立信用、还是生意成功都需要小心谨慎，否则，一旦信用丧失，生意必将失败。

要取得他人的信任，除了要有正直诚实的品格外，还要有果断、正确的做事习惯。即使是一个资本雄厚的人，假如做事优柔寡断，头脑不清，缺乏敏捷的手腕和果断的决策能力，那他的信用仍然维持不住。而一个人一旦失信于人一次，别人下次再也不愿意和他交往或发生贸易往来了。别人宁可去找其他人，也不想再找他，因为他的不守信用可能会生出许多麻烦来。

一个有信用的人要使自己的信用破产，那是最简单不过的事情。即使你多年来一直有诚实守信、有口皆碑的历史，但你从今天开始只要变得糊涂起来，不再把事情放在心上，丢三拉四，错误不断，这样过不了多长时间，就再也没有一个人会来信任你了。

## 在苦难中孕育出最美的花

其实，世界上的各种职业、技艺与事业，莫不如此，全是因为困难吓退了一些庸碌的竞争者。斯潘琴说："许多人的生命之所以伟大，都来自他们所承受的苦难。最好的才干往往是从烈火中锻炼的，都是从坚石上磨练出来的。"

世界上有许多人因为没有经过苦难的磨练，激发不出他们体内潜藏着的力量来，所以他们的才能就得不到淋漓尽致地发挥。而只有努力奋进才能帮助人们达到成功的境地，只有尽力奋斗的人才能获得自己心中希望的东西。

苦难与障碍并不是我们的仇人，而是我们的恩人。因为我们人人都有一种逆反的心理，这种逆反心理在人体里发展了相反的力量。正是苦难与障碍的出现，使得我们体内克服障碍、抵制苦难的力量得到了发展。这就好像森林里的橡树，经历千百次暴风雨的摧残，不但不会折断，反而越见挺拔。正像暴风雨吹打橡树一般，人们所承受的种种痛苦、折磨和悲伤，也在启迪人们的才能，锻炼着人们的心志。

在克里米亚的一次战争中，有一枚炮弹击中一个城堡后，毁灭了一座美丽的花园。可在那个炮弹落下的深穴里，竟不断地流出泉水来，后来这里竟然成了一个长久不息的著名喷泉。

同样，不幸与苦难，也会将我们的心灵炸破，而在那炸开的缝隙里，也会时刻流出奋斗前进的泉水来。许多人不到丧失一切、穷途末路的境地，就不会发现他自己的力量，有时灾祸的折磨反而足以使人发现真实的自己。困难与障碍，就像凿子和锤子，能把生命雕琢得更加美丽动人。

一位著名的科学家就曾说过，每当他遇到看似不能克服的困难时，总使他有新奇的发现。

失败常常会激发人的潜力，唤醒沉睡的雄狮，引人走上成功的道路。有勇气的人，能把逆境变为顺境，如同河蚌能将烦它的沙泥化成珍珠一样。

一旦雏鹰能起飞，老鹰便会立即将他们驱出巢外，让他们在空中做飞翔的锻炼。而雏鹰因为有了锻炼，将来才能做百鸟之王，才会凶猛敏捷，才能做追逐猎物的高手。凡是在幼年常遇阻碍、挫折的小孩们，往往有可能得以发展；而从没有遇过挫折的人，反而很难有出息。

贫穷与苦难都是一种激励，能坚定人们的思想，发挥人们的潜力。钻石越坚硬，它的光彩也越眩目，而要将其光彩显示出来所需的琢磨也越有力。只有琢磨，才能显露出钻石的所有美丽来。

火石不经摩擦，不会发出火光，相同地，人们不遇刺激，人体里的力量也将永远不会发挥出来。在马德里的监狱里，塞万提斯写成了著名的《唐吉诃德》，那时他穷困潦倒，甚至连稿纸也无力购置，只能把小块的皮革当作稿纸。有人劝一位富足的西班牙人来资助他，但是那位富翁却说："上帝不让我去接济他的生活，惟因他的贫穷才使世界富有。"

监狱常常能唤起许多高贵人士心中沉睡着的火焰。《鲁滨逊飘流记》一书也是写在牢狱中的，一部《圣游记》也诞生在贝德福德的监狱中。瓦尔德·罗利爵士那著名的《世界历史》，也是在他被困监狱的13年当中写成的。

有史以来，犹太人就一再受尽异族的压迫，但是世界上最可贵的诗歌、最富有智慧的箴言、最动听的音乐，却都是由犹太人贡献的。对于他们来说，仿佛是不断地压迫给了他们繁荣。如今，犹太人依然很富有，不少国家的经济命脉几乎都掌握在犹太人手中。对于他们来说，困苦是欢乐的种子，正是因为隆冬的严寒杀尽了地下的害虫，植物才能繁茂地生长。

音乐家贝多芬在他两耳失聪、穷困潦倒之时，创作了他最伟大的乐章。席勒病魔缠身十五年，却在此期间成就了他最好的著作。密尔顿就是在他双目失明、贫困交加之时，写了他最著名的著作的。所以，为了得到更大的成就与幸福，班扬甚至说："如果可能的话，我宁愿祈祷更多的苦难降临到我的身上。"

一个真正勇敢的人，越为环境所迫，反而会越加奋勇。他敢于面对任何困难，轻视任何厄运，嘲笑任何障碍，因为贫穷困苦不足以伤他毫发，反而能增强了他的意志、品格、力量与决心，最终使他成为所有人中最卓越的人。对于这样的人，命运必然无法拦挡他们的前程。

拿破仑在谈到他的一员大将马塞纳时说，在平时他的真面目是展现不出来的，但是当他在战场上看到遍地的伤兵和尸体时，他内在的“狮性”就会突然发作起来，打起仗来就会像恶魔一般勇敢。人类有几种本性除非遭受巨大的打击和刺激是永远不会显露出来，永远不会爆发的。这种神秘的力量深藏在人体的最深层，非一般的刺激所能激发，但是每当人们受了讥讽、凌辱、欺侮以后，就会激发一种新的力量来，做从前所不能做的事。

艰难的情形、失望的境地和贫穷的状况，在历史上曾经造就了很多伟人。要是拿破仑在年轻时没有遇到什么窘迫、绝望，那样他决不会如此多谋、如此镇定、如此刚勇。巨大的危机和事变，往往是爆发出许多伟人的火药。

一个成功的商人对我说，他在自己一生中所得到的每一个成功，都是与艰难斗争的结果，所以，他现在对那些不费力而得来的成功，反倒觉得有些靠不住。他觉得，克服障碍以及种种缺陷，从奋斗中取得成功，才可以给人以喜悦。这个商人愿意做艰难的事情，艰难的事情可以考验他的力量，考验他的才干；他反而不喜欢容易的事情，因为不费力的事情，不能给予他振奋精神、发挥才干的机会。

我认识一个年轻人，本来家境非常贫寒，因此在他四年的大学过程中，常被那些家境富裕的同学嘲笑，他们不是取笑他衣衫褴褛，就是讥笑他穷相毕露。受着同学们这样的讥笑，他竟然不为讥讽所屈服，从此立志要做世上的一个伟人。

后来，这个青年果然拥有了惊人的成功。他说，自己在学生时所受的种种讥笑反而成了对他雄心的最好激励。

处在绝望境地的奋斗，最能启发人潜伏着的内在力量。没有这种奋斗，就永不会发现真正的力量。如果林肯是生长在一个庄园里，进过大学，他也许永远不会成为美国总统，也永远不会成为历史上的伟人。因为要是一个人处在安逸舒适的生活中，就不需要太过努力，不需自己的个人奋斗。林肯之所以这样伟大，是因为他不断地和逆境苦斗着。

在当今世上，不知道有多少人把自己所取得的成就归功于障碍与缺陷。要是没有那障碍与缺陷的刺激，他们可能只会发掘出他们 25% 的才能，但一遇到针刺般的刺激，他们就会把其他 75% 的才能也激发出来了。

当巨大的压力、非常的变故和重大责任压在一个人身上时，潜伏在他生命最深处的种种能力，才会突然显现出来，从而做出种种大事来。

历史上有无数这样的例子。为了要补救身体上的缺憾，许多人因此养成了可贵的品格，成就了一番丰功伟绩。一些相貌很平凡、甚至长相丑陋的女子，往往能在学业和事业上，进行不懈地努力，最后竟能做出意想不到的事业来，这可看作是对她们相貌的一种补救。

许多人如果没有遇到失败，就不会发现自己真正的才干。他们若不遇到很大的挫折，不遇到对他们生命本质的打击，就不懂得怎样激发自己内部贮藏的能量。

要检验一个人的品格，最好是看他失败以后怎样行动。失败以后，能否激发他的更多的策略与新的智慧？能否激发他潜在的力量？是增强了他的决断力，还是使他心灰意冷呢？有人说："伟大高贵人物最明显的标志，就是他坚强的意志，不管环境变化到何种境地，他的初衷与希望，仍然不会有丝毫的更改，而终至克服障碍，以达到所企望的目的。

"跌倒了再爬起来，从失败中求胜利。"这是历代伟人的成功秘诀。

有人问一个小孩，他是怎么学会溜冰的？那小孩回答道："哦，跌倒了爬起来，爬起来再跌倒，就学会了。"之所以个人成功，之所以军队胜利，实际上就是这样的一种精神。跌倒不会失败，跌倒了站不起来，才是失败。

可能过去的一切，对一些人来说是一部非常痛苦、非常失望的伤心史。所以，有的人在回想从前时，会觉得自己处处失败、碌碌无为，他们竟然在非常希望成功的事情上失败了，或是他们所至亲至爱的亲属朋友，竟然离他们而去，或是他们已经失掉了职位，或是营业失败，或是因为各种原因而不能使自己的家庭得以维系。在这些人看来，自己的前景似乎是十分的渺茫的。然而即便有上述的种种不幸，只要你永不甘屈服，那么胜利就会在前方向你招手。

失败是对一个人人格的考验，一个人除了自己的生命以外一切都已失去的情况下，潜在的力量到底还有多少？没有勇气继续奋争的人，自认失败的人，那样他所有的能力，就会全部消失。而只有毫无畏惧、勇往直前、永不放弃人生责任的人，才会在自己的生命里有伟大的进展。

有人也许要说，早已失败多次了，所以再试也是徒劳无功，这种想法真是太自暴自弃了！

对意志永不屈服的人，根本就没有所谓失败。无论成功是多么遥远，失败的次数是多少，最后的胜利仍然在他的希望里。

狄更斯在他小说里讲到一个守财奴斯克鲁奇，最初他是个爱财如命、一毛不拔、残酷无情的家伙，甚至把全副的精神都钻在钱眼里。可是到了晚年，他竟然变成一个慷慨的慈善家、一个宽宏大量的人、一个真诚爱人的人。狄更斯的这部小说并非完全虚构，世界上也真有这样的事实。既然人的本性都可以由卑鄙变为善良，人的事业又何尝不能由失败变为成功呢？现实生活中这样的例子并不少，许多人失败了再奋起，沮丧而又不认输，抱着不屈不挠的无畏精神，向前奋进，最终竟然获得了成功。

世界上有无数人，已经丧失了他们所拥有的一切东西，然而还不能把他们叫做失败者，因为他们仍然有着不可屈服的意志，有着坚韧不拔的精神。

世间真正伟大的人，对于世间所说的种种成败，并不介意，正所谓“不以物喜，不以己悲”。这类人无论面对多么大的失望，绝不会失去镇静，这样的人终能获得最后的胜利。

温特·菲力说:“失败，是走上更高地位的开始。”许多人所获得的最后的胜利，只是来自于他们的屡败屡战。对于没有遇见过失败的人，有时反而让不知道什么是大胜利。一般来说，失败会给勇敢者果断和决心。

# 让自己忙碍起来

如果你认为幸福是永无止境的休闲，如果你期望退休后能躺在摇椅上，那样你基本上就是活在一个愚人天堂中。懒散是人类最大的敌人和杀手，懒惰是只会催生悲哀、未老先衰和死亡。

很多医生都在反驳辛苦的工作有害身体而休息有益身体这个提法。英国伯明翰大学医学教授安诺特博士却站出来说，过多的休息会使身体产生有害的变化。“但是已知的任何工作都不会伤害到身体的健康组织。”他又说：“工作是有益的，即使是你辛苦地工作，只要不涉及危险，不违反睡眠和营养供给规律，有足够时间休息，可以恢复体力，那样工作是无害的。”

贺林德和法兰克医生在《健康世界》上谈到一位堪萨斯市的81岁女人将一张摇椅还给她的女儿，并附上简短的说明：“我根本没有时间坐摇椅，我太繁忙了。”

这个妈妈掌握住了成熟而不是变老的道理和原则。她学到了工作对生活和健康非常有用的基本原则。繁忙的工作，只要不是过度紧张的工作，不会对身体造成什么伤害，但是过多的休息却会造成这个结果。

工作是能延缓衰老的影响因素之一。任职于德国脑科研究机构的弗格特博士在最近一次国际老年问题研讨会上报告："脑细胞的积极运动可以延缓衰老"。大量工作绝不会伤害神经细胞，反而可以促进脑细胞的运动，延缓衰老。弗格特博士在他对正常人脑神经细胞所作的显微研究结果说明中，特别关注由于年龄而产生变化两个女人的脑中细胞状况，两人平时都非常活跃。经检查，她们的脑神经细胞老化现象都相当轻微。

弗格特博士说，"在我们所有的研究对象中，没有由于繁忙工作而加速神经细胞老化的事例。"

是的，辛苦的工作不会让你死亡，但是忧愁的心态和高血压却可以。现在，在50岁出头时就离开人世的工商业主管，生前一般都患有各种溃疡症，并不是由于过度工作而失去生命的。他们一天当中的实际工作量，仅就精力的消耗来说，根本算不上什么。但是随着工作而来的紧张气氛和压力、失眠无度、对竞争和失败的敌视恐惧、面对体制所产生的忧虑，却恶性循环地快速榨干、吸取了他们的生命。为了逃避，他经常通过酒精、安眠药、苯丙胺或在高尔夫球场或手球场上来排泄，结果身体和神经系统就会最后会以死亡或精神崩溃来对抗这种消极的自暴自弃和逃避。

美国医院超过一半的病床都被患有精神方面疾病的人占用——超过小儿麻痹症、癌症、心脏病和其他所有疾病人数加起来的总和——这个惊人可怕的事实表明，一定有什么地方出了差错，但出问题的地方绝不是繁忙、辛苦的工作。

美国的生活水准是目前世界上最高的。科技和科学上的进步使我们的祖父母甚至我们的父母免于成为曾被视为生活中最必要的苦工，即使最不依赖科学技术的普通职业工作的环境也大大改善了，工薪阶层的工作时间也得到了减少，以前由人力和兽力承付的工作大多已由机器完成。我们有比以前更多的娱乐时间。所以，我们不能将我们的悲苦的处境统统归罪于辛苦工作或者生存之累。

因为工作是人生的一个必要条件和相伴的环节，不只是人们单纯地为了赚钱而产生的。没有工作和运动，身体的肌肉就会萎缩，心灵就会懒惰，人变得没有激情。工作，在现代的阐释和古老的信念完全相反，不是原罪的惩罚形式，而是一种报酬，一种荣誉，是人类统治地球的工具和标志，是君主身份的高贵象征。我们所谓的文明，是需要建造和创造的，是手和脑的劳动的可见结果——也是我们最重要最本质的冲动表现之一。甚至国家也会因为没有工作和劳动而走向灭亡。

由精力充沛、吃苦耐劳的农民、商人、思想者和实践家所构建的伟大罗马帝国，到了腐败、堕落、懒散的非生产者手中，便垮得一塌糊涂了——农业、商业和其他一切形式的活动全都消失不见。一帮野蛮人就这样毁了伟大的罗马帝国。而从它的废墟中发展起来的，传播到并影响着西方世界的新文明，是由渺小的、被忽略的基督教团体的宗教文化种子生根发展起来的。基督教徒都是一些最普通的工作者——工匠、做小生意的人，甚至奴隶，但这些普通人，都是全心全意地工作的人。

照我看来，基督教的创始人是个木匠并不偶然，他选取一些渔夫和一个收税员作为他最初的一些门徒也并不偶然。基督教最伟大的福音传道者塔瑟斯的撒罗，是一个手工做帐篷的人。

我们把工作当做是脱离生存之累的手段，仅仅为了赚钱而忙碌，这简直就是剥夺自己作为人类才有的最大满足的权利。工作本身的优点、有益价值和治疗效果、与个人性格的特殊关系使工作成为我们生活中高于一般活动的运作形式。

一切工作最终的延伸都是服务，无论是烹饪、擦地板、装配零件还是纠正一下舞步。它的最终目的都是为了使生活变得更好、更简捷、更有乐趣。它应该是富有创造性的。如果我们要享受工作或从工作中获取利益，就必须将这种创造性的意图清清楚楚地印刻在心里。

著名的英国电影人亚瑟·兰克说："人们经常忘记自己的行业的存在和发展是'为什么'这个问题。椅子工厂不仅仅是要生产椅子赚取利润，而是要制造出符合消费者喜好的椅子。忽略这一点的椅子生产商，终将有一天会在醒来时发现某个对手把他的椅子和他的利润一起拿走了。"

有些人认为现代工业文明已经扼杀了工作的创造性特质，仅仅是机械化的复制。必须不断地执行同一个单调动作而对整体过程不了解的工作没有什么好留恋和称赞的。他们认为，当一个人辛苦地在生产装配流水线上操作时，怎么可能有任何可以沾粘自豪的成就感呢?

我可以凭我个人经验来说。我曾有一段时间在一家大公司当统计打字员，是许多打字员当中的一个，微不足道。我的工作就是简单的打字，精确是最重要的，速度第二。在一台有特制长台架的打字机上打一大堆财务报表，日复一日。我不能说我喜欢这份辛苦、单调乏味工作，但这是我的工作。

但是我可以摸着心脏诚心诚意地说，我为自己尽可能使这份工作达到完美标准感到骄傲和自豪。这虽然是机械式的琐碎工作，但也是需要很高的技巧的工作，我对能够在工作上达到高水准而感到非常满意，尽管那个工作只是大工程中的一个环节。但它让我深刻认识到即使做小事也要尽力做得完美的态度的重要性，因而对我来说："不再当普通秘书的最佳办法就是当一个特别好的秘书，这样才能进步。"

换句话说，我们内心对待工作的态度，大大决定了我们究竟认为它们是令人烦恼的苦役，还是能够满足我们的灵魂的欢乐无比的事情。

有一些家庭妇女将每天洗碗盘的家务视为厌烦而卑贱的奴仆工作。但是，我认识的一个女孩子却能够把这样的琐事当作是来自生活的享受，她是波姬儿·达尔，一位职业写作者，写过一本自传和很多书及杂志文章。达尔小姐在一生的大部分时间里都看不见东西，经过很多次的手术治疗之后，她才能稍微看见一些。她说在能看见一些东西之后，每天洗碗盘的工作就变成了上帝的一个奇迹。

她说："我从小小的厨房窗口可以看见一小片湛蓝的天空，我对肥皂沫泛起的七色彩光百看不腻。我心中常存感激，因为失明多年之后，我在做家务时还能有这么多美丽的东西可看，但是可悲的是，我们许多人有健康眼睛，却看不见生活中的美好的东西。我们缺乏达尔小姐那种成熟的想像力以及对生活深层的理解，我们没能确切地明白住工作所提供的较高的价值。

没有任何药的医疗效果能胜过工作本身。德克萨斯州的丽达·琼斯太太说工作使她在压力下也没有精神崩溃。

1941 年，琼斯夫妇和他们的两个小孩搬到新墨西哥一个 360 英亩的农场。结果却发现那是一个毫无争议的蛇的王国，到处都有响尾蛇在爬行出没。它们一定是从美国各地合伙聚集到那里去的。

“我们那个地方没有电路、煤气管道和自来水供应，生活很不方便，这些都不是我最担心的。令我最难以忍耐和承受的是每天都在担心如果家里的人被蛇咬了中毒怎么办。在夜里我梦见自己抱着我的小孩跑到镇上去找人帮忙；丈夫如果在田里埋头工作，如果几分钟没有见到他，我便会陷入恐惧状态中。

“这种持续不断的忧虑和恐惧让我苦不堪言，要不是持续不断地辛苦工作的话，精神几乎一定崩溃。我们过着焦虑的生活，所以辛苦工作是非常必要的，更重要的是，它帮助了我。我要种植 360 英亩地的玉米，双手操劳直到长满了老茧；自己动手缝自小孩的所有需要的衣服；装制 5 年都吃不尽的食品罐头。我工作到最后就是累得躺在床上，除了睡觉之外任何事都不去过问——根本就没有多余的精力去担心蛇的问题。

“一年以后我们离开了那个地方，之前一直没有发生被蛇咬伤的意外事故。后来我再不用像在新墨西哥那样辛苦地工作了，然而我却一直对那一年时间里的辛苦工作的努力心存感激——是辛苦工作救了我，使我免于精神崩溃。”

像琼斯太太一样，学会利用努力的工作催生力量以战胜危机的人，对可怕凶恶的命运主弄死者肆意放出的乱箭具有密不透风的防卫能力。单凭工作习惯的本身，就足以让我们跳离阶段性的消沉、打击或迷惘。辛勤地工作往往能支撑在灾难、个人悲惨遭遇中或失去爱的漩涡中挣扎的人们。

爱德蒙·伯克曾说：“永远不要放弃哪怕是一丁点的希望。但是如果你感到无法避免绝望，那就工作吧。”爱德蒙·伯克可不是在胡说——他是有绝对的个人体验的。他失去了心爱的、无比宝贵的儿子，他的研究使他痛苦地对文明快要堕落这一事实确信无疑。工作对于他来说，就像对其他很多人一样，有着最好的疗效，是这个疯狂破碎的世界上唯一清醒可行的标志性的证明——因此他从未放弃努力工作，即使在他最为绝望的时候。

是的，工作是生活的不可质疑法则。如果我们因为某种缺陷的原因而离开了工作，我们就会饱受心灵之苦。利用工作治疗疾病的方法在一些机构中被运用着，比如精神病医院、监狱、疗养院以及那些人们不得不被隔离开外面世界的地方。

“退休的人将更早的离开世界”，这句话符合实际情况，同时不可避免令人感到悲哀。从活跃、积极、忙碌、有用的活动状态中退回到完全无所事事，同时漫无目的地消磨时光的薄暮世界中，湮灭我们的活力，削弱抵抗力，而且往往造成比一般人早地离开人世。在退休时最欢乐的人便是那些继续工作的人，所不同的只是换了个工作。

认为人们应该在 65 岁时退休的观念是以往时代的糟粕，而且对任何以积极进步自豪的国家来说都是一个无法掩盖的羞耻。65 岁退休这个年龄标准是 1870 年铁路功能退休制度所首次采用的，而在 1937 年社会生活保障制度中又被拿出来用。从 1900 年到现在，我们的平均预期寿命已经增加了大约 20 年，所以现在一个 65 岁的人不能被视为就等着躺到摇椅上或进火葬场的人。但是，我们仍然强制人们在 65 岁时退休，尽管有很多人在这个年龄正值人生生活工作的巅峰时期。

研究退休问题的权威人士是柯林斯，是芝加哥《每日新闻报》的专栏主笔和《黄金岁月》的作者。他的《黄金岁月》专栏在 90 家左右的报纸上连载，被无数人喜欢。柯林斯先生把强迫退休视为一种社会观念的“残酷”。他这样说道：

“根据 7 年来持续对 65 岁左右的人的采访，我的发现和看法是：强迫退休是一种即使是强加在马和狗身上也不能容忍的残忍行为。马至少到后来还会被放出去到够得着草的地方；每个人家里的狗都会被喂养到它闭上眼睛为止。

“然而，这种残酷性不只是在于对生存的绝对威胁和亵渎……还在于它是对 65 岁的人的能力的质疑和诽谤，在于某些时候对这些人的精神构成的难以接受的伤害。

“一个人被别人说他老得没用到不能再做任何事是一件非常可怕和残忍的事。一个被剥夺了社会劳动、经济来源和自尊感的来源，更是一件羞辱的事。这是一种强加在65岁身上的残酷。”

为什么国家政府不愿意听听这些最在意强迫退休的残酷性的人的意见？确信无疑的事实是绝大多数人都不想在65岁时被工作的圈子抛弃！仅印第安纳州一个地方，就有九成的人想在65岁时继续工作的现状；在一些比较大的工厂里百分比更高达95%。

考虑到工商业对于雇用老年人的消极和残酷态度时，令人欣慰的是老人们当中有相当一些都到外面为自己找了另外一份工作。根据社会福利方面的专家和权威人士茱丽艾达・K・亚瑟的调查：“1950年的普查报告最引人注意的一个事实是，数十万超过75岁的老人仍然在坚持工作，他们之中很多正在从事没有上司和老板的自由职业。”

华盛顿人寿保险机构在1954年发布的一项报告显示，65～69岁之间的男性有五分之三还在工作。70岁到74岁之间的男性老人工作比例大约是五分之二。而且平均每5个75岁以及这个年龄段以上的男人中就有一个人仍然在坚持工作，这些老龄的工作者大多从事自由职业。

这些数字证明了一个不可忽视的事实——工作的素质和能力和意愿并不在65岁时突然消失不见。

只要个人能力允许，大多数的人都想继续自己的工作，不想因为某个养老金策划者说他们应该退休时他们就退休。数量不菲的工作者对这种不公平的强制性退休制度的抵制和抗拒，已经引起一些商业机构的关注，有些已经延迟退休年龄年限或使时间变得比较具有灵活。不幸的是，这样的公司仍然属于九牛一毛。还需要多少时间，上帝赋予人的与生俱来的工作权利才不再因为年龄，因为他的需要、能力能力和喜好而被无情地残忍的掠夺?

最近在纽约举行的一次老年问题研究会中，与会者宣读了一份优秀的政治家伯纳德·M·巴鲁克的电报。巴鲁克先生在电报中呼吁机构性组织取消强制性退休制度，他说："强制性退休对那些年龄很大，但还愿意而且也有能力继续工作的人来说不是一种善良的恩惠，退休不应以年龄为标准，而应以能力为标准。"巴鲁克先生继续说："年纪大的人已经获得别人无法取代的的资历和经验资产。"

让我们再来听听83岁担任密执安州老年问题研究会委员的柯特斯博士所说的吧。柯特斯博士是美国在这方面的权威人士之一，他简单直接地评述了社会对老年人就业的不公平歧视：

"强制性退休对工商业来说是一项非常严重的简直不可原谅的错误，因为它对很多最棒的人才置之不理，并且夺走了受雇者后期做好工作的诱因。这对有能力而且想要继续工作的人来说也是严重的打击和伤害，对积极纳税的民众来说也是严重的错误。工作确是一项基本的人权，65岁自动退休是一项基本的人类错误。"

说得非常好，柯特斯博士非常希望最终决策者和官僚们有一天能抽出时间来听听反对“强迫退休法案”的很具智慧和常识的大力呼吁。

柯特斯博士又说：“65 岁解职的条规，是非常独断和专制的，因为生理学或心理学上没有任何一条规律和原理说一个人的工作的能力就必须和一定在这个年龄结束。如果我们停止使用双手，它们很快就会失去灵活性和敏感性；如果我们停止使用自己头脑，我们就会快速衰老，这绝对不可避免。每一个热爱工作的都会有不再工作的时候，但是不同的人应该有不同的时间，这要由他们自己来定。”

工作是一般年轻人无法想像的成熟性欢乐之一。不管是手工还是脑力工作，都是自然赋予人本身保持成长而不会衰竭变老的最伟大的力量之一。

想要避免晚年危险的人，最好是学习第一段故事中那个 81 岁的老人：把摇椅退还给别人，让自己忙碌起来！

# 不要因小事垂头丧气

人生短暂，如白驹过隙，却浪费了很多时间，去愁一些一年内就会被忘却的小事。

下面是一个也许会使你终生难忘、很富戏剧性的故事。这个故事的主人叫罗勒·摩尔。

1945年3月，我学到了一生最重大的一课。我是在中南半岛附近276尺深的海底下学到的。当时我和另外87个人一起在贝雅号潜水艇上。我们通过雷达发现，一小支日本舰队正朝我们这边开来。黎明时分我们升出水面发动了攻击。我由潜望镜里发现一艘日本的驱逐护航舰、一艘油轮和一艘布雷舰。我们朝那艘驱逐护航舰发射了三枚鱼雷，但是都没击中目标。那艘驱逐舰并不知道它正受到攻击，还继续向前行驶着，我们准备攻击最后的一条船——那条布雷舰。突然，它调过头来，直朝我们开来（一架日本飞机，看见我们在60尺深的水下，把我们的位置用无线电通知了那艘日本的布雷舰）。我们潜到了150英尺深的地方，以避免被它侦测到，同时准备好应付深水炸弹。我们在所有的舱盖上都多加了几层栓子，同时为了使我们的沉降保持绝对的静默，我们关掉了所有的电扇、整个冷却系统和所有的发电机器。

三分钟以后，突然天崩地裂。六枚深水炸弹在我们的四周爆炸开来，把我们直压到海底——深达276英尺的地方。我们都吓坏了，在不到一千尺深的海水里，受到攻击是非常危险的事情——如果不到五百英尺的话，差不多都难逃劫运。而我们却在不到五百英尺一半深的水里受到了攻击——要怎么样才算安全，说起来，水深等于只到膝盖部分。那艘日本的布雷舰不停地往下丢深水炸弹，攻击了十五个小时，如果深水炸弹距离潜水艇不到十七英尺的话，爆炸的威力可以在潜艇上炸出一个洞来。有十几二十个深水炸弹就在离我们五十尺左右的地方爆炸，我们奉命“固守”——就是要静躺在我们的床上，保持镇定。

我吓得几乎无法呼吸：“这回死定了”。电扇和冷却系统都关闭以后，潜水艇的温度几乎有一百多度，可是我却因为恐惧而全身发冷，穿上了一件毛衣，又穿上一件带皮领的夹克，可还是冷得发抖。我的牙齿不断地打颤，全身冒着一阵阵的冷汗。攻击持续了十五个小时之久，终于停了下来。显然那艘布雷舰把它所有的深水炸弹都用光了，就驶了开去。这十五个小时的攻击，感觉上就像过了一千五百万年。我过去的生活都一一在我眼前浮现，我想起了以前做过的所有的坏事，所有我曾担心过的一些小事情。我在加入海军以前，是一个银行的职员，曾经为工作时间太长、薪水太少、又没有多少升迁机会而发愁。

我曾经忧虑过，没办法买自己的房子，没有钱买部新车子，没有钱给我太太买好的衣服。我非常讨厌我以前的老板，因为他老是找我的麻烦。我还记得，每晚回到家里的时候，我总是又累又难过，经常和我的太太为一些鸡毛蒜皮的小事吵架；我也为我额头上的一个小疤——是一次车祸所留下的伤痕——发愁过。

多年前，那些令人发愁的事看起来都是大事，可是在深水炸弹威胁下要把我送上西天的时候，这些事情又是多么的微不足道啊。就在那时候，我告诫自己，如果我还有机会再看见太阳和星星的话，我永远永远不会再忧愁了。永远不会！永远不会！永远也不会！在潜艇里面那可怕的十五个小时里，我在生活所学到的，比我在大学念了四年的书所学到的还要多得多。

我们通常都能很勇敢地面对生活里那些大的危机，却总会被那些小事搞得垂头丧气。撒母耳·白布西在他的“日记”里谈到他看见哈里·维尼爵士在伦敦被砍头的事：在维尼爵士走上断头台的时候，他没有要求别人饶恕他的性命，却只要求刽子手不要砍中他脖子上那块痛伤的地方。

这也是拜德上将在又冷又黑的极地之夜里所发现的另外一点——他手下的人常常为一些小事情而难过，却不在乎大事。他们能毫不理会地面对危险而艰苦的、在零下八十度的寒冷中的工作，“可是，”拜德上将说，“却有好几个同房的人彼此不讲话，因为怀疑对方把东西乱放，占据了他们自己的地方。队上有一个讲究所谓空腹进食、细嚼健康法的家伙，每口食物一定要嚼过二十八次才吞下去。而另外有一个人，一定要在大厅里找一个看不见这家伙的位子坐着，才能吃得下饭。”

“在南极的营地里，”拜德上将说，“像这种小事情，有可能把最有训练的人给逼疯。”

“小事”如果发生在夫妻生活里，也会把人逼疯，还会造成“世界上半数的伤心事”。

这话也是权威人士说的。芝加哥的约瑟夫·沙巴士法官在仲裁过四万多件婚姻案件之后说道：“婚姻生活之所以不美满，最基本的原因常常都是一些小事情。”而纽约郡的地方检察官法兰克·荷根也说：“我们的刑事案件里，有半数以上的起因都是一些很小的事情：在酒吧里逞英雄，为一些小事情而争吵，讲话侮辱了人，措辞不当，行为粗鲁——就是这些小事，结果引起伤害和谋杀，真正天性残忍的人很少，一些犯了大错的人，都是因自尊心受到了小小的损害。一些微不足道的屈辱，虚荣心不能满足，于是就造成世界上半数的伤心事。”

刚结婚的罗斯福夫人“每天都在担心”，因为她的新厨子手艺非常差。“可是如果事情发生在现在，”罗斯福夫人说，“我只会耸耸肩膀把这事给忘了。”这才是一个成年人的做法。就连叶卡捷琳娜女皇——这个最专制的女皇，在厨子把饭烧坏了的时候，通常也只是一笑了之。

有一次，我们到芝加哥一个朋友家里吃饭。分菜的时候，他出了一些小错。当时我并没感觉到，如果我感觉到的话，我也不会在乎的。可是他的太太却看见了，马上当着我们的面跳起来指责他。“约翰，”她大声叫道，“看看你在搞什么！难道你就永远都学不会怎么样分菜吗？”

随后她对我们说："他老是做错，根本就不肯用心。"也许他确实没有好好地做，可是我却实在佩服他能够和他太太相处二十年之久。坦白地说，我宁愿只吃两个抹上芥末的热狗——只要能吃得很舒服——而不愿一边听她唠唠叨叨，一边吃北京烤鸭和鱼翅。

那件事情之后不久，我内人和我请了几位朋友到家里来吃晚饭。就在他们快来的时候，我内人发现有三条餐巾与桌布的颜色不相配。

"我冲到厨房里，"她后来告诉我说，"结果发现另外三条餐巾送去洗了。客人已经到了门口，没有时间再换，我急得差点哭了出来。我只想到：'我怎么会这么愚蠢，整个晚上算完了，彻底毁了？'后来转念一想，为什么要让它毁了我呢？我走进去吃晚饭，决心好好地享受一下。而我果然做到了。我情愿让朋友们觉得我是个比较懒的家庭主妇，"她告诉我说，"也不要让他们觉得我是一个神经兮兮，脾气不好的女人。而且，据我所知，根本没有几个人感觉到那些餐巾有问题。"

大家都知道的法律上的一条名言："法律不会去管那些小事情。"一个人也不该为一些小事忧虑，如果他希望求得心理的安宁的话。

在多数的时间里，要想克服被一些小事所引起的困扰，只要把着眼点和重点转移一下就可以了——让你有一个新的，能够使你开心一点的看法。我的朋友荷马·克罗伊，是个写过好几本书的作家。他为我们举了一个怎么能够做到这一点的好例子。以前他伏案写作的时候，常常被纽约公寓热水灯的响声给吵得烦恼不堪。蒸汽会砰然作响。然后又是一阵吡吡的声音——而他会坐在书桌前气得哇哇大叫。

“后来，”荷马·克罗伊说，“有一次我和几个朋友一起出去露营，当我听到木柴烧得啪啪作响时，我突然想到，这些声音多么像热水灯的响声，为什么我会喜欢这个声音，却讨厌那个声音呢？回到家以后，我和自己说：‘火堆里木头的爆裂声，是一种很好听的声音，热水灯的声音和它相差无几，我该埋头大睡，不要去理会这些噪音。’结果，我果然做到了。头几天我还会感觉热水灯的声音，可是不久我就把它们全部忘了。”

“很多其他的小忧虑都是一样，我们不喜欢那些，结果搞得整个人很颓丧，都是因为我们夸张了那些小事的重要性……”

狄士雷里说过：“生命太短促了，不能再只顾小事。”

“这些话，”安德烈·摩瑞斯在《本周》杂志里说，“曾经帮我捱过许多很痛苦的经历。我们常常让自己因为一些应该不屑一顾和忘了的小事情给弄得心烦意乱……我们活在这个世上只有短短的几十年，而我们浪费了无可追回的时间，去愁一些一年之内就会被所有的人忘了的小事。不要这样，让我们把我们的时间只用在值得做的行动和感觉上，去想伟大的思想，去经历真正的感情，去做必须要做的事情。因为生命太短促了，不该再顾及那些小事。”

就像吉布林这样有名的人，有时候也会忘了“生命是这样的短促，不能再顾及小事”。其结果呢？他和他的小舅子打了维尔蒙有史以来最有名的一场官司——这场官司打得有声有色，有一本专辑记载着，书的名字叫《吉布林在维尔蒙的领地》。

故事的经过是这样的：吉布林娶了一位维尔蒙地方的女子凯洛琳·巴里斯特，在维尔蒙的布拉陀布罗造了一座很漂亮的房子，并在那里定居下来，准备度过他的余生。他的小舅子比提·巴里斯特成了吉布林最好的朋友，他们两个在一起工作，在一起游戏。

后来，吉布林从巴里斯特手里买了一块地，事先协议好巴里斯特可以在那块地上割草。

有一天，巴里斯特发现吉布林在那片草地上建了一个花园，他生起气来，暴跳如雷，吉布林也反唇相讥，两个要好的朋友就这样反目成仇，吵得昏天暗地。

几天以后，吉布林骑脚踏车出去玩的时候，比提突然驾着一部马车从路的那边转了过来，逼得吉布林跌下了车子。吉布林——这个曾经写过“众人皆醉，你应独醒”的人——气得发昏，将小舅子告上法庭，巴里斯特被抓了起来。接着是一场很热闹的官司，大城市里的记者都挤到这个小镇上来，新闻传遍了全世界。事情并没有解决，这次争吵使得吉布林和他的妻子永远离开了在美国的家，这一切的忧虑和争吵，只不过为了一件很小的事情：一车子干草。

克里斯曾在两千四百年前说过：“来吧，各位！我们在小事情上耽误得太久了。”一点也不错，我们的确是耽误太久了。

下面是哈瑞·爱默生·傅斯狄克博士所说的故事里最有意思的一个——是有关森林中的一个“巨人”在战争中怎样得胜、又是怎样失败的。

在科罗拉多州长山的山坡上，躺着一棵大树的残骸。自然学家告诉我们，它曾经有四百多年的历史。它发芽的时候，哥伦布刚刚在美洲登陆；第一批移民到美国来的时候，它才长了一半大。在它漫长的生命里，曾经被雷电击中过十四次；四百年来，无数的狂风暴雨侵袭过它，它都能战胜，巍然屹立着。但是在最后，一小队甲虫攻击了这棵树，使它倒在了地上。那些甲虫从根部往里面咬，就只靠它们很小、但持续不断的攻击，渐渐地伤了树的元气。这一个森林中的巨人，岁月不曾使它枯萎，闪电不曾将它击倒，狂风暴雨没有折断它，却因一小队可以用大拇指和食指就可捏死的小甲虫而终于倒了下来。

我们岂不都像森林中的那颗身经百战的大树吗？我们经历过生命中无数地狂风暴雨和闪电的打击，但都撑了过来。可是却会让我们的心被忧虑的小甲虫咬噬——那些微不足道的小甲虫。

几年以前，我去了怀俄明州的提顿车家公园。和我一起去的，是怀俄明州公路局局长查尔斯·西费德，还有一些他的朋友。我们本来是要一起去参观坐落在那座公园里的洛克菲勒的一栋房子的，可是我坐的那部车子却转错了一个弯，迷了路。等到达那座房子的时候，已经比其他的车子晚了一个小时。西费德先生没有开那扇大门的钥匙，所以他在那个又热、又有好多蚊子的森林里等了一个小时，等我们到达。那里的蚊子多得可以让一个圣人都发疯，可是它们没有办法赢过查尔斯·西费德。在我们到达的时候，他是不是正忙着赶蚊子呢？不是的，他正在吹笛子，当作一个纪念，纪念一个知道怎样不理会那些小事的人。

唯一可以使过去的错误具有价值的方法，就是冷静地分析我们过去的错误，并从错误当中得到教训，然后再把错误忘掉。

就在我写这句话的时候，我望了望窗外，看见了我院子里一些恐龙的足迹——一些留在大石板和石头上的恐龙的足迹。这些恐龙的足迹，是我从耶鲁大学的皮博迪博物馆买来的。

我还有一封由皮博迪博物馆馆长写来的信，说这些足迹是一亿八千万年以前留下来的。就连白痴也不会想能够回到一亿八千万年前去改变这些足迹。而一个人的忧虑就正如这种想法一样愚蠢。因为就算是180秒钟以前所发生的事，我们也不可能再回头去纠正它——可是我们有许多的人却正在做这样的事情。说得确实一点，我们可以想办法来改变180秒钟以前发生的事情所产生的影响，但是我们不可能去改变当时所发生的事情。

唯一可以使过去的错误有价值的方法，就是平静地分析我们过去的错误，并从错误当中得到教训——然后再把错误忘掉。

我知道这句话是有道理的，可是我是不是一直有勇气、有脑筋去这样做呢？要回答这个问题，让我先告诉你几年以前我所经过的一次奇妙经验吧。我让30多美元从大拇指缝里溜走，没有得到一分钱的利润。事情的经过是这样的：

我开办了一个非常大的成人教育补习班，在许多城市里都有分部，在组织费和广告费上，我也花了很多的钱。我当时因忙于教课，所以既没时间、也没心情去管理财务问题，而且当时也太天真，不知道我应有一个很好的业务经理来分配各项支出。

最后，过了差不多一年，我发现了一件清楚明白、而且很惊人的事实：我发现虽然我们的收入非常之多，却没得到一点利润。当发现了这点以后，我应该马上做两件事情：

第一，我应该有那个脑筋，去做黑人科学家乔治·华盛顿·卡佛尔在银行倒闭后做的事，他5万美元的账户——也就是他毕生的积蓄一时所做的那件事。当别人问他是否知道他已经破产了的时候，他回答说："是的，我听说了。"然后继续教书。他把这笔损失从他的脑子中抹去，以后再也没有提起过。

第二，我应该分析自己的错误，然后从中学到教训。可是坦白地说，这两件事我一样都没有做。相反的，我却开始发愁。一连好几个月我都恍恍惚惚的，睡不好，体重减轻了许多，不但没有从这次大错误里学到教训，反而接着犯了一个只是规模小了一点的相同错误。

对我来说，要承认以前的这种愚蠢的行为，实在是一件很窘迫的事。可是我很快的发现："去教20个人怎样做，比自己一个人去做，要容易得多了。"

我真希望我也能够到纽约的乔治·华盛顿高中去做保罗·布兰德威尔的学生。这位老师曾经教过住在纽约市布朗士区的艾伦·桑德斯。

桑德斯先生告诉我，他生理卫生课的老师保罗·布兰德威尔博士教给他最有价值的一课：

当时我只有十几岁，可是那时我已经常为很多事情而发愁。我经常为我自己犯过的错误自怨自艾。交完考试卷之后，我常常会半夜里睡不着，咬着自己的指甲，怕我没办法考及格。我老是在想我做过的那些事情，希望当初没有发生；我老是在想我说过的每句话，希望我当时把那些话说得更好。

有一天早上，我们全班到了科学实验室。老师保罗·布兰德威尔博士把一瓶牛奶放在桌子边上。我们都坐了下来，望着那瓶牛奶，不知那和他所教的生理卫生课有什么关系。然后，保罗·布兰德威尔博士突然站了起来，一掌把那瓶牛奶打碎在水槽里——一面大声叫道："不要为打翻的牛奶而哭泣。"

然后他叫我们每个人都到水槽边去，好好地看那瓶打碎的牛奶。"好好地看看，"他告诉我们，"因为我要你们这辈子都要记住这一课，这瓶牛奶已经没有了——你们可以看到它都漏光了，无论你怎么着急，怎么抱怨，都没办法再救回一滴。只要先用一点思想，先加以预防，那瓶牛奶就可以保住。可是现在已经太迟了——我们现在所能做到的，就只是把它忘掉，丢开这件事情，只感觉下一件事。"

这次小小的演示，在我忘了我所学到的几何和拉丁文之后很久都让我记忆犹新。事实上，这件事在实际生活中所教给我的，比我在高中读了那么多年所学到的东西都好。它教我只要可能的话，就不要打翻牛奶，但万一牛奶打翻、整个漏光的时候，就要彻底把这件事情给忘记。

有些读者大概会觉得，花这么大力气来讲那样一句“不要为打翻了的牛奶而哭泣”的老话，未免太无聊了。我知道这句话很普通，也可以说很陈旧。但像这样的老生常谈，却饱含了多年来所积聚的智慧，这是人类经验的结晶，是世世代代传下来的。如果你能读尽各个时代许多伟大学者所写的有关忧虑的书，你就不会看到比“船到桥头自然直”和“不要为打翻的牛奶而哭泣”更基本、更有用的老生常谈了。只要我们能够应用这两句老话，不轻视它们，我们就根本用不到这了。然而，如果不加以应用，知识就不是力量。

知识的目的并不在告诉你什么新的东西，而是在提醒你那些你已经知道的事，鼓励你把已经学到的东西加以利用。

我一直很佩服已故的佛雷德·福勒·夏德，他有一种能把老的事例用又新奇又吸引人的方法说出来的天分。他是一家报社的编辑。有一次大学毕业班讲演的时候，他问道:“有多少人曾经锯过木头？请举手。”大部分的学生都曾锯过。然后他又问道:“有多少人曾锯过木屑？”没有一个人举手。

“确实，你们不可能锯木屑，”夏德先生说道，“因为那些都是已经锯下来的。我应该做的第二件事是，分析自己的错误，然后从中学到教训。”

棒球老将康尼·麦克 81 岁的时候，我问过他有没有为输了的比赛忧虑过。

“噢，有的。我以前常会这样，”康尼·麦克告诉我说，“可是多年以前我就不干那种傻事了。我发现这样做对我一点好处都没有，磨完的粉子不能再磨，”他说，“水已经把它们冲到底下去了。”

不错，磨完的粉子不能再磨；锯木头剩下来的木屑，也不能再锯。可是你却还能消除你脸上的皱纹和胃里的溃疡。在去年感恩节的时候，我和杰克·登普西一起吃晚饭。当我们吃火鸡和橘酱的时候，他告诉我他把重量级拳王的头衔拱手让给滕尼的那一仗。确实，这对他的自尊打击很大。

“在拳赛的当中，我突然发现我变成了一位老者……到第十回合终了，我还没倒下去，可是也只是没有倒下去而已。我的脸肿了起来，而且有许多处伤痕，两只眼睛几乎无法睁开……我看见裁判员举起吉恩·滕尼的手，宣布他获胜……我不再是世界拳王，我在雨中往回走，穿过人群回到自己的房间。在我走过的时候，有些人想来抓我的手，另外一些人眼睛里含着泪水。”

“一年以后，我再和滕尼比赛了一场，可是一点用也没有，我就这样永远完了。要完全不去愁这件事实在很困难，可是我对自己说：‘我不打算活在过去当中，或是为打翻牛奶而哭泣，我要能够承受这一次打击，不能让它把我打倒。’”

而这一点正是杰克·登普西所做到的事。怎么做呢？只是一再地向自己说“我不为过去而忧虑”吗？不是的！这样做只会强迫他想到他过去的那些忧虑。他的方法是承受一切，忘掉他的失败，然后集中精力为未来计划。他的做法是经营百老汇的登普西餐厅和大北方旅馆，安排和宣传拳击赛。举行有关拳赛的各种展览会，让自己忙着做一些富于建设性的事情，使他既没时间也没心思去为过去而担忧。“在过去十年里，我的生活，”杰克·登普西说，“比我在做世界拳王的时候要好得多。”

登普西先生告诉我，他没读过很多书，可是，他却是不自觉地照着莎士比亚的话去做：聪明的人永远不会坐在那里为他们的损失而悲伤，却会很兴奋地想办法来弥补他们的创作。

当我读历史和传记并观察一般人怎样度过艰苦的环境时，我一直感觉既吃惊，又羡慕那些能够把他们的忧虑和不幸忘掉并继续过欢乐生活的人。

我曾到辛辛监狱去看过，那里最令我吃惊的是，囚犯们看起来都与外面的人一样欢乐。

我当即把我的看法告诉了刘易士·路易斯——当时辛辛监狱的狱长——他告诉我，这些罪犯刚到辛辛监狱的时候，都心怀怨恨而且脾气很坏。可是经过几个月以后，大部分聪明一点的人都能忘记了他们的不幸，安定下来承受他们的监狱生活，尽量地过好。路易斯狱长告诉我，有一个辛辛监狱的犯人——一个在园子里工作的人——在监狱围墙里种菜种花的时候，能够边干活边唱歌。

所以，为什么要浪费眼泪呢？确实，犯了过错和疏忽都是我们的不对，可是又能怎样呢？

谁没有犯过错？就连拿破仑，在他所有重要的战役中也输过三分之一。也许我们的平均纪录并不会坏过拿破仑，谁知道呢？

何况，即使动用国王所有的人马，也不能再把过去挽回的。所以让我们记住：

不要试着去锯木屑，不要为打翻牛奶而哭泣。

# 做好手边的事

最重要的就是不要去看远方模糊的，而要做手边清楚的事。

1871 年春天，一位年轻人拿着毕业证，看到对他前途有莫大影响的一句话。他是蒙特瑞综合医院的医科学生，生活中充满了忧虑，担心是否能通过期末考试，担心该做些什么事情，该到哪儿去，怎样才能开业，怎样才能过活。

这位年轻的医科学生，在 1871 年所看到的那句话，使他成为当时最有名的医学家，他创建了全世界知名的约翰·霍普金斯医学院，成为牛津大学医学院的钦定讲座教授——这是在英国学医的人中所能得到的最高荣誉——他还被英国皇帝册封为爵士。他的一生，需要两大卷书——厚达 1466 页的篇幅，才能记述。

他名叫做威廉·奥斯勒。下面，就是他在 1871 年春天所看到的那句话——这由托马斯——卡莱尔所写的一句话，帮他过了无忧无虑的一生："最重要的就是不要去看远方模糊的，而要做手边清楚的事。"

42 年以后，在一个温和的郁金香开满校园的春夜，威廉·奥斯勒爵士在耶鲁大学发表演讲。他对那些耶鲁大学的学生们说，像他这样一个曾经在四所大学当过教授，写过一本很受欢迎的书的人，似乎应该有“特殊的头脑”，但其实不然。他说，他的一些好朋友都知道，他的脑筋其实是“非常普通不过了”。

那样他成功的原因是什么呢？他觉得这完全是由于他活在所谓“一个完全独立的今天”里。他这句话是什么意思？在奥斯勒爵士到耶鲁去演讲的几个月以前，他乘船横渡大西洋，在舵房里看见船长揿下一个按钮，一阵机械运转的声音以后，船的几个部分就立刻被彼此隔绝开来——隔成几个完全防水的隔舱。“你们每一个人，”奥斯勒爵士对耶鲁的学生说，“组织都要比那条船精美得多，所要走的人生历程也更远得多，我要奉劝各位：要学会怎样控制一切，要活在一个“完全独立的今天”中，才是在人生历程中确保安全的最好方法。到舵房去，你会发现那些大的隔舱至少都可以使用，揿下按钮，倾听你生活的每一个层面，用铁门把过去隔断，隔断已经死去的昨天；揿下另一个按钮，用铁门把未来也隔断——隔断尚未诞生的明天。然后你就保险了——你有的是今天……斩断过去，埋葬掉死的过去，切断那些会把傻子引向死亡的昨天……明日和昨日的重担，就会成为今日最大的障碍，也要把未来像过去一样紧紧地关在门外……未来就在于今天……没有明天这个东西，人类得到救赎的日子就是现在，精力的浪费、精神的苦闷，都会和一个为未来担忧的人形影相随……那样把船后的大隔舱都切断吧，养成一个好习惯，生活在“完全独立的今天”里。”

这是不是说我们不该为明天而下工夫准备呢？不，绝对不是这样。在那次演讲里，他继续说到，为明日准备的最好方法，就是要发挥你的所有智慧，所有的热忱，把今天的工作做得尽善尽美，这就是你所能应付未来的唯一方法。

奥斯勒爵士还告诫耶鲁大学的学生以基督徒的祷告开始每日的生活："请主赐予我们今天，以作为今日的面包吧！"

请记住，祷告者只是在祈求今天的面包。他们并未抱怨昨天吃过的过期的面包，他们并未说："主啊！近期玉米产区严重干旱，明年也许还会面临旱灾，我们明年秋天该吃些什么呀？如果我失去工作，仁慈的主啊！我那时从何找到面包？"

奥斯勒教我们只为今天的面包而祷告，也只有今天的面包才是你能吃到的。

但也许你会说，昨天已经过去，人们不可能不去回想；明天即将来临，人们怎能不去憧憬？

一定要为明天着想。不错，要小心地考虑、计划和准备，可是不要担忧。

在战争时期，军事领袖必须为将来策谋，可是他们绝不能有任何的焦虑。"我把我们最好的装备，供应给最好的人手，"美国海军上将厄耐斯特·金恩说，"再交给他们似乎是最聪明的任务，我所能做的就是这些。"

"如果一条船沉了，"金恩上将继续说道，"我不能把它打捞起来。

要是船再往下沉，我也挡不住。我把时间花在解决明天的问题上，这比为昨天的问题而后悔要好得多。假如我为这些事情烦心的话，我是不可能支持很久的。”

不论是在战时或者是在平时，好想法和坏想法之间的差别是：好想法考虑到原因和结果，而产生很合逻辑的、富有建设性的计划；而坏想法通常会导致一个人的紧张甚至精神崩溃。

最近我很荣幸能去访问亚瑟·苏兹柏格，他是世界上最有名的《纽约时报》的发行人。苏兹柏格先生告诉我，当二战的战火烧过欧洲的时候，他很吃惊，对未来非常担忧，这使他几乎无法入睡。难以入眠的他常常在半夜爬下床来，拿着画布和颜料，望着镜子，想画一张自画像。他对绘画一窍不通，可是他还是画着，好让自己不再担心。苏兹柏格先生告诉我，最后，他用一首赞美诗里的一句话作为他的座右铭，终于消除了他的担忧，得到了平安。这一句话是：“只要一步就好了。”

带引我，仁慈的灯光……
让你常在我脚旁，
我并不想看到远方的风景，
只要一步就好了。

大概在同一时期，有位年轻的军人也相同学会了这种方法，他叫泰德·班哲明诺，住在马里兰州的巴铁摩尔城——他曾经忧虑得几乎完全丧失了斗志。

“1945 年 4 月，”泰德・班哲明诺写道，“我忧愁得患了一种医生称之为结肠痉挛的病，这种病使人很痛苦，若是战事持续下去的话，我想我整个人都会垮掉的。

“当时我筋疲力尽。我在第九十四步兵师担任士官的职务，工作是建立和维持一份作战中死伤和失踪者的记录，还要帮忙发掘那些在战事最激烈的时候被打死的、被草草掩埋的士兵。我得收集那些人的私有物品，要确切地把那些东西送回到重视这些私有物品的家人或近亲手里。我一直在担心我们会造成那些让人很窘的或者是很严重的错误，我担心我是否能撑得过这些事，我担心是否还能活着回去把我的独生子抱在怀里——一个我从来没见过的 16 个月的儿子。由于担心和疲劳，我瘦了 34 磅，而且担忧得几尽发疯。我眼看着自己瘦骨嶙峋的双手。一想到自己瘦弱不堪地回家，我就非常害怕，我崩溃了，哭得像个小孩，我浑身发抖……就在德军最后大反攻开始不久，我经常哭泣，我觉得我再也不能成为一个正常人了。

“最后我住进了医院。一位军医给了我一些忠告，我的生活整个改变了。在为我做完一次全身检查以后，他告诉我，我的问题纯粹是精神上的。‘泰德，’他说，‘我希望你把你的生活想像成一个沙漏，你知道在沙漏的上一半，有成千上万粒的沙子，它们都慢慢地很平均地流过中间那条细缝。除了弄坏沙漏，没有办法使两粒以上的沙子同时通过那条窄缝。我们每一个人，都像这个沙漏。每一天早上开始的时候，有成千上百件的工作，让我们觉得我们一定得在那天里完成。可是我们只能一次做一件，让它们慢慢平均地通过这一天，像沙粒通过沙漏的窄缝一

样，否则肯定会损害到我们自己的身体或精神了。’

“那一天是值得纪念的。从那一天起，当军医把这段话告诉我以后，我就一直奉行着这种哲学。‘一次只流过一粒沙……一次只做一件事。’这个忠告，战时在身心两方面都救了我，目前对我在手艺印刷公司的公共关系与广告部中的工作，也有莫大的帮助。我发现在生意场上，也会有像在战场上相同的问题，一次要做完好几件事情——却没有多少可利用的时间。我们的材料不够了，有新的表格要处理，还要安排新的资料，地址的变迁，分公司的增开和关闭等。我不会再紧张不安，因为我牢记着那个军医告诉我的话：‘一次只流过一粒沙子，一次只做一件工作。’我一再对自己重复地念着这两句话。我的工作比以前更有效率，再也没有那种在战场上几乎使我崩溃的、迷惑和混乱的感觉。”

现在的生活方式中，最可怕的一件事就是，我们的医院里大概有一半以上的床位，都是保留给那些在神经或者精神上有问题的人。他们都是被累积起来的昨天和令人担心的明天所加起来的重担压垮的病人。而那些病人中，很多只要能奉行耶稣的“不要为明天忧虑”，或者是威廉·奥斯勒爵士的“生活在一个完全独立的今天里”这两句话，今天就都能走在街上，过着欢乐而有益的生活。

你和我，在目前这一刹那，都站在两个永恒交会之点——已经永远消逝的过去，以及延伸到无穷尽的未来——我们不可能活在这两个永恒之中，连一秒钟都不行。若想那样做的话，我们就会毁了自己的身体和精神。所以，我们就以能活在所能活的这一刻而感到满足吧。从现在起，一直到我们上床，“无论担子有多重，每个人都会支持到夜晚的来临，”罗勃・史蒂文生写道，“无论工作有多苦，每个人都能做他那一天的工作，每一个人都能很甜美、很有耐心、很可爱、很纯洁地活到太阳下山，这是生命的真谛。”

不错，生命对我们所要求的也就是这些。可是住在密歇根州沙支那城的薛尔德太太，在学到“一天中要生活到上床为止”这一点以前，却感到极度的颓丧，甚至于几乎想自杀。

“1937 年我丈夫死了，”薛尔德太太把她的过去告诉了我，“我觉得非常颓丧，而且几乎一贫如洗。我给我以前的老板李奥罗区先生写信，请他让我回去做我从前的老工作。我从前靠推销世界百科全书给学校生活。两年前丈夫生病的时候，我把汽车卖了，于是我勉强凑足钱，分期付款买了一部旧车，开始再出去卖书。

“我原想，再回去做事或许可以帮助我解脱我的颓丧；可是要一个人驾车，一个人吃饭，几乎令我无法忍受。有些区域简直就做不出什么成绩来，虽然分期付款买车的数目并不大却很难付清。

“1938 年的春天，我在密苏里州的维沙里市。那里的路很坏，学校又都很穷，我一个人又孤独、又沮丧，有一次我甚至想到了自杀。我觉得成功是不可能的，活着几乎没有任何希望。每天早上我都很怕起床面对生活。我什么都怕：怕我付不出分期付款的车钱，怕我付不出房租，怕没有足够的东西吃，怕我的健康情况变坏而没钱看医生。让我没有自杀的唯一理由就是，我担心我的姊姊会因此而觉得悲伤，而她又没有足够的钱来付我的丧葬费用。

“有一天，我读到一篇文章，把我从消沉中拯救出来，使我有了勇气继续活下去。我永远感激那篇文章，尤其是那篇文章里的那句很令人振奋的话：‘对一个聪明人来说，每一天都是一个新的生命。’我用打字机将这句话打下来，贴在我车子前面的挡风玻璃上，让我开车的时候每分钟都能看见。我发现每次只活一天并不困难，我学会忘记过去，也不想未来。每天早上我会对自己说：‘今天又是一个新的生命。’”

“我成功地克服了对孤寂和需要的恐惧。我现在很快活，也还算成功，并对生命抱着无尽的热诚和爱。我现在知道，不论在生活中遇到任何事情，我都不会再害怕了；我现在知道，我不必怕未来；我现在知道，我每次只要活一天——而‘对一个聪明人来说，每一天都是一个新的生命’。”

你能猜出下面的诗是谁写的吗？

这个人很欢乐
也只有他能欢乐
因为他能把今天
称之为自己的一天
他在今天里能感到安全
能够说
不管明天会多么糟
我已经过了今天

这几句话听起来很现代，但它的作者却是古罗马诗人何瑞斯，时间是在基督诞生的三十年之前。

人性上最可怜的一件事就是，我们所有的人，都拖延着不去生活，我们都梦想着天边有一座奇异的玫瑰园，而不去欣赏今天开放在我们窗口的玫瑰。

我们为什么会变成这种可怜的傻子呢?

“我们生命的小小历程是多么奇怪啊，”史蒂芬·李高克写道，“小小孩说，‘等我是个大孩子的时候。’大小孩说，‘等我长大成人以后。’等他长大成人了，他又说，‘等我结婚以后。可是结了婚，他们的想法又变成了‘等到我退休之后’。等到退休以后，他回头看看他所经历过的一切，似乎有一阵冷风吹过来。他把所有的东西都错过了，而一切又一去不回头。我们总是无法及早学会：生命就在生活中，就在每一天和每一时刻里。”

你大概还记得白雪皇后说过：“这里的规矩是，明天可以吃果酱，昨天可以吃果酱，但今天不准吃果酱。”我们大多数人也是这样，为昨天的果酱而发愁，为明天的果酱而发愁，却不会把今天的果酱厚厚地涂在我们现在吃的面包上。

伟大的法国哲学家蒙坦也犯过相同的错误。“我的生活中，”他说，“曾充满可怕的不幸，而那些不幸大部分都是从来没有发生过的。”我的生活，和你的生活，也都一样。

“想一想，”但丁说，“这一天永远都不会再来了。”生命以惊人的速度飞快地溜过，我们在空间以每秒十九英里的速度跑过，但今天才是我们最值得珍贵的一段时间，也是我们唯一能够真正把握的时间。

这也就是劳维尔·汤马斯的想法。我最近在他的家中度过一次周末。我感觉到他引用诗篇第118篇的句子，装上镜框，挂在了他广播电台的墙上，以便他可以经常看见。

向黎明致敬
看着这一天
因为它就是生命，生命中的生命
在它短短的时间里
有你存在的所有变化与现实
生长的福泽
行动的荣耀
成就的辉煌
因为昨天不过只是一场梦
而明天只是一个幻影
但是活在很好的今天
却能使每一个昨天都是一个欢乐的梦
每一个明天都是有希望的幻景
所以，好好地看着这一刻吧
这就是你对黎明的敬礼

所以，你对忧虑所应知道的第一件事就是，如果你不希望它侵入你的生活中，就要做威廉·奥斯勒爵士所做过的事情——“把过去和未来用铁门隔断，生活在完全独立的今天。”

现在请你问问自己下面这几个问题，而后写出答案：

1. 我是否能不生活在现在而只担心未来？或是去追求所谓“一座遥远奇妙的玫瑰园”？

2. 我是否常为过去发生的事而后悔，让那些已过去的、已做过的事使现在更难受？

3. 我清早起来的时候，是否决定要“抓住这一天”——尽量地利用这二十四小时？

4. 如果“活在完全独立的今天”，是否能使我从生命中得到更多？

5. 我何时该开始这么做？下礼拜……明天……还是今天？

# 马上就开始行动吧

加拿大尼亚加拉大瀑布镇的一个叫C・W・卡斯特罗的年轻人，从军队中退役返乡。不久他就找到了一份安大略水力发电公司机械工的工作，开始了安稳又欢乐的工作。18个月后，有一天老板告诉卡斯特罗一个好消息——他被升职了，将担任厂里重柴油机械的领班。

“我当时就担起心来，”卡斯特罗说，“原来我一直是个欢乐的机械工，现在却成了可怜的领班。责任压得我透不过气来。无论醒着或睡着、在家或在厂里，焦虑总是伴随着我。”

“终于，我一直担心、害怕的重大紧急事件发生了，当时我正走向一座应该有4部牵引机牵引着4部巨大的挖掘机的砂石场。一切似乎安静得很不自然，很快的，我就找到了原因——4部巨大的牵引机全都坏了。

“过去的忧虑和当时的担忧比起来都算不上什么了。我向上司报告4部牵引机都坏了的情况时，整个脑袋都快要炸开了。急促地报告过这个消息之后，我等着屋顶塌下来压在我身上。

“然而屋顶并没有塌下来。我的上司满脸笑容地向我说了一句话。

就是活到100岁，我都不会忘记那句话。那句话是：把它们修好！”

“我的担忧、恐惧和焦虑顿时烟消云散了，上下颠倒的世界又恢复了原来的样子！我走出去，拿起工具，开始修理机器。那句美妙的话——‘把它们修好’，是我生命中的一个转折点，改变了我对工作的处理方法。从那时候开始，我每天都感谢那位上司，并热心地工作。”

我抱定了一个决心，那就是如果出了任何差错，我就想办法把它解决掉，而不仅仅是担忧。由于那位上司超群的常识，C·W·卡斯特罗学会了必须在必要时拥有行动的能力。做决定和执行决定是成熟的一环。确实，我们必须研究问题，我们必须从各个角度分析研究问题，但是我们不得不采取明确的行动解决问题的时候总会到来。

许多人不敢担负起做决定、执行决定的责任。对他们而言，出了差错受到责怪的恐惧，远比成功的希望更具有影响力。因此他们尽可能避免要负责任的情况，甚至必须做决策时，他们反而会陷入担忧、恐慌和迟疑的迷雾中。这种拖延必要的行动所引起的内心冲突和紧张，很有可能造成身心的崩溃，而且往往真的造成恶果。

这要通过强迫自己去做恐惧的事才能克服。年轻的时候就学会这一点的人是幸运的。

印第安纳州波利斯市的西奥图·C·斯坦坎普，就是那些幸运者之一。他有一个不仅知道明确行动的价值，而且还知道以他儿子永生难忘的方式来教导他的爸爸。事情是这样的：

泰德·斯坦坎普 12 岁时挨了邻居一个小孩一顿打，因此决心留在家里不出门。几天之后，泰德的爸爸给他一些钱让他去看电影、买冰淇淋吃，用来奖励他帮忙割草。泰德收下爸爸给他的钱，但是没去看电影——平常他是最喜欢看电影的——怕会遇见那个揍他的小孩。

“我爸爸问我是不是生病了，”泰德·斯坦坎普说，“我只是支吾。第二天傍晚，我冒险到巷子里去玩弹子。后来我看见我的敌人——这时候的他看起来简直就像《圣经》里那个被大卫王杀死的菲利斯丁大巨人一样可怕——向我冲过来。我拼命地跑进我家的车库里，气喘咻咻，吓得全身发僵——然后却发现我正和我爸爸面对面。他问我究竟在干什么，我软弱地解释说我们在玩捉迷藏。这时候巷子里冒出一个声音说：出来，你这胆小鬼。”

“我爸爸拿了一条大约两英尺长的厚厚的汽车皮带走过来，然后平静地告诉我说，要是不出去面对巷子里的那个男孩的话，就得躲在车库里挨皮带。由于我犹豫得太久了点，所以皮带落在我的屁股上，那种痛楚超过打架时挨过的拳头。

“我像颗炮弹般冲出车库，出其不意地攻击那个小孩。第一拳打过去，他没有心理准备，因此我又痛痛快快地揍了他一顿，我把他赶出了巷子。”

“接下来的几天是我童年记忆中最欢乐的日子。我充分享受勇气所带来的报偿，重新找回自尊。而且我学到了一个我长久以来一直珍藏的真理——不要逃避现实而是要勇敢地面对它。我从一条汽车皮带和一个明智的爸爸那里学到这个真理。”

做出决定并马上行动的能力是保护自己的要素之一。虽然生活对多数人来说，大部分时间都是循着常规前进，但谁也无法预知什么时候会发生紧急状况，因此迅速采取行动，权衡可行的办法，并选择最好的一项付诸实施的习性，可能有一天会成为左右我们自己以及依靠我们的人的生死关键。

这种情况就在艾尔·拜瑟普的生命里也曾发生过。他家住在俄亥俄州春田镇。拜瑟普夫妇带着 3 岁的小女儿开车去度圣诞节时遇到了大风雪。高速公路上的车子都被迫停了下来，他们想要调回头，但是后面的道路也被风雪阻断了。

“我们忧心忡忡地等了一个小时，”拜瑟普先生回想说，“黑夜逐渐降临，天气越来越冷，风一阵阵地将雪吹到我们的车子上，越积越高。我看看妻子和女儿，我知道如果我们想活命就必须想个办法。

“我想起了我们曾在不远处经过一幢农舍，如果到达那里就得救了。我抱起小女儿，开始穿越雪地，那是一段非常艰苦的路程。我陷入齐腰深的积雪里，艰难跋涉。但是我们做到了！

“接下去的 24 小时，我们一直在农舍里度过，那是我们以及另外 33 个同样受困于风雪的人的避风港。如果我们陷人困境后不敢及时采取行动，都将会悲惨地死在冰冷的雪堆里。”

是的，有些情况除了思考和分析之外还需要点别的，这时只有果敢、立即的行动才派得上用场。而当行动的时机来到时，不要担忧，不要拖延时间，不要找任何借口。让我们振作起来投入行动中！

A Review of Chinese Securities Trading and Settlement System

# 证券交易结算制度沿革

戴文华　主编

责任编辑：吕　楠
责任校对：刘　明
责任印制：丁淮宾

**图书在版编目（CIP）数据**

证券交易结算制度沿革／戴文华主编．—北京：中国金融出版社，2020.8
ISBN 978－7－5220－0672－7

Ⅰ．①证…　Ⅱ．①戴…　Ⅲ．①证券交易—结算业务—研究—中国
Ⅳ．①F832.51

中国版本图书馆 CIP 数据核字（2020）第 115318 号

证券交易结算制度沿革
ZHENGQUAN JIAOYI JIESUAN ZHIDU YANGE
出版
发行　中国金融出版社
社址　北京市丰台区益泽路 2 号
市场开发部　（010）66024766，63805472，63439533（传真）
网 上 书 店　http：//www.chinafph.com
（010）66024766，63372837（传真）
读者服务部　（010）66070833，62568380
邮编　100071
经销　新华书店
印刷　天津市银博印刷集团有限公司
尺寸　169 毫米×239 毫米
印张　10.25
字数　172 千
版次　2020 年 8 月第 1 版
印次　2020 年 8 月第 1 次印刷
定价　80.00 元
ISBN 978－7－5220－0672－7

# 序

中国证券市场历经30年发展，在交易技术、市场规模和融资总量等方面的进步举世瞩目，然而随着市场规模的扩大，交易结算等基础制度的重要性日益凸显，越来越受到各方关注。

放眼全球资本市场，交易结算制度问题始终是各方关注的焦点问题。以美国证券市场为例，2005年4月，美国证券交易委员会（SEC）通过了“全美市场系统修正案”（Regulation NMS）①，修订了全美统一市场体系的规则。该法案促进了主要交易所证券交易制度的转变，重新设计了全美市场运行的机制，对美国证券市场产生了深远的影响。2011年，中国证券业协会技术委员会组织业内人士翻译了美国第111届国会听证会的报告，涉及当时颇为流行的黑池、闪电下单和高频交易等交易结算技术，关注了制度合规性、合理性问题，并将全美市场系统规则（NMS）评译作为附录材料，成为一本涉及证券市场交易制度的专业性译著，至今仍有参考价值②。

对于中国证券市场的交易结算制度而言，其焦点问题是何种制度体系能在充分发挥市场资源有效配置的基础上，最大可能地保护投资者利益。由于中国证券市场是散户型市场，所以，这个市场当以保护中小投资者利益为其立法、立规、立制的最高原则。正因为如此，早期市场曾广泛试点各种交易结算制度，历经各种曲折，才最终形成了本书中要总结分析的现行交易结算制度体系。

---

① NMS法案相关材料参见本书附录。

② *Dark Pools, Flash Orders, High－Frequency Trading, and Other Market Structure Issues*（《黑池、闪电下单、高频交易及其他市场结构问题》），由戴文华、马光悌、武剑锋、杨晓虹、许永华、尹德芹等编译，供内部参考。该书在对美国第111届国会听证会的报告进行翻译的基础上，引入了专业人士的观点，对黑池、闪电下单和高频交易等智能化交易手段和新型市场结构的制度背景、优劣得失、扬弃考量均有明确意见表达，丰富从业者的思维和判断，为未来市场交易制度的演变提供参考。

证券法规是市场的最高行为准则，交易结算制度是市场的基本行为依据。有什么样的交易结算制度，就会有什么样的投资行为和市场生态。

2016 年 1 月 4 日，沪深证券市场“熔断”机制试行第一天。开市后不久，市场开始步入跌势，午后 13：34，指数跌幅达 7%，触发盘中指数熔断机制。7 日，沪深两市股指早盘低开重挫，开盘仅 15 分钟，沪深 300 指数跌破 5% 熔断阈值，9：45 指数再次触发“熔断”。四天之内两次熔断，市场一片哗然。当日晚间，中国证监会公告暂停实施熔断机制。

这大概是沪深证券交易所史上最短的一次制度改革尝试。由此之后，交易结算基础制度的改革陷入停顿。

2017 年，随着建设富有国际竞争力的资本市场工作的逐步推进，完善交易结算制度问题再次提到议事日程。本书的构思源自中国证券登记结算有限责任公司（以下简称“中国结算”）提出的全面审视、统筹解决现有交易结算制度不健全带来的全市场链条“绷得太紧、卡得太死、成本太高”问题，整理现有制度体系的形成及变化沿革。2018 年底印刷出内部参考本。经过数次修改，现在决定正式出版，以资提供给更多人参考。

本文由中国结算相关规则与制度研究小组完成，由戴文华博士拟定写作大纲，周宁组织，夏峰、张龙、姚晓华、洪泽鹏、李心欣、刘克非、伍鹏、谢佳斌、王鹏飞、胡超、刘威、胡冉迪执笔，由夏峰、毛祥富、史春茂、章恒翀修改完成。本书附录作者是许永华博士。统稿由汪有为、赵刚完成，核稿由丁晓利、马文锐完成。

# 缩略语

| 缩略语 | 英文全称 | 中文名称 |
| --- | --- | --- |
| ACT | Advanced Computerized Execution System | 高级计算机执行系统 |
| BAFIN | German Federal Financial Supervisory Authority | 德国联邦金融监管局 |
| BBSS | Broker Booth Support System | 经纪人工作间支持系统 |
| CCP | Central Counterparty | 中央对手方 |
| CCS | Central Certificate Service | 中央证书服务系统 |
| CMS | Common Message Switch | 通用消息交换系统 |
| CPSS | Committee on Payment and Settlement Systems | 国际清算银行支付结算体系委员会 |
| CREST | Certificateless Registry for Electronic Share Transfer | 英国证券市场的登记系统 |
| CSD | Central Securities Depository | 中央证券存管机构 |
| DMM | Designated Market Makers | 指定做市商制度 |
| DOT | Designated Order Turnaround | 交易订单电子传输系统 |
| DTC | Depository Trust Corporation | 美国存管信托公司 |
| DTCC | The Depository Trust & Clearing Corporation | 美国存管信托和清算公司 |
| DVP | Delivery Versus Payment | 货银对付 |
| FMI | Financial Market Infrastructures | 金融市场基础设施 |
| FSAP | Financial Sector Assessment Program | 金融部门评估项目 |
| IMF | International Monetary Fund | 国际货币基金组织 |
| IOSCO | International Orgnization of Securities Commissions | 国际证监会组织 |
| IPO | Initial Public Offerings | 首次公开发行 |
| LSE | London Stock Exchange | 伦敦证券交易所 |
| MVP | Minimum Price Variation | 微幅报价档位 |

续表

| 缩略语 | 英文全称 | 中文名称 |
| --- | --- | --- |
| NASDAQ | National Association of Securities Dealers Automated Quotation Systems | 全美证券交易商协会自动报价系统 |
| NET | National Exchange and Trading System | 中国证券交易系统 |
| NMS | National Market System | 全美市场系统 |
| Regulation NMS | Regulation National Market System | 全美市场系统修正案 |
| NSCC | National Securities Clearing Corporation | 美国证券清算公司 |
| NSS | National Settlement Service | 美联储国家交收服务 |
| NYSE | New York Stock Exchange | 纽约证券交易所 |
| OCTS | Order Confirmation Transaction Service | 订单配对处理服务系统 |
| PFMI | Principles for Financial Market Infrastructures | 金融市场基础设施原则 |
| PS | Payment System | 支付系统 |
| SEBI | Securities and Exchange Board of India | 印度证券交易委员会 |
| SEC | U. S. Securities and Exchange Commission | 美国证券交易委员会 |
| SIAC | Securities Industry Automation Corporation | 纽交所信息自动化技术公司 |
| SIFMA | Securities Industry and Financial Markets Association | 美国证券行业和金融市场协会 |
| SSS | Securities Settlement System | 证券结算系统 |
| STAQ | Securities Trading Automated Quotations System | 全国证券交易自动报价系统 |
| WB | The World Bank | 世界银行 |

# 目　录


## 第一部分　证券交易制度沿革/1

### 第一章　T +0 回转交易制度/3

一、争议中的股票 T +0 回转交易/3

二、境外市场做法/8

三、多维度考量孕育推进变革/13

### 第二章　涨跌幅限制与熔断机制/16

一、价格稳定机制在中国境内证券市场的运用/16

二、境外经验/19

三、重新审视两大价格稳定机制/22

### 第三章　交易前端监控制度/26

一、从技术控制措施演进为主要监管手段/26

二、明确制度规范，确保公平性/28

### 第四章　股票停复牌制度/29

一、沪深证券交易所股票停复牌制度现状/29

二、信息传播技术飞跃倒逼停复牌制度变革/31

三、未来 A 股停复牌制度的发展趋势分析/32

### 第五章　股份减持制度/33

一、合理规制股份减持的必要性/33

二、内容与体系不断丰富完善的中国股份减持制度/37

三、值得考量的几个市场关注点/47

## 第二部分　证券结算制度沿革/51

### 第六章　证券账户管理制度/53

一、证券账户的萌芽/53

二、各地登记机构代理开户形成分布式登记体系/55
三、证券公司代理开户并落实账户实名制/58
四、构建一码通账户体系/60
第七章　证券登记、存管及托管制度/64
一、从分散登记到集中登记/64
二、证券存管和托管制度的演变/70
第八章　证券结算制度/73
一、证券结算业务简介及中国结算的角色/73
二、分级结算与法人结算制度的由来/74
三、中国结算的结算业务模式与风险管理/78
第九章　第三方存管制度/83
一、第三方存管模式简介/83
二、客户交易结算资金存管的变迁/85
第三部分　证券市场 DVP 制度沿革/89
第十章　境外市场 DVP 制度的演变/91
一、DVP 制度演变/91
二、境外市场 DVP 制度现状/94
第十一章　中国境内证券市场推进 DVP 制度改革情况/98
一、中国境内证券市场 DVP 制度现状及评估情况/98
二、中国境内证券市场历次推进 DVP 制度改革工作概况/100
附录　NMS 法案对美国证券交易机制与交易系统的影响/107
参考文献/153

Chapter 1

# 第一部分 证券交易制度沿革

# 第一章　T+0回转交易制度

“T+0回转交易能更好地促进市场流动性，遵循国际惯例，但同时也可能会增加市场波动与带来过度投机问题。”

——作者按[①]

证券的回转交易是指投资者买入的证券，经确认成交后，在交收完成前全部或部分卖出。T+0回转交易是指当日买入证券成交后，当天即可卖出；T+1交易则是指当日买入证券且日终过户后，次日可卖出。中国境内证券市场曾交替采取了T+0回转交易与T+1交易。

## 一、争议中的股票T+0回转交易

中国境内证券市场发展30年以来，曾交替采取了T+0回转交易与T+1交易。初期，沪深两市的股票交易采用的是T+1交易。1992年5月，上海证券交易所（以下简称上交所）在取消股票涨跌幅限制的同时采用了股票T+0回转交易。随后，深圳证券交易所（以下简称深交所）于1993年11月也将股票改为T+0回转交易。然而，因为当时股票挂牌数量少、市场规模小，放开T+0回转交易后引起了市场剧烈震荡和过分投机。

1992年5月20日，沪市A股仅13只股票，总市值134亿元，流通股占总股本比例约23%。5月21日实行T+0后，上证综指由4月底的445点上涨为5月底的1 235点，涨幅177.53%，月成交金额从4月的8亿元增加至5月的21亿元（见图1.1）。之后，股指逐渐下降，但成交金额继续维持在较高的水平。

1993年11月19日，深市A股有58只股票，总市值1 006亿元，流通股占总股本比例约32%。11月22日实行T+0回转交易后，深证成指由10月底的2 122点涨至11月底的2 289点，上涨7.88%，此后逐渐走低，12月底降至2 225点。成交金额从10月的47亿元增至11月的208亿元，之后每月基本保持在100亿元以上（见图1.2）。

① 每章开头的“章前语”由本书作者根据章节内容进行总结提炼，意在为读者概括章节主旨，引导阅读。

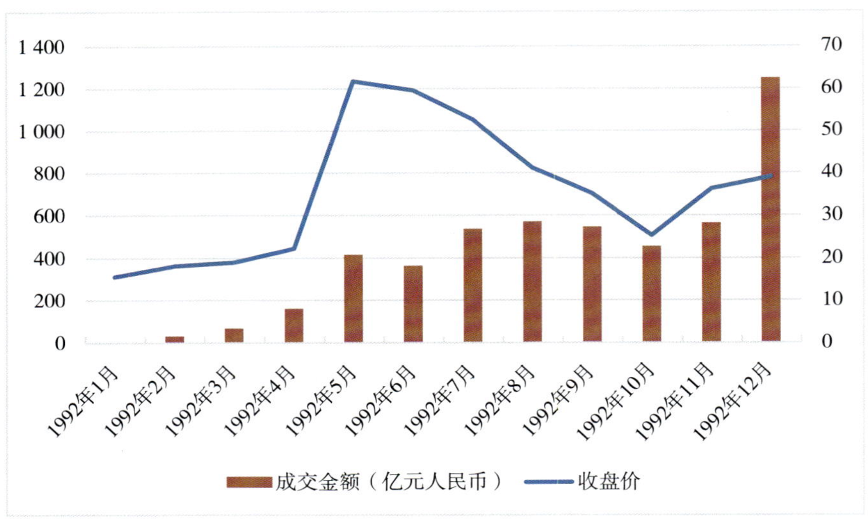


图 1.1　1992 年沪市实行 T+0 前后上证综指变化情况

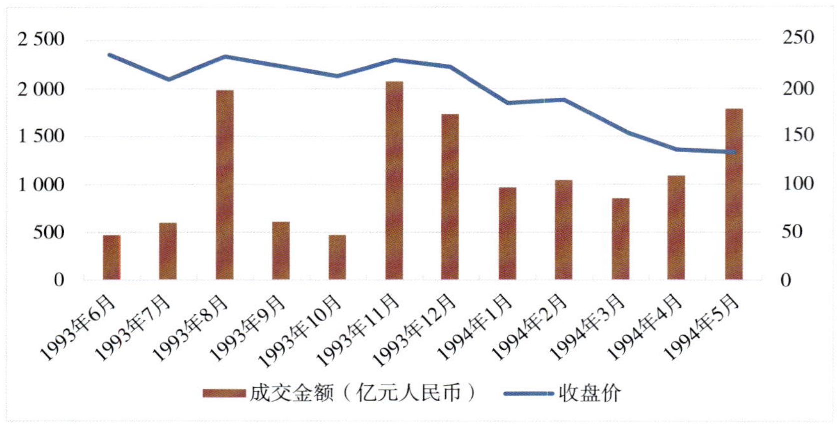


图 1.2　1993 年深市实行 T+0 前后深证成指变化情况

综上所述，1992 年 5 月到 1994 年 12 月沪深市场实行 T+0 回转交易期间，证券市场尤其是沪市经历了较大的震荡。上证综指日均振幅从实行 T+1 交易期间的 0.92% 增加到 T+0 交易期间的 4.62%，振幅扩大至原来的 5 倍；深证成指日均振幅则从 3.80% 增加到 4.39%，扩大至 1.15 倍。当时沪深证券交易所的国债期货屡次出现逼空行情，为了维护市场稳定和防范风险，从 1995 年 1 月起沪深两市 A 股和基金交易又从“T+0 回转交易”改为“T+1 交易”，且一直沿用至今①。

在沪深市场其他证券交易方面：（1）2001 年 2 月，沪深两市的 B 股市场对内开放，采用 T +0 回转交易。但由于投资者在交易 A 股、B 股时感到了交易制度的不对称，同年 12 月沪深两市 B 股交易由 T +0 回转交易改为 T +1 回转交易②；（2）2001 年 12 月，可转债交易由 T +1 交易调整为 T +0 回转交易；（3）2005年，权证挂牌并采用 T +0 回转交易；（4）2010 年4 月，中国金融期货交易所（以下简称中金所）股指期货正式挂牌，实施 T +0 回转交易；（5）2013 年7 月，黄金 ETF 在上交所挂牌采用 T +0 回转交易，2013 年 12 月货币 ETF、债券 ETF 调整为 T +0 回转交易，2015 年 1 月跨境 ETF 和跨境 LOF 也改为 T +0 回转交易；（6）2014 年 11 月，港股通启动，其交易制度参照中国香港市场采用 T +0回转交易；（7）2015 年 2 月，上证 50 ETF 期权挂牌采用 T +0 回转交易；（8）2019 年 12 月，深市沪深 300 ETF 期权挂牌采用 T +0 回转交易。

总体而言，目前，除了境内 A 股、B 股及与之对应的基金产品外，其他的场内挂牌证券基本实现了 T +0 回转交易，具体见表 1. 1。

---

① 1996 年 5 月 18 日前，深圳证券登记公司（中国结算深圳分公司的前身）只有证券公司名下所有投资者证券持有总量数据（简称大账），投资者的证券持有明细数据（简称明细账）由证券公司掌握，所以，只要证券公司大账不出现当日卖出股数大于昨日日终持股，还是存在投资者变相实现 T +0 回转交易的可能。1996 年 5 月 18 日后，深市统一管理股份明细账，深圳证券登记公司掌握了投资者明细数据，实现证券直接持有模式，提高了股东名册、转托管等业务效率，也为深交所交易前端监控投资者明细账及强化证券监管奠定基础。

② T +1 回转交易是指 T 日买入，在交收完成前（B 股交收期为 T +3），T +1 日可卖出。

**表 1.1　中国境内证券市场主要产品交易模式**

| | A 股/封闭式基金 | B 股 | 可转债 | 权证 | 股指期货 | ETF | | | | | | LOF | | 期权 | 港股通 |
|---|---|---|---|---|---|---|---|---|---|---|---|---|---|---|---|
| | | | | | | 货币 ETF | 债券 ETF | 黄金 ETF | 单市场 ETF | 跨市场 ETF | 跨境 ETF | 跨境 LOF | 其他 LOF | | |
| 1990 年 12 月 19 日（沪市）<br>1991 年 7 月 3 日（深市） | T +1 | | | | | | | | | | | | | | |
| 1992 年 5 月 21 日（沪市）<br>1993 年 11 月 22 日（深市） | T +0 | T +0 | | | | | | | | | | | | | |
| 1995 年 1 月 1 日 | T +1 | | T +1 | | | | | | | | | | | | |
| 2001 年 12 月 1 日 | | T +1 | T +0 | | | | | | | | | | | | |
| 2004 年 12 月 20 日 | | | | | | | | | | | | | T +1 | | |
| 2005 年 2 月 23 日（沪市）<br>2006 年 4 月 24 日（深市） | | | | | | | | | T +1 | | | | | | |
| 2005 年 8 月 23 日 | | | | T +0 | | | | | | | | | | | |
| 2010 年 4 月 16 日 | | | | | T +0 | | | | | | | | | | |
| 2010 年 10 月 28 日 | | | | | | | | | | | | T +1 | | | |
| 2012 年 5 月 28 日（沪市、深市） | | | | | | | | | | T +1 | | | | | |
| 2012 年 10 月 22 日（沪市、深市） | | | | | | | | | | | T +1 | | | | |
| 2013 年 3 月 25 日（沪市）<br>2013 年 8 月 5 日（深市） | | | | | | | T +0 | | | | | | | | |

续表

| | A股/封闭式基金 | B股 | 可转债 | 权证 | 股指期货 | ETF | | | | | | LOF | | 期权 | 港股通 |
|---|---|---|---|---|---|---|---|---|---|---|---|---|---|---|---|
| | | | | | | 货币ETF | 债券ETF | 黄金ETF | 单市场ETF | 跨市场ETF | 跨境ETF | 跨境LOF | 其他LOF | | |
| 2013年7月29日（沪市）<br>2013年12月16日（深市） | | | | | | | | T+0 | | | | | | | |
| 2013年12月19日（沪市）<br>2015年3月30日（深市） | | | | | | T+0 | | | | | | | | | |
| 2014年11月17日（沪港通）<br>2016年12月5日（深港通） | | | | | | | | | | | | | | | T+0 |
| 2015年1月19日（沪市、深市） | | | | | | | | | | | T+0 | T+0 | | | |
| 2015年2月9日（沪市）<br>2019年12月23日（深市） | | | | | | | | | | | | | | T+0 | |

关于境内股票交易制度是采取T+0回转交易还是T+1交易，在不同时期存在着不同的声音。1992年5月前，证券行业内认为股票交易制度应该与国际接轨，实行T+0回转交易。1992年5月到1995年，沪深证券交易所实行T+0回转交易带来市场活跃的同时，引起了关于引发过度投机、股价操纵和市场过度波动的质疑。1995年之后，但凡股市行情低迷时，就有市场声音认为应该采取T+0回转交易为市场带来流动性，激活市场行情。2010年4月，股指期货推出，出现了关于现货与期货交易制度不一致的质疑。2013年2月，融资融券业务试点推开，引起市场质疑专业投资者可以通过融券卖出变相实现T+0回转交易，而普通投资者则因门槛过高无法进行该类交易，从而引发交易公平性问题。2013年8月，“光大证券8·16事件”，更是引起了关于普通投资者在现货市场无法进行当日止损的严重质疑。2015年股市异常波动，进一步凸显了期货和现货交易制度不一致导致现货投资者处于不公平地位的问题。

## 二、境外市场做法

虽然在具体制度安排上有所不同，但境外资本市场普遍允许日内回转交易（见表1.2）。部分国家或地区监管当局为了防止过度投机，控制日内回转交易带来的风险，制定了相应的应对措施，如为不同投资者设立不同门槛，限制日内回转交易的次数、金额，限制可以参与日内回转交易的证券品种等。

表1.2　境外主要市场回转交易情况

| 国家（地区） | 是否允许回转交易 | 概述 |
|---|---|---|
| 美国 | 允许 | 只有融资融券账户和回转交易账户可日内回转。 |
| 英国 | 允许 | 没有投资者门槛和品种限制。 |
| 日本 | 允许 | 对日内回转交易次数进行限制，同一标的每日仅允许回转一次。 |
| 中国香港 | 允许 | 俗称“即日鲜”，在结算制度为T+2的情况下允许进行回转交易，没有投资者门槛和品种限制。 |
| 中国台湾 | 允许 | 以信用交易资券相抵余额冲销交易方式进行，称当日冲销交易、当冲交易等。对交易品种和金额进行限制。 |
| 印度 | 允许个人投资者先买后卖或先卖后买，外国和本国机构投资者禁止 | 印度证券交易委员会（SEBI）引入逐日差额计算和日内交易限额两项监管措施，前者限制投资者的每日头寸，后者限制投资者的日内成交量。 |

续表

| 国家（地区） | 是否允许回转交易 | 概述 |
| --- | --- | --- |
| 泰国 | 允许 | 对国内个人投资者有限制，要求总成交金额不能超过保证金额的 4 倍。 |
| 加拿大 | 允许 | 根据国际证监会组织（IOSCO）的监督指引对回转交易者进行特别监管。只有具有融资融券交易资格的账户才能从事日内回转交易。对投资者设立门槛。 |
| 荷兰 | 允许 | 由荷兰证券委员会进行许可证管理。只有具有融资融券交易资格的账户才能从事日内回转交易。对投资者设立门槛。 |
| 德国 | 允许 | 联邦金融监管局（BAFIN）制定了回转交易指引。 |
| 韩国 | 允许回转交易，但不允许信用交易（Margin Trading） | — |

境外市场对日内回转交易的限制措施，主要从投资者准入和交易限制两方面入手。前者以美国为代表，后者以中国台湾、日本为代表。

### （一）投资者准入门槛限制

美国是设置投资者准入门槛的典型国家。美国证券交易委员会（SEC）并非一刀切地允许投资者实行日内回转交易，而是设置了与账户属性匹配的三种交易模式。

第一种账户称为现金账户（Cash Account），总市值少于 2 000 美元，该类型账户禁止从事融资融券交易，也禁止日内回转交易。

第二种账户称为融资融券账户（Margin Account），总市值处于 2 000 美元到 25 000 美元之间。该类型账户可以开展普通的融资融券交易，可以进行期权买卖，但仍不能任意进行日内回转交易，而是 5 天之内有 3 次机会，一旦超过此限制，账户会被禁止从事任何交易，待 3 个交易日过后，自动转为现金账户，失去从事融资融券、期权等衍生品交易的机会。待 90 天过后，才可以申请解禁。

第三种账户称为回转交易账户（Day Trading Account），总市值超过25 000 美元的账户。如果该类型账户的日内回转交易次数占比达到同期交易总额的 6% 以上，且存在 5 日内的第 4 次及以上的交易记录，则会被定义为特殊账户，称为典型回转交易账户（Pattern Day Trading Account）。这两种账户均必须遵守账户最低净值25 000美元的规定，一旦低于该数值，账户会立即被冻结90天，直到净值补充到25 000美元为止；且如果90天内没有日内回转交易，会自动转为普通融资融券账户。

除美国外，印度、加拿大、荷兰等市场也要求只有具有融资融券交易资格的账户才能从事日内回转交易，也通过设立投资者参与回转交易的准入门槛，保护中小投资者。

### （二）对交易要素进行限制

一些市场采取了对参与日内回转交易的交易要素进行限制的方式，如交易品种、金额、频次等，使投资者仅进行必要的回转交易，约束其投机炒作的动机，降低相应的风险。代表性的有中国台湾、日本和泰国等。

1. 限制交易品种、金额

采取这一限制方式的代表是中国台湾市场。

中国台湾证券市场回转交易经历了“实施—限制—恢复—扩大范围”的四个阶段。台湾证券交易所（以下简称台交所）在1985年7月之前允许当日回转交易。1985年7月主管机关禁止了日内回转，台湾市场只能使用信用账户通过融资融券变相实现日内回转。例如，投资者在T日买入了股票，如果想在当日卖出，需先通过信用账户融入同一只股票进行卖出。可以进行融资融券的账户和股票种类有限制，只有可以进行融资融券的账户和股票才可以实现日内回转交易。

1990年中国台湾市场成交低迷，大幅下跌，台湾加权平均指数从1990年2月10日的12 495点跌至10月1日的2 560点，不到八个月跌幅达80%，市场普遍呼吁恢复1985年以前的模式。在此背景下，1994年1月1日起台湾放开了信用交易资券相抵余额冲销交易①。台湾加权平均指数在1993年12月环比上涨39.43%，1994年1月环比上涨0.73%，但随后回调。成交金额在1993年12月环比上涨167%，1994年1月环比上涨5.39%，整体明显高于之前的水平，推出后一年的平均成交金额相比上年增长107.70%（见图1.3）。根据放开资券相抵余额冲销交易后12年的数据，资券相抵余额冲销交易的成交金额约占市场的15%。

① 意指同一股票的融资买入、融券卖出，或融券卖出、融资买入，当日进行轧差冲销，投资者获得正的收益或补足负的损失。

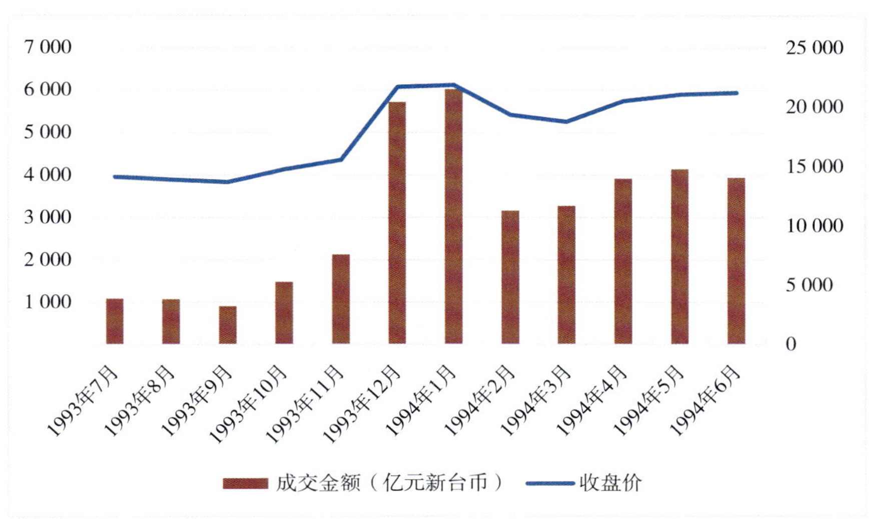


图 1.3　1994 年台交所信用交易实行 T +0 前后市场变化情况

1994 年 11 月，台湾证券柜台买卖中心（以下简称柜台市场）成立，并未立即实行信用交易，也就谈不上日内回转交易。1999 年柜台市场开放信用交易，2005 年 11 月柜台市场开放信用交易资券相抵余额冲销交易。台湾柜台指数在 2005 年 11 月和 12 月分别环比上涨 9.76% 和 13.84%，之后的指数也不断上升；月平均成交金额提升了 50% 以上，随后的交易金额虽有所下降，也远高于改革前的水平（见图 1.4）。

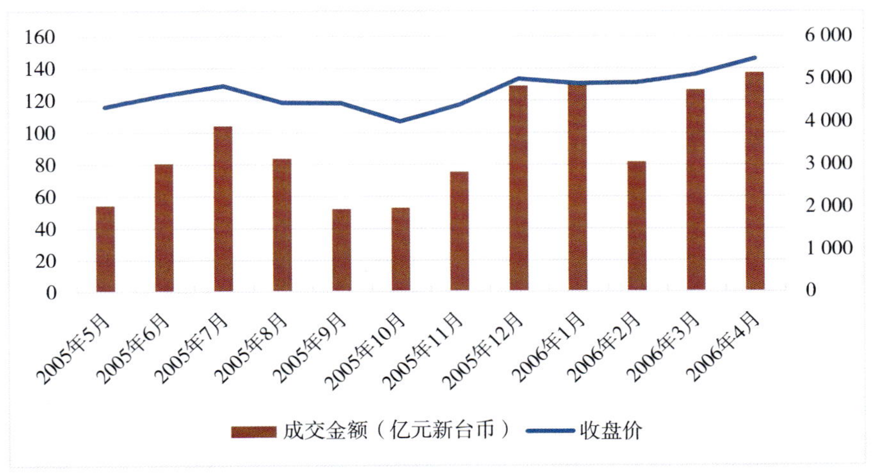


图 1.4　2005 年台湾柜台市场实行 T +0 前后市场变化情况

2014 年 1 月6 日，台湾恢复了现金账户先买后卖的当日回转交易①。对比开放前 6 个月和后 6 个月的成交金额，后者的月均成交金额较前者增长近 12%，但随后恢复至开放前的水平。从市场波动性来看，日均振幅在开放前半个月为 0.51%，开放后半个月为 0.54%，变化并不显著。2014 年 6 月 30 日起，又放开了先卖后买的当日回转交易。根据台交所的规定，投资者可以用现金账户对台湾 50 指数成分股、台湾中型 100 指数成分股以及柜台市场的富柜 50 指数成分股进行当日回转交易。通过限制参与回转交易的证券品种防控风险，维护证券市场的平稳运行。目前现金账户日内回转交易可买卖的上市股票共 150 只，约占台湾上市股票总数的 10%，总市值的 75%。

另外，台交所对信用交易实行保证金和回转交易额度控制。证券公司实施类似交易保证金的制度，根据投资者的资金情况预收足额或一定数量的资金和证券，并设定投资者日内回转交易的买卖额度。

台交所还规定证券公司对投资者进行冲销交易损益评估。一方面，证券公司需要在每日收盘后，就投资者当日冲销交易的损益情况进行评估，根据其损益情况来增减投资者的当日买卖额度或当日冲销额度；另一方面，若投资者当日冲销交易的累积亏损达到当日买卖额度或者当日冲销额度的二分之一时，证券公司暂停投资者的当日冲销交易。除了专业机构投资者外，证券公司需要投资者提供适当的财力证明，重新评估其当日买卖或冲销额度。

2. 限制交易次数

这一限制方式以日本市场为代表。日本市场仅允许投资者每日对每只股票回转交易一次，即投资者在当日买入或卖出股票后，在当日仅可对该股票进行一次卖出或买入交易，交易完成后，将不得对同一股票再次进行回转交易。通过这种针对交易次数的限制，也可以防止投机炒作，防范市场风险。

3. 限制交易金额

泰国对日内回转交易的总成交金额上限做了限制，规定回转交易的总成交金额不得超过保证金金额的 4 倍。通过这一限制方式，同样可以对日内回转交易的总规模进行控制，从而降低风险。

① 以现款买入或以现货卖出。

## 三、多维度考量孕育推进变革

在T+0回转交易方面，中国证券监管部门已经于2013年开始在非股票证券品种方面逐步放开T+0回转交易，而对于境内A股、B股及部分基金产品，虽然根据最新的《证券法》不存在法律障碍，但仍秉持审慎态度。究其原因，主要基于以下利弊因素的权衡。

### （一）放开股票T+0回转交易的有利因素

市场支持T+0回转交易的最主要呼声就是投资者交易公平。T+1交易使得普通投资者当日买入股票且当日面临市场行情走向突变时，不能采取任何止损措施，而只能于次日进行抛售，面临更大价格下跌的风险。但是，对于可以采用融券交易和股指期货交易的专业投资者，则可以通过做空在当日进行止损操作。典型案例，如在“光大证券8·16事件”中，市场大幅拉升引发投资者跟进买入股票，但是，当中小投资者通过公告得知光大证券错误交易的消息后，由于不能参与股指期货和融券卖出交易，现货市场又实行T+1交易，只能被动承担这些买入股票所带来的损失。

T+0回转交易能有效促进市场流动性的增加。在市场行情低迷，市场交投不太活跃时，T+0回转交易能增加投资者交易活跃度，利于市场行情短期转暖。这就是当市场行情不好时，总有声音呼吁放开T+0回转交易的原因。

T+0回转交易使得现货与期货交易制度一致，有利于市场深度和稳定性的提高。随着市场不断发展，基于股票现货产生了越来越多的衍生证券品种，例如ETF、LOF、股指期货、股票期权等。如果将这些证券品种之间的交易制度差异抹平，则更利于产品间套保、套利机制的作用发挥，可以吸引更多的机构投资者参与市场，进一步增加市场深度，增强市场稳定性。同时，机构投资者的更多参与，也将促进投资者结构的改善，利于市场逐步形成价值投资的理念。

T+0回转交易能更好地与国际接轨，提高境内资本市场的吸引力。目前，港股通采用T+0回转交易，沪股通和深股通则采用T+1交易，使得中国境内和中国香港的投资者在交易习惯上产生不便。实现T+0回转交易，不仅符合中国香港投资者的投资习惯，也更符合境外其他市场投资者的习惯，有利于提高境内资本市场的吸引力。

### （二）放开股票 T+0 回转交易的不利因素

T+0 回转交易会加大市场波动，从而加大系统性风险。根据深交所统计数据，1995 年深市 A 股从 T+0 回转交易转为 T+1 交易的前后三个月，股价单日振幅大约下降 32.5%，其中大规模、中等规模和小规模上市公司单日振幅下降比例分别为 30.0%、33.7%、31.3%（见表 1.3），而同期依旧保持 T+0回转交易不变的 B 股单日振幅则基本不变（微降 3.3%）。可见，实施 T+0回转交易，股价波动将增大，股价和指数的日波动幅度粗略估计将增加三成左右。因此，考虑到现有涨跌幅限制等可能影响流动性的制度设计，放开 T+0回转交易可能在市场波动行情下，更容易触发相关机制导致市场流动性枯竭，引发系统性风险。

表 1.3　1995 年深市 T+0 回转交易转为 T+1 交易后股票单日振幅变化

| 类别 | 实施前 1 个月 | 实施后 1 个月 | 变化幅度 | 实施前 3 个月 | 实施后 3 个月 | 变化幅度 |
|---|---|---|---|---|---|---|
| A 股 | 4.35% | 3.33% | -23.4% | 5.41% | 3.66% | -32.5% |
| 大公司 | 4.10% | 3.17% | -22.5% | 4.73% | 3.31% | -30.0% |
| 中公司 | 4.42% | 3.38% | -23.5% | 5.54% | 3.67% | -33.7% |
| 小公司 | 4.40% | 3.35% | -23.9% | 5.64% | 3.88% | -31.3% |
| B 股 | 1.04% | 0.50% | -52.2% | 0.66% | 0.64% | -3.3% |

T+0 回转交易会出现少数股票交易过热现象。短期内部分股票可能会过度投机和过度交易，造成市场虚假繁荣，使得防范市场炒作的监管难度加大。同时，可能导致频繁交易的散户亏损加大从而被淘汰离场。T+0 回转交易伴随的市场活跃增加，将进一步促进高频交易、程序化交易的快速发展，将进一步助推极端情况下的市场剧烈波动。而且，T+0 回转交易下，证券市场操纵模式可能发生改变，市场监控复杂性增加，将面临新的监控课题。

### （三）关于放开股票 T+0 回转交易的思考

证券交易制度是一项基本制度，应该保持长期市场习惯的稳定性，不宜频繁调整。为此，在股票 T+0 回转交易制度上，应秉持审慎态度和逐步推进思路：

一是多维度考量是否放开 T+0 回转交易。鉴于股市长期走势取决于宏观经济等基本面因素，而与T+0回转交易或T+1交易并不存在必然联系[①]，所以，是否放开T+0回转交易，应主要从投资者交易公平、保持现货期货交易制度一致性，以及增加市场吸引力、市场深度，增强市场稳定性等多维度考量；而不应该在交易换手率偏高、市场并不缺乏流动性的情况下，从激活市场短期行情的维度来考量。

二是可研究采用逐步推进方式。例如先在沪深300标的股票，或扩大为融资融券证券品种上进行试点，再逐步推广。沪深300标的股票市值较大，稳定性好，首先放开T+0回转交易带来的个股冲击较小；融资融券证券品种包含不同市值股票，覆盖面更广，整体冲击更小。

三是可对T+0回转交易进行一定限制。在满足投资者日间止损需求的基础上，不应鼓励投资者进行频繁的交易，可对日间回转次数进行限制。

四是研究新的监管措施，加强交易前端监控，并做好跨市场监管。为应对可能出现的新的市场操纵和过度炒作情形，监管部门应该在明确相关政策规则基础上，制定配套的交易信息披露制度和针对性的专项监控指标，并可考虑要求交易所和证券公司将相关证券品种、回转交易次数等指标纳入交易前端监控，同时要求证券公司同样做好投资者适当性管理。另外，现货期货交易制度统一之后，为应对专业投资者和机构在不同市场间进行联动操作，也需要做好跨市场联合监管措施。

---

① 历史上，存在交易制度由T+0回转交易改为T+1交易后，股市依然上涨的实例，如境内市场在1995年暂停股票市场T+0日内回转交易后，仍然经历了多个牛市行情；也有市场实行期指T+0而股市T+1，但市场也没有出现持续下跌的情况，例如中国台湾市场1985年禁止T+0日内回转，1994年以“资券相抵冲销交易”方式仅允许信用交易进行当日冲销交易，1998年起陆续推出多个T+0交易期货品种后，中国台湾股市并没有长期处于跌跌不休的状态。

# 第二章　涨跌幅限制与熔断机制

"合理的波动性、充足的流动性和有效价格发现机制是成熟市场的基本特征，也是完善价格稳定机制时需要考虑的主要因素。"

——作者按

为抑制过度投机，防止证券市场剧烈波动，境内外证券市场一般采用两种价格稳定机制：涨跌幅限制与熔断机制。

## 一、价格稳定机制在中国境内证券市场的运用

针对投资者结构呈现出散户型特征的市场现状，沪深证券交易所一直以来采取的是以涨跌幅限制为主的价格稳定机制，防范市场异常波动，同时也一度尝试了熔断机制，其初衷都是用于维护市场稳定。

### （一）涨跌幅限制

涨跌幅限制是指证券交易所为了抑制过度投机行为，防止市场出现过分暴涨暴跌，在每天的交易中规定当日的证券交易价格在前一个交易日收盘价的基础上上下波动的幅度，是应用最为广泛的一种价格稳定机制。

中国境内证券市场的涨跌幅限制制度的演进清晰反映了证券市场发展过程中监管部门如何有效利用前端价格控制来对市场进行灵活调控的过程：

第一阶段：涨跌幅频繁调整阶段。1990 年至 1992 年中国境内证券市场建立初期，沪深两市的涨跌幅限制制度随着当时市场情况的变化，经历多次调整，调整幅度巨大、变动频繁。例如，1990 年 5 月 28 日开始，深市规定当日股价涨跌幅度不得超过上一交易日的 10%；到 6 月 18 日改为不超过 5%；6 月 28 日又改为涨幅不超过 1%，跌幅不超过 5%；同年 11 月 20 日，又将涨跌幅调整为每日涨幅为 0.5%，跌幅维持原来的 5% 不变。这一时期，股市由于证券只数较少，市场炒作剧烈，涨跌幅限制的调整主要出于稳定市场行情目的。从涨幅限制和跌幅限制的对称性而言，上交所一般采用对称限制（涨幅限制和跌幅限制相等），深交所则采用非对称限制（涨幅限制和跌幅限制不相等）。

第二阶段：无涨跌幅限制阶段。参照国际主流市场惯例，深交所自 1991 年 8 月 17 日全面放开股价的涨跌幅限制，随后上交所也于 1992 年 5 月 21 日

取消涨跌幅限制。这种制度一直持续到 1996 年。

第三阶段：涨跌幅限制制度稳定阶段。1996 年 12 月 13 日，为抑制股市过热，根据中国证监会的统一部署，沪深证券交易所又恢复设置了涨跌幅限制，两所对所有上市股票（含 A 股、B 股）及基金交易统一实施了 10% 的涨跌幅限制（上市首日除外），并实行了公开信息制度。

第四阶段：涨跌幅限制制度的差异化阶段。1998 年 4 月 27 日，沪深证券交易所对财务状况异常的公司建立了 ST 制度，在名称前加 ST 字样，涨跌幅限制调整为 5%。2007 年 1 月 8 日，沪深证券交易所设立特别交易板块（S 板），对未完成股权分置改革的股票将其涨跌幅限制调整为 5%。2019 年 7 月 22 日，科创板首批上市公司实行 20% 的涨跌幅限制。2020 年 4 月 27 日，创业板交易制度改革也推动将涨跌幅从 10% 扩大为 20% 的进程①。

目前，沪深证券交易所在涨跌幅限制制度上基本保持一致。除了股票和基金设置涨跌幅限制外，与之对应的衍生品种，例如权证、ETF 期权等，也设置对应的涨跌幅限制。

### （二）熔断机制

熔断机制是指当某一只个股、指数、期指或商品价格波幅触及规定的阈值时，交易随之停止一段时间，或者交易可以继续进行，但价格幅度不能超过规定的限度。前者称为“熔而断”，后者称为“熔而不断”。熔断机制因所适用对象不同被分为个股熔断和指数熔断。个股熔断是指当单个股票涨跌达到一定的点数时，该股票的交易随之停止或在规定的点数之内仍可进行交易。指数熔断是指市场基准指数涨跌达到一定点数时，对应市场交易随之停止一段时间或继续在规定的点数之内进行的一种交易制度。

熔断机制对中国来说属于舶来品，在运用于沪深 300 指数之前曾经有两次实践。第一次是在 2006 年沪深 300 股指期货仿真交易中，引入了该机制，但中金所出于该机制的复杂性、实施效果不确定性和市场参与者接受程度的考虑，于 2010 年 1 月取消了该制度。第二次是在 2009 年 10 月 30 日创业板个股上市首日，28 只个股集体上涨触发盘中 20% 涨幅，经半小时暂停后，其中 20 只个股再度触发熔断，又经半小时暂停。

2015 年 6 月以来，A 股市场多次单日跌幅达 5% 以上。考虑到维持市场稳

① 《深圳证券交易所创业板股票交易特别规定》。

定和预防系统性风险，经中国证监会批准，上交所、深交所和中金所在征求意见之后推出了以沪深300指数为基准指数的熔断机制，并出于保证正常交易和预防重大异常情况的考虑，设置了5%和7%两档熔断阈值，实施涨跌双向熔断。该制度于2016年1月1日起实施，在当年1月4日和1月7日两个交易日皆触发两档熔断阈值，在2016年1月7日创造了休市最快纪录。考虑到该机制实施没有达到预期效果，中国证监会决定于2016年1月8日起暂停。

对于熔断机制导致的市场波动、流动性枯竭等极端情形，事后很多学者和业内人士反思，是否是熔断机制与涨跌幅限制制度的并行所导致。所以研究价格稳定机制有必要将涨跌幅限制和熔断机制合并起来分析。

### （三）涨跌幅限制与熔断机制的比较

就发挥价格稳定作用而言，涨跌幅限制制度也属于一种熔断机制。个股在涨跌停板价格之内，仍可进行反向委托，属于“熔而不断”的一种个股“隐性”熔断机制。从设计理念上看也有相似之处，都是为了避免单边的上涨或下跌而采取的价格限制措施，但两种机制仍在很多方面存在差异。

涨跌幅限制通过规定单只证券的最高和最低报价，限制了其日内交易价格波动幅度，但是单只证券在涨跌停板的价格上仍然可以通过反向委托进行交易。而（指数）熔断机制是针对市场基准指数设置一定阈值，当指数波动超过一定幅度时，整个市场的交易暂停一段时间，防止市场过度反应。具体而言，涨跌幅限制与熔断机制比较见表2.1。

表2.1　涨跌幅限制与熔断机制比较

| | 概念 | 作用 | 分析 |
|---|---|---|---|
| 涨跌幅限制 | 对单只股票当日交易价格的涨跌幅度进行限制 | 抑制过度投机，缓解个股暴涨暴跌问题 | 1. 针对单只股票，难以控制全市场的恐慌情绪，对市场间的恐慌性蔓延无能为力；<br>2. 是以价格波动的转移和流动性的降低为代价的稳定、延迟价格发现过程、磁吸效应①。 |

① 磁吸效应是指实行涨跌停和熔断等机制后，证券价格将要触发强制措施时，同方向的投资者害怕流动性丧失而抢先交易，反方向的投资者为等待更好的价格而延后交易，造成证券价格加速达到该价格水平的现象。

续表

| | 概念 | 作用 | 分析 |
|---|---|---|---|
| 熔断机制 | 针对基准指数，指数触及熔断阈值时整个市场暂停交易一段时间 | 防止市场恐慌、非理性的大幅度下跌、过快上涨，维护市场相对稳定 | 1. 给投资者冷静时间，为信息传递、监管者采取措施赢得时间；<br>2. 对于偶发事件引起的异常波动有减缓的作用，但是会强化已经形成的趋势性走势；<br>3. 磁吸效应较强，交易暂停会破坏价格发现过程，扼杀市场流动性，还可能引发市场风险传播。 |

境内市场之所以在2016年初推出熔断机制，主要是基于当时证券市场剧烈震荡后，监管层从防范市场系统性风险角度，希望在个股价格稳定机制——涨跌幅限制的基础上，再增加一个稳定全市场价格的措施。

## 二、境外经验

20世纪七八十年代以来，发生在全球证券交易所内的大量颠覆性变革，深刻影响着资本市场的生态系统，并对价格稳定机制的体系构建和功能发挥不断带来新的挑战。

### （一）涨跌幅限制

从海外经验来看，相较于成熟市场，新兴市场更倾向于采用涨跌幅限制制度。尤其是亚洲市场如中国台湾、日本、韩国和菲律宾等与中国境内市场环境相近的地区或国家普遍实施了涨跌幅限制制度。

不同市场所采取的涨跌幅限制范围各有不同，其中涨跌幅限制幅度最小的是中国台湾市场，为前一交易日收盘价的上下10%；最大的是马来西亚，单日最大涨幅可达69%，最大跌幅可达51%。另外，日本按照股票的价格高低设定涨跌幅金额限制的，抽象算成百分比，涨跌幅从最低的6.67%到最高的30%不等，并且个股价格越高，可涨跌的百分比幅度越低。韩国为30%，泰国为30%，菲律宾为涨幅50%，跌幅40%，法国巴黎连续交易主板市场单日最大涨幅均达到21.25%，跌幅最大达到18.75%。具体而言，各国（或地区）的涨跌幅限制见表2.2。

表 2.2 部分国家或地区市场涨跌幅限制

| 国家或地区 | 涨跌幅限制 | 是否对称 |
|---|---|---|
| 中国境内市场 | 涨幅：10%<br>跌幅：10% | 对称 |
| 中国台湾 | 涨幅：10%<br>跌幅：10% | 对称 |
| 日本 | 按照股票的价格高低设定涨跌幅<br>涨跌幅范围 6.67% ~30% | 对称 |
| 韩国 | 涨幅：30%<br>跌幅：30% | 对称 |
| 泰国 | 涨幅：30%<br>跌幅：30% | 对称 |
| 马来西亚 | 涨幅：69%<br>跌幅：51% | 非对称 |
| 菲律宾 | 涨幅：50%<br>跌幅：40% | 非对称 |
| 法国 | 涨幅：21.25%<br>跌幅：18.75% | 非对称 |

### （二）熔断机制

熔断机制发源于美国，美国芝加哥商业交易所曾在 1982 年对标准普尔 500 指数期货合约实行过每日 3% 的价格限制，但实行不到一年就被废除。然而，1987 年 11 月"黑色星期一"股灾发生后，美国总统工作小组在 1988 年颁布的 *Brady Commission* 中指出"股指期货是 1987 年股灾的重要原因"，于是熔断机制作为跨市场监管的一种重要机制被用来限制程序化交易引起的股价单边剧烈波动。1988 年 10 月 19 日，美国商品期货交易委员会与证券交易委员会批准了组交所和芝加哥商业交易所的熔断机制，随后几年中其他一些交易所也先后引入了熔断机制，作为一种跨市场监管手段来防范程序化交易引起的现货与期货之间市场风险的相互传导。

事实证明，熔断机制在保障美国市场稳定运行中发挥了很大作用。在 2020 年新冠肺炎疫情全球爆发之前，自实行熔断机制起美国市场仅在 1997 年 10 月 27 日触发过一次熔断。该机制也因此被其他国家纷纷效仿，逐渐发展成为国际通用的资本市场价格稳定制度。据不完全统计，目前全球有美国、日本、韩国、新加坡等 20 多个国家或地区都运用这一机制防止由于偶然情况引起的市场波动。

由于各证券市场、各投资品种的特征不同，其所使用的熔断机制也各有特点。具体如表 2. 3 所示。

**表 2. 3 若干国家或地区市场熔断机制**

| 国家或地区 | 标的指数 | 方向 | 阈值 | 机制 | 形式 |
|---|---|---|---|---|---|
| 美国 | 标准普尔 500 | 下跌 | 7%<br>13%<br>20% | 15：25 之前指数下跌 7% 或 13%，均暂停交易 15 分钟，15：25 之后触及，不暂停；在任何时段下跌 20%，暂停至收市。 | 熔而断 |
| 日本 | TOPIX 指数 | 下跌 | 与指数点数相关 | 触及后暂停交易 15 分钟。 | 熔而断 |
| 韩国 | KOSPI 指数 | 下跌 | 8%<br>15%<br>20% | 指数下跌触及 8% 或 15%，均暂停交易 20 分钟；触及 20%，暂停至收市。 | 熔而断 |
| 新加坡 | 股指期货 | 涨跌双向 | 10% | 触及后实施 5 分钟的“冷静期”，“冷静期”内股票仍可继续交易，但价格波动范围限制在 10% 的波动区间内。 | 熔而不断 |
| 中国境内 | 沪深 300 指数 | 涨跌双向 | 5%<br>7% | 指数波动触及 5%，暂停交易 15 分钟；<br>指数波动触及 7%，暂停交易至收市。 | 熔而断 |

美国采用的熔断机制主要为“熔而断”形式。以标准普尔 500 指数为例，当标准普尔 500 指数较前一天收盘点位下跌 7% 和 13% 时，全美证券市场交易将暂停 15 分钟；当标准普尔 500 指数较前一天收盘点位下跌 20% 时，当天交易停止。除针对大盘的熔断机制以外，2010 年 6 月，在美股闪电暴跌后，美国证券交易委员会在大盘熔断机制基础上，推出了个股熔断机制，以防止此后股市急剧滑坡而可能耗尽市场的流动性。

日本则在当期货价格超过标准价格和公平价格的特定范围时，期货交易将会暂停交易。暂停交易的时间为 15 分钟。如果暂停交易发生在上午收盘前的 15 分钟内，暂停交易只在上午收盘前执行。当东京股票价格指数（TOPIX）超过特定价格区间时，禁止买卖涉及套利交易的股票，直到价格恢复到特定价格区间内。2013 年 5 月 23 日，日经 225 指数大跌，日经 225 指数期货就曾触发“熔断机制”而暂停交易。

在韩国，若股票综合指数（KOSPI）较前一天收盘价下跌了 10% 或 10% 以上，并且这种下跌持续了 1 分钟，股票交易暂停 10 分钟，个股涨跌幅限制为 15%。如果交易量最大的期货合约价格偏离前一天收盘价 5% 或 5% 以上，同时期货价格偏离其公平价格 3% 或以上，并且这种价格变动持续了 1 分钟，期货合约停止交易 5 分钟。熔断机制每天只实施一次，在 14：20 以后不再实施。如果股票市场出现暂停交易的情况，期货合约停止交易 20 分钟。

而新加坡则采取了“熔而不断”的规定，即当潜在交易价格高于参考价格（该交易至少 5 分钟之前的最后成交价）的 10% 时，则触发 5 分钟的“冷静期”。在该期间内，证券仅允许在 ±10% 价格范围内交易，5 分钟后交易恢复正常，并重新计算新的参考价格。

### （三）与境外市场比较

通过与境外市场比较，中国境内证券市场价格稳定机制存在以下特点：一是 10% 的涨跌幅限制幅度属于偏小范围，容易引发磁吸效应，并触及涨跌停板。二是鉴于涨跌幅限制幅度较小，境内市场熔断机制在阈值设置上，第一档阈值偏小，且两档阈值之间（5%、7%）的距离也较小，远小于美国（7%、13%、20%）、韩国（8%、15%、20%）等。三是与发达市场一般只实施熔断机制不同，境内市场同时设置了涨跌幅限制与熔断机制。

## 三、重新审视两大价格稳定机制

随着经济对外开放程度的加深以及证券市场广度深度的不断增加，中国境内证券市场价格稳定机制面临更大的挑战，如何进一步审视并完善相关机制以保障证券市场、金融体系乃至整个经济社会的稳定，值得我们认真思考。

### （一）透视涨跌幅限制的影响

涨跌幅限制制度一直存在较大争议，通过对相关市场的研究分析，目前存在两种截然相反的观点：

正方观点认为，涨跌幅限制对于控制价格波动具有两方面的作用：（1）建立了价格约束；（2）在恐慌性交易期间给市场提供了一个合理地重新估价的时间。涨跌幅限制的关键在于阻止或限制股票价格的上升或下降超过预先确定的水平，并为慌乱的交易者提供一段能够冷静下来的时间，防止出现不理智的极端行为。

反方观点认为，涨跌幅限制至少存在三方面问题：（1）波动性溢出。指涨跌幅限制阻止了在一个交易日内大的价格变化，并使指令不平衡不能立即得到纠正，这将在随后几个交易日中引起更大的波动，反而产生助涨助跌的影响；（2）价格发现延迟。指股票价格波动受限制，股票价格可能在当日不能到达其均衡价格，必须等到第二天（或更迟），才能趋向其真实价格；（3）流动性干扰。指涨跌幅限制阻止了当天的交易，当价格触碰到价格限制时，资产持有者无法以此价格变现的可能性增大，减少了股票流动性，而引起第二天（或更迟）流动性交易增加的现象。

对于10%涨跌幅限制是否合理，深交所对上证50板块、深圳主板A股、深圳中小企业板和创业板的上市股票为分析对象的研究证实，涨跌幅限制产生了较为明显的波动溢出效应和流动性溢出效应，并延迟了市场的价格发现过程，影响了价格发现效率。深交所同时对涨跌幅限制在市场价格发现效率的影响与板块、股价、市盈率、总市值、流通市值和净资产收益率的相关性进行了实证分析，得出结论如下：一是涨跌幅限制对于市场价格发现效率的影响与板块有关，对创业板的影响最大，中小板其次；二是涨跌幅限制对于股市价格发现效率的影响与个股股价有关，股票价格越高，影响越大；三是市盈率、总市值、流通市值与净资产收益率这四个因素受涨跌幅限制的影响差异不大。

同时，有研究通过与中国台湾市场比较，中国境内股票市场涨跌幅限制对流动性风险的影响相对较小，这主要是由于中国台湾市场涨跌幅限制为7%，而中国境内股票市场涨跌幅限制为10%的缘故，即在中国台湾市场证券更容易达到涨跌幅限制，交易更容易停止，因此涨跌幅限制对于流动性风险影响也就更大。

另外，有研究表明在中国境内证券市场中，股价向上存在明显的磁吸效应，而在股价下跌的过程中，则并不存在相似的磁吸效应。这说明涨跌幅限制对于股票的上涨，并没有起到应有的冷却作用，相反，由于过窄的限制幅度，吸引了股价加速达到限制价格。

### （二）熔断机制失灵的教训

熔断机制在境外市场被普遍实施，并被验证为较为成功的价格稳定机制，那么，其在中国的经验教训如何分析？从当时熔断连续触发的背景来看，首先是人民币的快速贬值，2016年元旦后，仅四个交易日人民币就贬值1%，市场上人民币贬值预期持续增强，由此增加了资金外流压力，甚至担忧维持汇率稳定将改变目前宽松的货币政策导向；其次是随着上市公司大股东禁售期限的来临，投资者对大股东及董事、监事、高级管理人员通过二级市场减持股份的担忧增强；再次是2015年底，人大授权的通过，使注册制实施的进度超出预期；最后是欧美股市普遍下跌，同时美国纽约商品交易所原油期货价格和布伦特原油期货价格均创十一年来新低，也对国内股市造成冲击。

股票市场是对一定时期内经济的综合反映，其走势取决于经济基本面、资金面、政策面，涨跌有其自身内在规律。熔断机制作为一个防范风险的举措，本身没有对与错之分，也不能改变股市运行的方向和趋势。熔断机制的效果未达预期反映了境内证券市场的一些问题：

首先，熔断机制设计的阈值较低，且两级阈值的间隔过小。相较于成熟的证券市场，中国境内证券市场的波动率相对较高，在一个波动率相对较高的市场中，熔断机制5%的阈值很容易被触发。在2002年到2017年的16年间，以收盘价计算，沪深300指数涨跌幅超过5%的交易日就有71天。由于熔断机制具有磁吸效应，即一旦价格发生趋势性变化，就会使得价格更容易向触发熔断的方向变动，导致很快向阈值方向靠拢，由于5%和7%两档仅差两个百分点，在触发5%的熔断后则极易继续触发7%的熔断阈值。这意味着，熔断机制如不及时暂停，熔断这种极端情形下的价格稳定措施可能会成为常态。

其次，个股涨跌停板制度与指数熔断机制并行导致流动性下降。中国境内证券市场从1996年12月开始确定了10%的涨跌幅限制，涨跌停板制度只是限定了个股的单边交易，整个市场上仍然存在着流动性。而熔断机制实施后，对于沪深300指数而言，相当于将日内涨跌幅度收窄至（-7%，7%），而且一旦触发7%的阈值后，市场就不会再有交易，由此导致了整个市场流动性的骤停，引发市场集体恐慌性抛盘。

**（三）着眼于提高市场有效性**

目前，虽然熔断机制已暂停，但仍需重新审视两大价格稳定机制，未来的发展路径可能存在如下选择。

1. 鉴于目前证券市场自我修复、自我调节能力还不足以应对重大冲击，短期或中期内暂不考虑重启熔断机制，避免引发市场恐慌，导致市场系统性风险。

尽管无法判定2016年初的股市波动与熔断机制是否相关，尤其是在个股具有10%涨跌幅限制情况下再实行指数熔断机制值得商榷。整体来看，中国境内证券市场还不是一个成熟的市场，投资者结构还是以散户为主，股市波动较大，熔断机制容易引发磁吸效应、羊群效应，在做空机制不畅通的情况下，从而导致市场恐慌，流动性突然消失，形成市场系统性风险。

2. 从提高市场有效性角度，未来逐步放宽涨跌幅限制幅度，并可考虑实行差异性涨跌幅限制。

鉴于涨跌幅限制存在波动率溢出、价格发现延迟、流动性干扰的问题，所以，从提高市场有效性的角度，应逐步放宽涨跌幅限制幅度。比如在增加市场交易透明度的基础上，参照科创板及创业板拟实行的20%的涨跌幅限制，可先放宽大盘股的涨跌幅限制，待时机成熟，再放宽中小盘股的涨跌幅限制。

另外，因为中国境内证券市场中的股票价格在大幅上涨和大幅下跌后的行为存在较大差异，股价向上存在明显磁吸效应，涨停机制对股价行为的影响要高于跌停机制，因此也可考虑在放宽价格涨跌幅度的同时，制定非对称的涨跌停机制。

3. 待市场成熟后，再考虑是否完全放开涨跌幅限制，以及是否引入熔断机制。

合理的波动性、充足的流动性和有效价格发现机制是成熟市场的基本特征，为此，待中国境内证券市场的投资者结构更为合理、市场投资价值理念成熟后，可考虑放开股票价格涨跌幅限制，减少价格干预措施，让市场自由生成合理价格。届时，再考虑是否为防范市场极端行情引入熔断机制。熔断机制设计上，应充分考虑中国境内证券市场实情，避免熔断阈值轻易被触发和连续触发。

# 第三章　交易前端监控制度

“交易前端监控制度的重要基础是中国证券市场无纸化交易制度和直接持有制度，是中国证券市场的优势体现。”

——作者按

交易前端监控是指由证券交易所通过交易系统设置的对每笔交易在其申报后至交易达成前由交易系统自动执行的检查和监控措施。本质上，前端控制是市场监管关口前移，将实时监控和事后处理的部分职能转移到交易发生之前完成。

## 一、从技术控制措施演进为主要监管手段

传统意义上的交易前端监控只是一种技术控制手段，是指在投资者申报的交易指令进入交易系统参与撮合前，交易系统检查交易指令有效性的过程，属于计算机系统对于指令有效性的一种例行检查，比如字段的类型是否正确，取值是否符合规定，数据传输是否完整等，境外证券交易所的交易前端监控多属于此。而境内证券交易所在成立初期就采取了先进的电子撮合系统和无纸化交易，使得中国境内证券市场的前端控制一起步就具有了投资者身份、股份余额、申报价格等控制内容，成为与“资格准入”“事中控制”和“事后处理”相提并论的主要监管手段。

从历史发展来看，在1996年，随着卖空控制和价格涨跌幅制度基本成型，中国境内证券市场的前端监控制度正式确立。在卖空控制方面，由于20世纪90年代初，中国境内证券市场起步就采用无纸化交易和直接持有模式，交易系统具有每个投资者证券账户的持股数据，因此交易系统可在处理每笔卖出申报时首先检查该投资者证券账户持股是否足额，这就是最初的股份卖空控制制度。随着1993年国债的发行交易也采用了无纸化方式和卖空控制，以及1995年1月股票T+0回转交易改为T+1交易，当日买入的股份次日才可以卖出，股票卖空控制制度基本成型。另外，随着2015年50ETF期权实施对资金前端监控，以及2017年为防范错单交易的《证券交易资金前端风险控制业务规则》的推出，交易前端监控进一步得以完善。

目前，交易前端监控主要包含以下监控措施：（1）对交易参与者身份的控制，如多种账户控制措施等；（2）对中介机构的控制，如多种交易权限控制等；（3）对投资者与中介机构交易关系的控制，如上海证券市场的指定交易制度与深圳证券市场的多处托管制度；（4）对申报价格的控制，如涨跌幅限制制度、有效申报价格制度等；（5）对申报数量的控制，如最大最小申报数量等；（6）对卖出数量的控制，如卖空检查制度，解禁限售股的减持控制，董监高的减持控制等；（7）对买入数量的控制，如单只股票持有的5%控制等；（8）对回转交易的控制，有的品种实施了回转交易，有的品种在交收完成后方可卖出；（9）对申报交易资金的控制，如股票期权资金前端控制，证券交易资金前端控制。实践表明，交易前端监控在防止裸卖空、错单交易、限制股价剧烈波动、投资者适当性管理等方面均发挥了明显作用。

相比较“资格准入”“事中控制”和“事后处理”等自律管理措施，证券交易所前端监控制度具有如下优势：

一是前端控制制度具有客观性和公平性。事后查处最后的落脚点就在于惩处，如果惩处不得力，则查处效果必然不佳。相比其他监控手段，前端控制是由交易系统自动完成的，其监管适用性是客观的，其结果是不为监管者的主观意愿所改变的，所有市场参与者必须遵守。从这个意义上看，前端控制制度比其他三项传统的监管制度具有特别的优势。同时，前端控制作为一种系统化的技术监管手段，自身也具备相当的灵活性，监管机构只需要通过证券交易所修改交易系统的相关参数和程序，就可以改变监控的范围和内容并直接影响每个市场参与者。

二是前端控制成为行政监管的具体落实。证券交易所通过向中国证监会报批业务规则从而获得市场监管的授权，通过交易系统的前端控制措施使得监管授权获得具体落实，所以在某种程度上前端控制是对现有行政监管手段的一种补充。证券交易所是在行政部门监管指导下的自主监管主体，通过前端控制来抑制违规行为，对于监管部门来说具有很大的价值，既可以让证券交易所分担部门监管职责，充分利用证券交易所的资源对市场进行监控；又可以让监管部门避免直接介入市场的操作，引起不必要的市场争执。

三是前端控制反映了中国证券市场优势。交易系统能够对投资者账号进行有效性检查，对股份卖空和证券公司买入资金进行控制，实现实时的前端交易风险控制，这是大部分境外交易系统所没有的优势。前端控制制度的重要基础是中国特有的无纸化交易制度和直接持有制度。由于所有投资者的持股明细都记录在中国证券登记结算有限责任公司（以下简称中国结算）的登记系统中，使得证券交易所可以做到对每个投资者、每只证券、每笔交易的定点实时控制。这也是国外大部分证券交易所无法效仿的。

## 二、明确制度规范，确保公平性

投资者在进行证券交易时，虽然证券公司会在订单生成前进行必要的检查，但是，在交易系统功能大大提升的基础上，证券交易所在交易系统设置的前端监控检查机制有效地保障了交易指令的有效性和合规性，为市场稳定运行提供了有力支持。

目前，在全球强化注重监管的总体趋势下，以及结合中国证券监管制度本身不够完善的情况下，短期内，仍需要加强证券交易的前端监控措施。只是在实施前端监控的过程中，还要关注以下两点：

一是要向市场明确前端控制的规定。由于前端控制涉及每位投资者，证券交易所应当在相关规则中对前端控制进行明确规范，说明前端控制的范围、内容及具体标准，并通过广泛持续的投资者教育使每位投资者知晓。

二是要确保前端控制的公平性。前端控制应当是覆盖每笔交易的，也就是说是一种无倾向性的措施，对每位市场参与者都是公平的。证券交易所在推出创新业务的时候，应当对交易系统进行检查和审视，保证前端控制的公平性。

# 第四章　股票停复牌制度

“合理的停复牌制度是投资者交易权和知情权相互平衡的结果。”

——作者按

股票停复牌，是指股票在场内交易过程中停止交易（停牌），一段时间之后再恢复交易（复牌）的机制。实施股票停牌的初衷主要是为了减少信息的非对称性，使投资者在重要的信息出现时，可以有足够的时间对资产价格进行重新评估，并据此调整自己的交易策略，进而提高证券市场的透明度，保护投资者的权益。但停牌时间过长，又会使投资者无法执行自己的投资策略，影响了市场的流动性。

## 一、沪深证券交易所股票停复牌制度现状

截至 2017 年 7 月底，沪深两市 3 000 余家 A 股上市公司中，处于停牌状态的约为 270 家，近 50 只个股停牌超过 90 天，其中 * ST 新亿连续停牌已超过 390 个交易日。

表 4.1 列示了沪深证券交易所上市公司需停牌事项。

**表 4.1　沪深证券交易所上市公司需停牌事项列表**

| 序号 | 停牌事项 |
|---|---|
| 1 | 应当披露的重大信息存在不确定性因素且预计难以保密的，或者在按规定披露前已经泄露的。 |
| 2 | 在股东大会召开期间出现异常情况，或者未能在股东大会结束后的次日或者次一交易日披露公司股东大会决议且决议内容涉及否决议案的。 |
| 3 | 公共媒体中出现上市公司尚未披露的信息，可能或者已经对公司股票及其衍生品种交易价格产生较大影响。 |
| 4 | 上市公司财务会计报告被出具非标准无保留意见，且该意见所涉及事项属于明显违反会计准则、制度及相关信息披露规范性规定的。 |
| 5 | 上市公司未在法定期限内公布年度报告、半年度报告或者未在规则规定的期限内公布季度报告的。 |
| 6 | 上市公司因财务会计报告存在重大会计差错或者虚假记载，被中国证监会责令改正但未在规定期限内改正的。 |

续表

| 序号 | 停牌事项 |
|---|---|
| 7 | 上市公司在公司运作和信息披露方面涉嫌违反法律、行政法规、部门规章、规范性文件及交易所发布的业务规则、细则、指引和通知等相关规定，情节严重的。 |
| 8 | 上市公司的定期报告或者临时报告披露不够充分、完整或者可能误导投资者，但拒不按要求就有关内容进行解释或者补充披露的。 |
| 9 | 上市公司严重违反《股票上市规则》且在规定期限内拒不按要求改正的。 |
| 10 | 上市公司因某种原因使交易所失去关于公司的有效信息来源的。 |
| 11 | 上市公司因收购人履行要约收购义务，或者收购人已终止上市公司上市地位为目的而发出全面要约的。 |
| 12 | 上市公司因要约收购以外的其他原因导致股份分布发生变化连续二十个交易日不再具备上市条件的。 |
| 13 | 上市公司出现异常状况，交易所对其股票交易实行风险警示的。 |
| 14 | 上市公司出现《股票上市规则》第十四章（暂停、恢复、终止和重新上市）规定情况之一，或者发生重大事件而影响公司股票及其衍生品种上市资格的。 |

注：以上条款沪深证券交易所表述略有不同。

表 4.2 为李珊珊（2016）2015 年的统计数据。可以发现，“终止筹划重大资产重组、发行股份购买资产”“终止筹划非公开发行股份”“并购重组委审核”为上市公司股票停牌的前三大理由。

2016 年开始，部分上市公司以“股东质押股票接近警戒线或平仓线”为理由申请股票停牌，以此避免股价进一步下跌将导致的平仓或实际控制人发生转移的情况。

**表 4.2　沪深证券交易所上市公司 2015 年度停牌事由统计**

| 序号 | 停牌事由类型 | 次数 | 比例 | 终止次数 |
|---|---|---|---|---|
| 1 | 终止筹划重大资产重组、发行股份购买资产 | 770 | 36.32% | 242 |
| 2 | 终止筹划非公开发行股份 | 458 | 21.60% | 95 |
| 3 | 并购重组委审核 | 383 | 18.07% | — |
| 4 | 终止筹划员工持股计划 | 208 | 9.81% | 71 |
| 5 | 终止筹划股权激励 | 105 | 4.95% | 23 |
| 6 | 未及时披露异常波动公告 | 50 | 2.36% | — |
| 7 | 发行债券、债券评级调整或债券违约风险处置 | 36 | 1.70% | — |
| 8 | 申请撤销退市风险警示及其他风险警示 | 33 | 1.56% | — |

续表

| 序号 | 停牌事由类型 | 次数 | 比例 | 终止次数 |
| --- | --- | --- | --- | --- |
| 9 | 公司签订重大合同或框架协议 | 31 | 1.46% | — |
| 10 | 核查、澄清媒体报道 | 17 | 0.80% | — |
| 11 | 控股股东、实际控制人可能发生变更 | 12 | 0.57% | — |
| 12 | 回购股份 | 9 | 0.42% | — |
| 13 | 讨论利润分配方案 | 8 | 0.38% | — |
| 14 | 股东质押股票接近警戒线或平仓线 | 0 | 0.00% | — |
| 合计 | | 2 120 | 100.00% | 431 |

## 二、信息传播技术飞跃倒逼停复牌制度变革

20 世纪 90 年代末，由于中国境内证券市场信息披露的主要媒介是指定报纸，电子化程度低，信息传播速度慢，投资者数量少。出于减少信息不对称和保护投资者权益考虑，沪深证券交易所上市规则中规定了各类情形的停牌事项，其中大部分为例行停牌，停牌的情形包括发布定期报告、发布临时公告、召开股东大会、召开临时股东大会等，并规定停牌的最短时长为半天，使投资者有充分的时间评估信息。

21 世纪后，随着互联网技术的逐渐普及，信息传播速度发生了质的飞跃，此前停牌制度可能造成的频繁、长时间的停牌不仅失去了制度设计的初衷，还阻碍了证券交易的连续性。为了与技术发展相适应，不必要的例行停牌被逐渐缩短或取消：2002 年，沪深证券交易所将上市公司发布定期报告和临时公告的例行停牌时间由原来的交易日上午半天缩短为交易日开市后一小时；2008 年，取消了发布定期报告和发布临时公告的例行停牌；2012 年，取消了股票交易异常波动公告和召开股东大会的例行停牌。

沪深证券交易所上市公司股票停牌制度的演变呈现两大趋势：

一是随着技术的发展，缩短或取消不必要的停牌。如 2002 年将例行停牌时间由上午半天（2 小时）缩短为 1 小时；2012 年取消股票交易异常波动公告的例行停牌和股东大会召开日的例行停牌。

二是约束滥用停牌行为。如 2016 年的停复牌规则明确了相关重大事项的最长停牌时间及停复牌事项的信息披露要求等。

在沪深证券市场停复牌制度不断完善的过程中，存在过如下问题：

一是一些上市公司停牌具有随意性，且缺乏事后惩戒机制。2015 年，在千股跌停的背景下，上市公司纷纷以“筹划重大事项”等名义申请股票停牌，股票停牌的上市公司高达 1 700 余家，超过 A 股上市公司数的一半。之后，相当一部分上市公司以“终止筹划重大事项”为由申请股票复牌。据统计（李珊珊，2016），在 2015 年停牌样本中：终止筹划重大资产重组、发行股份购买资产的占筹划该事项的 31. 43%；终止筹划非公开发行股份的占筹划该事项的 20. 74%；终止筹划员工持股计划的占筹划该事项的 34. 13%；终止筹划股权激励的占筹划该事项的 21. 90%。“终止比例”较高，一定程度上反映了股票停牌的随意性，而事后也没有机制对随意停牌的上市公司进行惩戒。

二是一些大股东为了维护自己的利益进行股票停牌，损害中小股东的利益。例如股票质押式回购时股价接近预警线或平仓线，大股东进行停牌，阻碍了市场定价，影响了市场流动性，损害了中小股东的权益。

三是与境外市场相比，A 股市场存在停牌比例高、停牌时间长的现象。过多的停牌使得投资者在市场发生较大波动时无法及时应对风险；此外，在 A 股纳入 MSCI、资本市场互联互通加强、衍生品市场逐步发展的背景下，A 股市场的停复牌制度也需与国际接轨。

## 三、未来 A 股停复牌制度的发展趋势分析

### （一）事前进一步明确股票停牌情形

在资本市场联通加强、衍生品市场快速发展、A 股纳入 MSCI 指数等背景下，股票停牌的情形应进一步明确。

### （二）事中做好审核把关，推行强制复牌制度

对于公司提出的继续停牌申请，对照所规定的条件和要求，进行必要的审核把关，督促做好停牌期间的信息披露。此外，参考境外经验，对于上市公司提交停牌申请后数个交易日仍未发布信息的，酌情采取强制复牌等措施。

### （三）事后执行停牌回溯机制

长期停牌的上市公司复牌后，对其前后信息披露的一致性、真实性和完整性进行比照核对；存在滥用停牌和无故拖延复牌的，应采取相应的监管措施或纪律处分。对于长期停牌的上市公司，可根据情况采取挪出相关指数、取消其一段时间内的再融资资格、回购中小股东股票等措施。

# 第五章 股份减持制度

"合理规制股份减持，既要保护中小投资者合法权益，也要保障股东转让股份的应有权利，保障资本市场的基本功能的发挥。"

——作者按

股份减持是证券市场的一种专用术语，意即股份持有者在交易市场转让股份减少其持有份额的行为。

## 一、合理规制股份减持的必要性

合理规制股份减持，就是要通盘考虑、平衡兼顾，既要鼓励和倡导投资者形成长期投资、价值投资的理念，及时防范和堵塞无序减持漏洞，避免集中冲击投资者信心，维护二级市场稳定，保护中小投资者合法权益，也要关注市场的流动性，关注资本退出渠道是否正常。

### （一）股份减持的动因分析

股份减持主要指上市公司大股东（包括控股股东、特定股东、一致行动人等）、董监高等高管减持其持有的该上市公司流通股的行为，包括通过集中竞价市场卖出股份，也包括通过大宗交易、协议转让方式减持股份。

由于大股东、董监高或持股数量较大，或为公司的主要管理人员，其减持行为往往与公司业绩、公司长远发展等情况相联系，进而对股价及证券市场发展带来一定影响，因此，无论境外市场也好，还是境内证券市场，在制度上均对大股东、董监高等减持行为进行必要的规制，以维护证券市场的稳定发展。

大股东、董监高等高管减持股份有多方面原因，概括起来，大致有以下几点：

1. 公司的高估值

公司估值高低对大股东及高管是否减持以及减持比例等产生一定的影响。一般来说，公司估值偏离度越高，减持的意愿就越高，当大股东及董监高限售股份解禁后，就会抛售减持手中的流通股份。

2. 股市大幅波动

股市动荡，当股价处于高位时大股东、董监高往往会逢高减持。

3. 公司业绩预期不佳

因为对公司发展、未来的业绩等掌握和了解，因此当公司发展或业绩预期不佳时，往往最先考虑减持股份。

4. 投资需求

大股东为拓展公司业务，寻找利润增长点，也可能通过减持股份所得资金来实现公司发展的目标。

### （二）股份违规减持的影响

由以上减持动因分析可见，大股东、董监高减持股份原因多种，有出于追求个人利益目的，也有以公司发展为目的。对于利用所处职务优势追求个人目的高抛赚取利润的，以及因公司业绩预期不佳而利用信息优势提前大量减持股份的，这种行为不仅危害众多投资者利益，也危及证券市场的健康发展，因此应当严格加以控制并对违规者实行严厉处罚。

对于需要流动资金周转用于公司业务发展而减持手中股份的情况，在不影响市场稳定的前提下，应当对此做法给予保障。

综上所述，为了防止因各种情形减持而造成证券市场波动，保障投资者利益，在制度上应对大股东、董监高减持股份加以合理合法规范，从而达到依法适当减持，维护证券市场健康有序发展的效果。

### （三）境外市场减持制度

对各国（或地区）证券市场监管者而言，如何在保障和尊重大股东及董监高基本的减持权利、增强市场流动性的同时保障中小投资者利益和证券市场稳定，都是一项必须关注的重要问题。境外成熟市场均制定了详细的规范对减持问题加以严格规制，以下简要列举美国和中国香港市场相关减持制度。

1. 美国

美国《1933 年证券法》就减持制度做出原则规定，美国证券交易委员会制定的 144 规则进一步作了细化。此外，美国的内幕交易规则对于大股东及董事、高管的股票减持也作了一定的限制。

在 144 规则中，首先对于交易主体、证券类型和发行人类型作了区分：一是将交易主体分为关联方和非关联方，关联方是指直接或者间接控制发行人，或者被发行人控制，或者与发行人共同受第三方控制的人。二是根据证券的获得方式，将其分为受限证券和非受限证券。受限证券是指以私募方式直接或者间接从发行人或者关联方处获得的证券。三是根据证券持有人的不同，将其分为控股证券和非控股证券。控股证券是指不论以何种方式获得的，由关联方持有的证券。四是将发行人区分为报告公司和非报告公司。报告公司是指需要按照《1934 年证券交易法》的规定履行定期报告和临时报告等信息披露义务的公司。基于上述区分，144 规则进一步从证券的锁定期、交易申报、交易方式和减持数量等方面对减持行为作了规定和限制。

（1）关于锁定期要求

144 规则对于所有受限证券均规定了锁定期，并根据发行人类型的不同，规定了不同的锁定期：对于报告公司发行的受限证券，锁定期为 6 个月；对于非报告公司发行的受限证券，锁定期为 1 年。锁定期从买入证券并支付完毕全部对价后起算。

（2）关于交易申报要求

发行人的关联方在任意三个月内减持总量超过 5 000 股，或者总金额超过 5 万美元的，应当向 SEC 提交 144 表格。要求填写的信息主要涉及发行人的基本信息、本次减持数量、前三个月的减持情况等。此外，如果减持的证券是在全国性证券交易所交易的证券，证券持有人还应当向证券交易所提交 144 表格。

（3）关于交易方式要求

发行人的关联方只有通过以下方式减持时，才无须向 SEC 注册：1）委托经纪商进行交易；2）直接与做市商进行交易；3）无风险自营交易，即经纪商或者交易商按照客户的买卖指令，在市场上买卖证券以满足客户的要求。

（4）关于减持数量限制

发行人的关联方每任意三个月内可减持证券的数量总额不得超过下列数值中的较大者：1）发行人流通在外证券总量的 1%；2）履行交易申报要求的前四周内，该证券的每周平均交易量。

2. 中国香港

中国香港《香港证券及期货条例》《香港联交所综合主板上市规则》和《香港联交所综合创业板上市规则》对于持股 5% 以上的股东以及董事、高管的股票减持作出了具体规定，主要体现为锁定期和信息披露两个方面。

（1）公司上市后控股股东限售要求

中国香港减持制度的一个重要特点是 IPO 项目必须有锁定期。《香港联交所综合主板上市规则》和《香港联交所综合创业板上市规则》对控股股东在公司新上市后出售股份实施若干限制：一是上市之日起6个月内不得转让；二是上市之日起7个月至12个月内不得丧失控股地位；三是允许控股股东质押，但应如实披露；四是控股股东在上述期间额外买卖证券的，需要满足上市规则有关公众持股量的要求，以维持证券有一个公开市场及足够公众持股量。此外，在中国香港的市场实践中，IPO前承诺购买一定数量股份的机构投资者和大型企业等投资者也需要在IPO中遵守锁定期限制，时间通常为6个月。

（2）信息披露的要求

1）持股5%以上的股东的披露标准

发生下列情形时，持股5%以上的股东必须及时披露：①首次持有某一上市公司5%以上的股份的权益；②持有某一上市公司股份的权益下降至5%以下；③持股达到5%以后，持股比例跨越某个处于5%以上的百分率整数，如由6.8%增至7.1%，或者由8.1%降至7.8%。

2）董事和高管的披露标准

董事和高管较多地参与管理上市公司的事务，其披露责任更加广泛，须披露的信息主要如下：①其持有的上市公司的任何股份权益，且不只限于有投票权的股份；②其持有的上市公司的任何关联企业股份权益；③其持有的上市公司的债券权益；④其持有的上市公司任何关联企业的债券权益。同时，董事和高管须披露所有交易，没有比例界限，即便持有极少量的股份或者债券也要披露。

3）披露的时限和方式

一般情况下，持股5%以上的股东、董事及高管应当在需要披露的事件发生后的3个交易日内，按照香港证监会制定的表格填报相关信息，并按香港证监会要求的时间向上市公司和联交所发出通知；香港联交所应及时通过证券交易所网站公开披露。个别情况下，填报信息的时间可以延长至10个交易日。

美国和中国香港证券市场主要从限售期、减持方式、减持数量等多个方面，对大股东及董事、高管的减持行为进行规范和限制。从中可以看出其减持相关限制规定是比较严格的，在维护证券市场稳定、保护投资者利益方面发挥了良好作用，给中国境内证券市场提供了较好借鉴。结合中国境内证券市场自身特点，建议制定完善大股东及董监高相关减持制度，引导大股东及董监高依法、透明、有序减持。

## 二、内容与体系不断丰富完善的中国股份减持制度

中国境内规制股份减持的制度体系架构包括全国人大常委会制定的法律、中国证监会制定的部门规章以及证券交易所制定的落实股份减持制度的相关通知、规定等。以下主要从全国人大常委会制定的法律及中国证监会制定的部门规章层面予以分析。

### （一）全国人大常委会制定的法律

1.《公司法》

（1）《公司法》（1994 年版）

该法第一百四十七条对发起人股份及公司董监高所持股份转让进行了限制规定。这是中国最早规制证券市场股份减持的法律规定，原则性较为突出。

条文：

第一百四十七条　发起人持有的本公司股份，自公司成立之日起三年内不得转让。公司董事、监事、经理应当向公司申报所持有的本公司的股份，并在任职期间内不得转让。

（2）《公司法》（2006 年修订版）

该修订版对 1994 年施行的《公司法》进行了修订，其中第一百四十二条对涉及股份减持的条款进行了修订和补充：

1）将发起人股份“自公司成立之日起三年内不得转让”修改为“自公司成立之日起一年内不得转让”。同时，补充“公司公开发行股份前已发行的股份，自公司股票在证券交易所上市交易之日起一年内不得转让”的规定，将股份减持限制考量维度从公司成立后的一定时间增加到上市交易后的一定时间。

2）将董监高所持股份的减持限制由“任职期内不得转让”修改为“在任职期间每年转让的股份不得超过其所持有本公司股份总数的百分之二十五”。同时，也补充了“自股票上市交易之日起一年内不得转让”的规定。此外还首次规定董监高离职后半年内不得转让其所持本公司股份。

条文：

第一百四十二条　发起人持有的本公司股份，自公司成立之日起一年内不得转让。公司公开发行股份前已发行的股份，自公司股票在证券交易所上市交易之日起一年内不得转让。公司董事、监事、高级管理人员应当向公司申报所

持有的本公司的股份及其变动情况，在任职期间每年转让的股份不得超过其所持有本公司股份总数的百分之二十五；所持本公司股份自公司股票上市交易之日起一年内不得转让。上述人员离职后半年内，不得转让其所持有的本公司股份。公司章程可以对公司董事、监事、高级管理人员转让其所持有的本公司股份作出其他限制性规定。

此后，《公司法》分别于2013年、2018年进行了修正，但是上述规定未作修改，保留在现有《公司法》（2018修正版）第一百四十一条中。

2.《证券法》

（1）《证券法》（1999年版）

该法第四十一条、第四十二条和第七十九条规定了两方面的内容：

1）对持股达到5%的投资者规定了履行报告制度的情形，且在履行报告期间禁止买卖所持股份。

2）对大股东（持5%以上的股东）短线交易进行了约束，即“将其所持有的该公司的股票在买入后六个月内卖出，或者在卖出后六个月内又买入，由此所得收益归该公司所有”。

条文：

第四十一条　持有一个股份有限公司已发行的股份百分之五的股东，应当在其持股数额达到该比例之日起三日内向该公司报告，公司必须在接到报告之日起三日内向国务院证券监督管理机构报告；属于上市公司的，应当同时向证券交易所报告。

第四十二条　前条规定的股东，将其所持有的该公司的股票在买入后六个月内卖出，或者在卖出后六个月内又买入，由此所得收益归该公司所有，公司董事会应当收回该股东所得收益。但是，证券公司因包销购入售后剩余股票而持有百分之五以上股份的，卖出该股票时不受六个月时间限制。

第七十九条　通过证券交易所的证券交易，投资者持有一个上市公司已发行的股份的百分之五时，应当在该事实发生之日起三日内，向国务院证券监督管理机构、证券交易所作出书面报告，通知该上市公司，并予以公告；在上述规定的期限内，不得再行买卖该上市公司的股票。

投资者持有一个上市公司已发行的股份的百分之五后，通过证券交易所的证券交易，其所持该上市公司已发行的股份比例每增加或者减少百分之五，应当依照前款规定进行报告和公告。在报告期限内和作出报告、公告后二日内，不得再行买卖该上市公司的股票。

（2）《证券法》（2006 年修订版）

该修订版对 1999 年《证券法》进行了修订。其中第四十七条、第八十六条对《证券法》（1999 年版）第四十一条、第四十二条、第七十九条进行了修订和补充：

1）对履行报告制度以及在履行报告制度期间禁止买卖所持股份的规定中，除了持股达到 5% 的投资者应当遵守该规定外，增加了“投资者通过协议、其他安排与他人共同持股达到 5% 情形的”，也须同样遵守该规定。

2）除了对持股 5% 以上大股东短线交易进行约束外，增加了对董监高短线交易同样的约束。

条文：

第四十七条　上市公司董事、监事、高级管理人员、持有上市公司股份百分之五以上的股东，将其持有的该公司的股票在买入后六个月内卖出，或者在卖出后六个月内又买入，由此所得收益归该公司所有，公司董事会应当收回其所得收益。但是，证券公司因包销购入售后剩余股票而持有百分之五以上股份的，卖出该股票不受六个月时间限制。

公司董事会不按照前款规定执行的，股东有权要求董事会在三十日内执行。公司董事会未在上述期限内执行的，股东有权为了公司的利益以自己的名义直接向人民法院提起诉讼。

公司董事会不按照第一款的规定执行的，负有责任的董事依法承担连带责任。

第八十六条　通过证券交易所的证券交易，投资者持有或者通过协议、其他安排与他人共同持有一个上市公司已发行的股份达到百分之五时，应当在该事实发生之日起三日内，向国务院证券监督管理机构、证券交易所作出书面报告，通知该上市公司，并予公告；在上述期限内，不得再行买卖该上市公司的股票。

投资者持有或者通过协议、其他安排与他人共同持有一个上市公司已发行的股份达到百分之五后，其所持该上市公司已发行的股份比例每增加或者减少百分之五，应当依照前款规定进行报告和公告。在报告期限内和作出报告、公告后二日内，不得再行买卖该上市公司的股票。

（3）《证券法》（2019 年修订版）

该修订版对《证券法》（2006 年版）进行了修订，其中：

1）第四十四条对《证券法》（2006 年版）第四十七条进行了补充，主要为扩大短线交易规制主体范围：将股票在国务院批准的其他全国性证券交易场所交易的公司的相关人员纳入短线交易规制主体，明确公司自然人股东及董监高的配偶、父母、子女直接或间接持有的证券，合并计算；并授权国务院证券监督管理机构规定短线交易规制的除外情形。

条文：

第四十四条　上市公司、股票在国务院批准的其他全国性证券交易场所交易的公司持有百分之五以上股份的股东、董事、监事、高级管理人员，将其持有的该公司的股票或者其他具有股权性质的证券在买入后六个月内卖出，或者在卖出后六个月内又买入，由此所得收益归该公司所有，公司董事会应当收回其所得收益。但是，证券公司因购入包销售后剩余股票而持有百分之五以上股份，以及有国务院证券监督管理机构规定的其他情形的除外。

前款所称董事、监事、高级管理人员、自然人股东持有的股票或者其他具有股权性质的证券，包括其配偶、父母、子女持有的及利用他人账户持有的股票或者其他具有股权性质的证券。

公司董事会不按照第一款规定执行的，股东有权要求董事会在三十日内执行。公司董事会未在上述期限内执行的，股东有权为了公司的利益以自己的名义直接向人民法院提起诉讼。

公司董事会不按照第一款的规定执行的，负有责任的董事依法承担连带责任。

2）第六十三条对《证券法》（2006 年版）第八十六条进行了补充，主要为两个方面：一是完善持股 5% 以上股东的信息披露与“慢走”规则。增加投资者持股达 5% 后每增减 1% 即披露的有关要求；对于持股达 5%，及在此基础上每增减 5% 时的信息披露与暂停买卖义务，授权国务院证券监督管理机构进行除外规定。二是明确规定违规增持股份不得行使表决权的期限。投资者违反持股达到 5% 及每增减 5% 两种情形的信息披露与暂停买卖要求的，所买入的相关股份 36 个月内不得行使表决权。

条文：

第六十三条　通过证券交易所的证券交易，投资者持有或者通过协议、其他安排与他人共同持有一个上市公司已发行的有表决权股份达到百分之五时，应当在该事实发生之日起三日内，向国务院证券监督管理机构、证券交易所作出书面报告，通知该上市公司，并予公告，在上述期限内不得再行买卖该上市公司的股票，但国务院证券监督管理机构规定的情形除外。

投资者持有或者通过协议、其他安排与他人共同持有一个上市公司已发行的有表决权股份达到百分之五后，其所持该上市公司已发行的有表决权股份比例每增加或者减少百分之五，应当依照前款规定进行报告和公告，在该事实发生之日起至公告后三日内，不得再行买卖该上市公司的股票，但国务院证券监督管理机构规定的情形除外。

投资者持有或者通过协议、其他安排与他人共同持有一个上市公司已发行的有表决权股份达到百分之五后，其所持该上市公司已发行的有表决权股份比例每增加或者减少百分之一，应当在该事实发生的次日通知该上市公司，并予公告。

违反第一、第二款规定买入上市公司有表决权的股份的，在买入后的三十六个月内，对该超过规定比例部分的股份不得行使表决权。

### （二）中国证监会制定的部门规章

1.《上市公司股东持股变动信息披露管理办法》（2002 年版，已废止）第十五～第十八条、《上市公司收购管理办法》（2006 年版、2014 年版）第十三条与《证券法》（2006 年版）第八十六条规定相同，不再赘述。

2.《上市公司董事、监事和高级管理人员所持本公司股份及其变动管理规则》（2007 年）

该《管理规则》是涉及规范董监高减持股份较为全面的规定，不仅融合了《公司法》和《证券法》对董监高减持限制的主要规定，并且对相关规定作了进一步补充和细化：

（1）增加了董监高承诺期内不得转让的规定；增加了法律、法规、中国证监会和证券交易所规定的其他情形的兜底规定（第四条）。

（2）明确了《公司法》（2006 年版）第一百四十二条规定的董监高涉及每年转让不得超过 25% 的“转让”类型为“通过集中竞价、大宗交易、协议转让等方式”；增加了不受转让比例限制的情况：上市公司董事、监事和高级管理人员所持股份不超过 1 000 股的，可一次全部转让（第五条）。

（3）对于上市公司履行特定报告期内不得买卖本公司股票的规定，原先仅在《证券法》中对投资者和一致行动人进行规范，现在《管理规则》中增加了董监高在上市公司履行特定报告期内不得买卖本公司股票的规定（第十三条）。

条文：

第四条　上市公司董事、监事和高级管理人员所持本公司股份在下列情形下不得转让：（一）本公司股票上市交易之日起1年内；（二）董事、监事和高级管理人员离职后半年内；（三）董事、监事和高级管理人员承诺一定期限内不转让并在该期限内的；（四）法律、法规、中国证监会和证券交易所规定的其他情形。

第五条　上市公司董事、监事和高级管理人员在任职期间，每年通过集中竞价、大宗交易、协议转让等方式转让的股份不得超过其所持本公司股份总数的25%，因司法强制执行、继承、遗赠、依法分割财产等导致股份变动的除外。上市公司董事、监事和高级管理人员所持股份不超过1 000股的，可一次全部转让，不受前款转让比例的限制。

第十二条　上市公司董事、监事、高级管理人员应当遵守《证券法》第四十七条规定，违反该规定将其所持本公司股票在买入后6个月内卖出，或者在卖出后6个月内又买入的，由此所得收益归该上市公司所有，公司董事会应当收回其所得收益并及时披露相关情况。

第十三条　上市公司董事、监事和高级管理人员在下列期间不得买卖本公司股票：（一）上市公司定期报告公告前30日内；（二）上市公司业绩预告、业绩快报公告前10日内；（三）自可能对本公司股票交易价格产生重大影响的重大事项发生之日或在决策过程中，至依法披露后2个交易日内；（四）证券交易所规定的其他期间。

3. 证监会公告〔2015〕18号文

2015年7月8日，中国证监会发布一项公告，即证监会公告〔2015〕18号文。该项公告主要为三条内容：

（1）从即日起6个月内，上市公司控股股东和持股5%以上的股东（以下并称大股东）及董事、监事、高级管理人员不得通过二级市场减持本公司股份。

（2）上市公司大股东及董事、监事、高级管理人员违反上述规定减持本公司股份的，中国证监会将给予严肃处理。

（3）上市公司大股东及董事、监事、高级管理人员在6个月后减持本公司股份的具体办法，另行规定。

该公告出台的背景是针对2015年证券市场发生的非理性下跌的大波动，为了维护证券市场的稳定，切实保护投资者利益，紧急出台了这一规定。该规定对法律及相关制度涉及的大股东及董监高不可转让情形之外的其他可以转让股份的情形一律进行了暂时性的封闭限制（六个月期限），同时明确表明对于违反者予以严肃处理。

4.《上市公司大股东、董监高减持股份的若干规定》（证监会公告〔2016〕1号公告）

上述证监会公告〔2015〕18号文对大股东、董监高减持的特殊限制期限为六个月，六个月后，即2016年1月7日，为了继续规制大股东、董监高减持行为，维护证券市场稳定，中国证监会颁布了《上市公司大股东、董监高减持股份的若干规定》［以下简称《若干规定》，（〔2016〕1号公告）］。该《若干规定》（〔2016〕1号公告）在以下方面对大股东、董监高减持行为做了补充规定：

（1）对大股东、董监高因涉嫌违法犯罪被立案调查、侦查期间，以及在相关处罚决定之后一段期间内不得减持股份进行规定。

条文：

第六条　具有下列情形之一的，上市公司大股东不得减持股份：（一）上市公司或者大股东因涉嫌证券期货违法犯罪，在被中国证监会立案调查或者被司法机关立案侦查期间，以及在行政处罚决定、刑事判决作出之后未满六个月的。（二）大股东因违反证券交易所自律规则，被证券交易所公开谴责未满三个月的。（三）中国证监会规定的其他情形。

第七条　具有下列情形之一的，上市公司董监高不得减持股份：（一）董监高因涉嫌证券期货违法犯罪，在被中国证监会立案调查或者被司法机关立案侦查期间，以及在行政处罚决定、刑事判决作出之后未满六个月的。（二）董监高因违反证券交易所自律规则，被证券交易所公开谴责未满三个月的。（三）中国证监会规定的其他情形。

（2）对大股东减持信息预披露进行规范。规定上市公司大股东计划通过集中竞价交易减持股份的，应当于首次卖出的15个交易日前预先披露减持计划。

条文：

第八条　上市公司大股东计划通过证券交易所集中竞价交易减持股份，应当在首次卖出的15个交易日前预先披露减持计划。上市公司大股东减持计划的内容应当包括但不限于：拟减持股份的数量、来源、减持时间、方式、价格区间、减持原因。

(3) 对大股东减持额度进行规范。规定上市公司大股东在三个月内通过证券交易所集中竞价交易减持股份的总数，不得超过公司股份总数的百分之一。

条文：

第九条 上市公司大股东在三个月内通过证券交易所集中竞价交易减持股份的总数，不得超过公司股份总数的百分之一。

(4) 对大股东通过协议转让后不再具有大股东身份的，规定出让方、受让方在一定期限内（六个月）继续遵守《若干规定》(〔2016〕1号公告）第八条、第九条减持预披露制度和减持额度的规定。

条文：

第十条 通过协议转让方式减持股份并导致股份出让方不再具有上市公司大股东身份的，股份出让方、受让方应当在减持后六个月内继续遵守《若干规定》(〔2016〕1号公告）第八条、第九条减持预披露制度和减持额度的规定。

(5) 对违反《若干规定》(〔2016〕1号公告）减持股份的，规定对相关账户采取六个月或十二个月禁止减持的处罚措施。

条文：

第十二条 上市公司大股东、董监高未按照本规定减持股份的，证券交易所应当视情节采取书面警示等监管措施和通报批评、公开谴责等纪律处分措施；情节严重的，证券交易所应当通过限制交易的处置措施禁止相关证券账户六个月内或十二个月内减持股份。

上述五个方面为《若干规定》(〔2016〕1号公告）的主要内容。由于2015年股市大幅波动，股价非理性下跌，2016年伊始又连续两次熔断，在这一背景下，中国证监会为了稳定股市、重塑投资者信心，紧急出台了上述规定。上述背景下出台的相关规定自然引起市场的广泛关注和重视，市场人士在普遍认同紧急“救市”所起到的效果的情况下，也对相关规定指出了不足之处并提出予以完善的意见建议。主要包括：

1)《若干规定》(〔2016〕1号公告）第八条提前十五日预披露以及第九

条减持额度的规定，适用于大股东在证券交易所通过集中竞价交易减持股份，但是却不适用其通过大宗交易方式或通过协议转让的方式减持股份。

2）《若干规定》（〔2016〕1号公告）第九条减持额度的规定，仅适用于大股东，但是却没有适用于其一致行动人的分散减持行为。

3）《若干规定》（〔2016〕1号公告）第十条对大股东通过协议转让后不再具有大股东身份的，规定出让方、受让方在一定期限内（六个月）继续遵守《若干规定》（〔2016〕1号公告）第八条、第九条减持预披露制度和减持额度的规定，仅适用于协议转让，但是却不适用其通过大宗交易方式减持股份。

针对上述意见，中国证监会对《若干规定》（〔2016〕1号公告）进行了修订，并于2017年5月26日公布实施《上市公司股东、董监高减持股份的若干规定》（证监会公告〔2017〕9号）。

5.《上市公司股东、董监高减持股份的若干规定》（证监会公告〔2017〕9号）

2017年5月26日公布实施的《上市公司股东、董监高减持股份的若干规定》（以下简称《若干规定》，〔2017〕9号公告），对《若干规定》（〔2016〕1号公告）进行了修订，修订的主要内容如下：

（1）修订了《若干规定》（〔2016〕1号公告）的适用对象，将上市公司大股东修订为上市公司股东。修订后，在规范大股东（持股5%以上股东）减持行为的基础上，适用对象上增加了上市公司控股股东和其他减持公司首次公开发行前股份、上市公司非公开发行的股份的股东。

条文：

第二条 上市公司控股股东和持股5%以上股东（以下统称大股东）、董监高减持股份，以及股东减持其持有的公司首次公开发行前发行的股份、上市公司非公开发行的股份，适用本规定。

（2）修订了减持预披露制度的适用对象，除了上市公司持股5%以上的大股东应当遵守之外，增加了董监高须同样遵守的规定。

条文：

第八条 上市公司大股东、董监高计划通过证券交易所集中竞价交易减持股份，应当在首次卖出的15个交易日前向证券交易所报告并预先披露减持计划，由证券交易所予以备案。

（3）修订了大股东在3个月内通过集中竞价交易减持额度的条款，增加在减持额度的计算上与一致行动人合并计算的规定。

条文：

第九条　上市公司大股东在3个月内通过证券交易所集中竞价交易减持股份的总数，不得超过公司股份总数的1%。股东通过证券交易所集中竞价交易减持其持有的公司首次公开发行前发行的股份、上市公司非公开发行的股份，应当符合前款规定的比例限制。股东持有上市公司非公开发行的股份，在股份限售期届满后12个月内通过集中竞价交易减持的数量，还应当符合证券交易所规定的比例限制。适用前三款规定时，上市公司大股东与其一致行动人所持有的股份应当合并计算。

（4）增加了上市公司大股东通过大宗交易方式减持股份时，出让方和受让方应当遵守证券交易所关于减持数量、持有时间等规定。

条文：

第十一条　上市公司大股东通过大宗交易方式减持股份，或者股东通过大宗交易方式减持其持有的公司首次公开发行前发行的股份、上市公司非公开发行的股份，股份出让方、受让方应当遵守证券交易所关于减持数量、持有时间等规定。适用前款规定时，上市公司大股东与其一致行动人所持有的股份应当合并计算。

为了落实上述规定，深交所于2017年5月27日发布了《深圳证券交易所上市公司股东及董事、监事、高级管理人员减持股份实施细则》。在第五条规定中，对大股东或者特定股东（注：特定股东即大股东以外的持有的公司首次公开发行前发行的股份、上市公司非公开发行的股份的股东）采取大宗交易方式的减持数量、受让方受让后的限制等作了规定。即“在任意连续九十个自然日内，减持股份的总数不得超过公司股份总数的百分之二。前款交易的受让方在受让后六个月内，不得转让其受让的股份”。

6.《科创板上市公司持续监管办法（试行）》

针对科创板，2019年3月1日，中国证监会出台了《科创板首次公开发行股票注册管理办法（试行）》和《科创板上市公司持续监管办法（试行）》等规章制度。其中，《科创板上市公司持续监管办法（试行）》第四章对科创板上市公司相关股东和董监高股份减持做了专门规定。主要方面是：将是否盈利作为相关股东及董监高股份减持的考量标准。此外，根据科创板上市公司的特点，增加了核心技术人员减持的规定，并对以上事项授权交易所进行具体细化规定。

主要条款为：

（1）第十七条 上市时未盈利的科创公司，其控股股东、实际控制人、董事、监事、高级管理人员、核心技术人员所持首发前股份的股份锁定期应当适当延长，具体期限由交易所规定。

（2）第十八条 科创公司核心技术人员所持首发前股份的股份锁定期应当适当延长，具体期限由交易所规定。

为了落实上述规定，上海证券交易所在制定的《上海证券交易所科创板股票上市规则》“股份减持”章节中规定：一、大股东及董监高等高管对于公司上市时未盈利的，在公司实现盈利前，自公司股票上市之日起3个完整会计年度内，不得减持首发前股份。二、核心技术人员自公司股票上市之日起12个月内和离职后6个月内不得转让本公司首发前股份。

此外，上海证券交易所还对存在相关重大违法情形，触及退市标准的科创板上市公司，作了“自相关行政处罚决定或者司法裁判作出之日起至公司股票终止上市前，控股股东、实际控制人、董事、监事、高级管理人员不得减持公司股份”的规定。

上述以是否盈利作为相关股东及董监高股份减持的考量规定，以及发生重大违法情形、触及退市标准不得减持公司股份的规定，同样也体现在了2020年4月27日证监会关于《创业板上市公司持续监管办法（试行）》草案征求意见稿及深交所关于《深圳证券交易所创业板股票上市规则（2020年修订）》中。

由上可见，中国境内证券市场关于大股东、董监高减持方面的规制历程是一个逐步完善的过程。由最初的《公司法》《证券法》等基本法律所作的较为原则性的规定，到后来中国证监会出台或修订细化的相关部门规章以及证券交易所配套的实施细则等，减持制度内容和体系得以不断丰富和完备。相关减持制度对于保障中国境内证券市场的稳定发展和投资者权益保护起到了积极的作用。

## 三、值得考量的几个市场关注点

当然，由于中国境内证券市场起步晚、发展快，市场情况十分复杂，如果制度跟不上市场发展出现滞后的现象多次发生或长期得不到有效解决，将会对市场的稳定发展产生不良影响。因此，必须充分吸取教训，不断总结经验，结合市场发展的特点，进一步完善修订相关制度，防范可能产生的新的风险。

在不断总结经验教训的进程中，现行的减持方式和行为已经得以较好地规制，尤其是2017年5月26日中国证监会修订出台的《若干规定》（〔2017〕9号公告），是目前较为行之有效的规定。该公告对之前的相关规定进行了修订完善，进一步封堵了制度漏洞，对证券市场健康有序发展起到了积极的作用。针对目前的减持规范制度，如下几点值得关注和考量。

### （一）减持预披露的适用范围

关于《若干规定》减持预披露15日的规定，目前仅适用于大股东及高管通过集中竞价交易减持股份，并不适用于通过大宗交易或协议转让方式减持股份。那么，对于通过大宗交易或协议转让减持股份的，是否需要一并实行预披露15日的规定？关于这一问题，也存在有关规定不完全统一的情况。比如2013年中国证监会出台的《关于进一步推进新股发行体制改革的意见》规定"持股5%以上的股东减持时，须提前三个交易日予以公告"。此条的预披露规定并没有仅限于集中竞价交易减持，因此可以理解为同样适用于大宗交易等方式。

有观点认为，大股东及高管的减持行为对中国目前市场会产生较大的影响，因为大股东及高管掌握了公司的核心信息，了解公司的经营状况，市场投资者往往视其减持行为为公司业绩等状况的重要标尺。因此，无论通过集中竞价还是大宗交易或协议转让方式，一律适用预披露制度可以让投资者知晓其减持计划，从而有助于其决定投资策略，回避相关风险。同时，在进一步深入研究并确定预披露是否有必要扩充至大宗交易、协议转让后，相关规定应保持统一。

### （二）违反信息披露规则的处罚力度

目前，对信息披露规则的落实执行一个重要方面就是提高违法成本。比如在行政处罚金额方面，大股东及高管违法披露信息所处罚金额最高为一千万元人民币（2019年《证券法》修订之前仅为人民币六十万元），而美国对违规者罚金可高达数亿美元，这一严厉的处罚力度可以对大股东及高管起到很好的震慑作用。其次，在人身处罚方面，中国刑法规定最高为十年以下有期徒刑，而美国最高可达二十年监禁。相较而言，中国对违反信息披露规则的处罚力度远低于美国等成熟市场。当然，此次新《证券法》出台后，在处罚金额方面已有了大幅提高，对于加大对信息披露违规者的处罚力度，加大其违法成本，起到了积极的作用。

### （三）高管等减持规定不够细化

有意见认为，现有法律对于高管等减持规定尚不够全面。高管减持比例数量没有在区分不同情况不同阶段的基础上作出区别规定，也没有与公司业绩或高管职位高低相联系。这种不够细化的规定会影响高管减持规制的实际效果。因此，完善高管等减持规定可以从以下三方面考量：

1. 区分高管的离职方式。对于为了套现提前或非正常离职的，应当延长持股禁售期或缩小其减持比例（证券交易所最新的实施细则中对该情形已补充了延长持股禁售期的规定）。

2. 针对不同级别的高管，规定不同的股份减持规则。这是因不同级别的高管其减持对公司影响是不同的，级别越高，可能影响越大。因此，级别高的，禁售期、减持比例等应有更为严格的减持规制。

3. 将高管等减持与公司经营业绩等联系起来。若公司业绩下滑，可以缩小高管减持比例，或者延长禁售期等。目前，科创板已经规定了在公司实现盈利前，高管及大股东（包括核心技术人员）不得减持首发前股份。未来可考虑将是否盈利等公司经营业绩情况与高管（或大股东）减持首发前股份进行挂钩，以督促高管等更好地经营上市公司。

### （四）对触发风险提示公司的股东减持行为规范不够完善

对触发风险提示公司的股东减持行为规范不够完善，未对上市公司财务指标不达标等情形触发风险提示的上市公司股东减持行为作出限制。

对于触发风险提示的公司，可考虑参照科创板或创业板相关规则中关于发生重大违法情形、触及退市标准不得减持公司股份的相关规定，禁止主板、中小板等控股股东、实际控制人、董监高减持。

### （五）缺乏激励限售股股东长期持有的机制

可考虑优化限售股所得税政策，根据持股期限实行差异化征收。可按照股东持有首发前限售股的时间长短，差异化征收转让首发前限售股的所得税。

综上所述，可以对高管减持进行动态管理，进一步完善高管减持制度，灵活合理规制不同情形下的高管减持行为，达到高管减持规制的实际成效。

# Chapter 2

# 第二部分　证券结算制度沿革

# 第六章　证券账户管理制度

"对证券账户的管理是证券市场的一项基础性工作，直接关系到市场参与者和广大投资者的切身利益。"

——作者按

中国的证券账户体系伴随着证券市场的发展不断完善。从证券账户的发展历史来看，它是一个从地方到全国、从分散到集中统一的过程，而促成其变革的动力主要来自日益发展的证券市场对在证券登记、托管、交易和结算等环节提高效率、降低成本的不断追求。自证券市场出现以来，中国证券账户管理制度经历了四个主要发展阶段。

## 一、证券账户的萌芽

### （一）上海市场

1990 年 12 月 19 日，上交所开业。从开业第一天起，上交所就明确"本所建立证券集中保管制度，设立证券集中保管库"，要求"委托人办理委托买卖股票时，须将股票实物全额存入或账面形式存入本所"。上交所为此设立了清算部承担股票集中过户业务，实行 T + 3 实物股票交割。但鉴于大量分散的实物股票交割对市场交易造成的压力，自 1991 年 2 月起，上交所取消了股票实物交割，改为通过库存证券账目划转的方式予以解决。同年 7 月，为降低手工作业风险、提高业务效率，上交所决定实行电脑自动过户，即要求其会员单位在接受客户买卖股票申报时必须登记客户的"股东名卡"编号，并准确输入电脑（交易系统）。基于此，新入市的投资者须先至上交所办理领取股东名卡后方可参与交易，上海市场证券账户因此产生。随后，上交所发布《关于调换股票账户的通知》，逐步取消股东名卡，以股票账户替代，要求投资者全额存入所持有的股票。

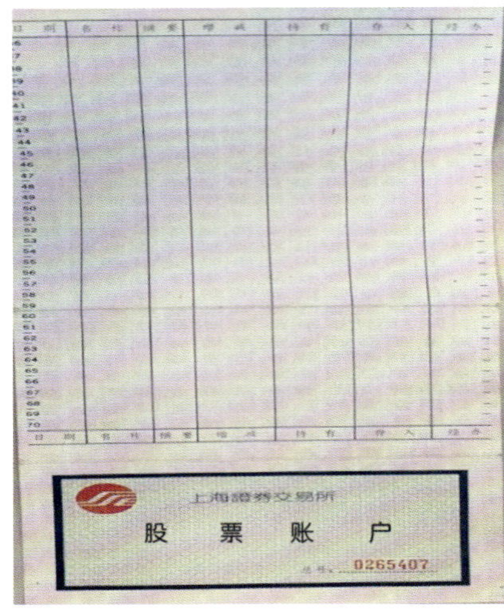


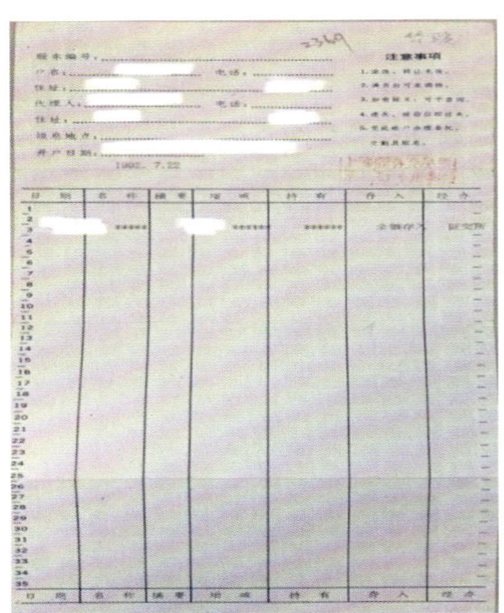


**图 6.1　上交所股票账户存折**

1993 年 3 月 8 日，上交所撤销内设的清算部，分离相关登记结算业务，设立全资子公司——上海证券中央登记结算公司。自此，投资者的上海股票账户开立工作由上海证券中央登记结算公司承担。同一上海股票账户可在任一家上交所会员单位（即证券公司）的任一地下属证券营业部进行买卖，即所谓的“通买通卖”。

### （二）深圳市场

1988 年，深圳产生了股票交易二级市场。当时，股份公司发行股票的范围局限于其所在地，股东持有实物股票并进行实物交易，二级市场交易量比较小。因此，股票发行公司自备股东名册，自行对股票交易进行登记过户，投资者通过持有实物股票来确立其所有权，不必另外开立专门的证券账户。

1990 年 8 月 18 日，深圳市政府批准成立证券过户公司。1990 年 11 月 26 日，深圳证券过户公司正式更名为深圳证券登记有限公司（简称深圳证券登记公司）。公司成立后，上线了第一套证券登记系统，并开始使用电脑系统开展股东名册的集中登记。同期，深圳市场最早的五家股票发行公司深发展、深万科、深金田、深原野和深安达（时称“老五股”）逐步从“一户一票”改为“一手一票”，深市开始换发标准手股票，将每人一张股票换为每人多张标准手股票。在换发登记的同时，也相应产生了股东代码卡，这标志着深市证券账户的正式引入。深市的证券账户时称“股东代码卡”，记录了股东的姓名、证件号码和银行存折号码。

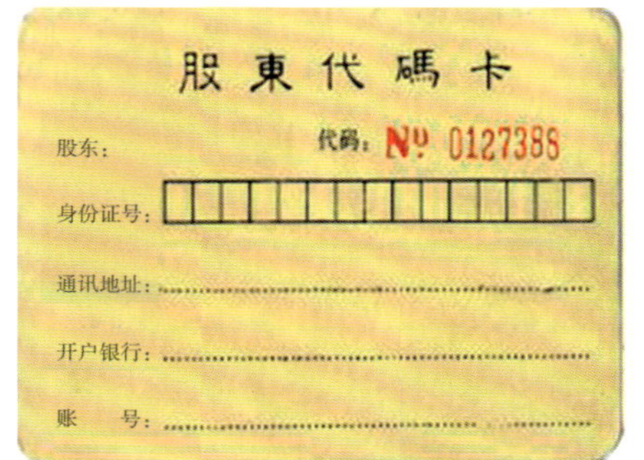
股東代碼卡
股东：　代码：№ 0127388
身份证号：
通讯地址：
开户银行：
账　　号：

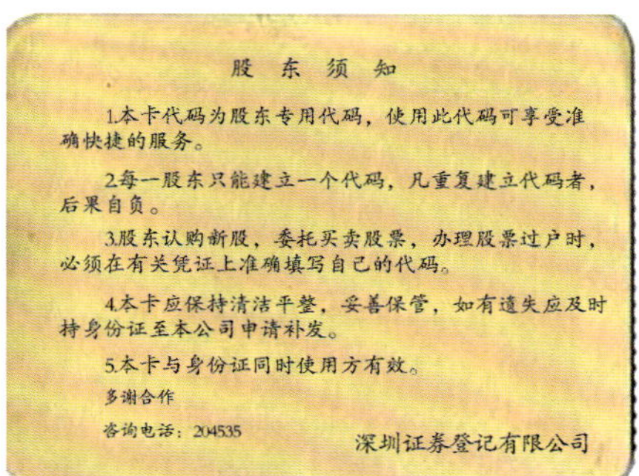
股 东 须 知
1.本卡代码为股东专用代码，使用此代码可享受准确快捷的服务。
2.每一股东只能建立一个代码，凡重复建立代码者，后果自负。
3.股东认购新股，委托买卖股票，办理股票过户时，必须在有关凭证上准确填写自己的代码。
4.本卡应保持清洁平整，妥善保管，如有遗失应及时持身份证至本公司申请补发。
5.本卡与身份证同时使用方有效。
多谢合作
咨询电话：204535
深圳证券登记有限公司

图 6.2　深市股东代码卡①

1990 年 12 月 1 日，为配合深交所试营业，深圳证券登记公司完成了深安达标准手股票的换发登记，深安达率先在深交所挂牌集中交易。1991 年 4 月 3 日，随着“老五股”全部换发为标准手股票，深圳证券登记公司完成了上市公司股东名册的集中登记，为深市证券无纸化登记存管和深交所电脑撮合竞价交易打下良好基础。

1991 年 12 月起，深圳证券市场着手实行“股票存折化”，即将股票实物由投资者持有、委托期间由证券公司分散保管改为由深圳证券登记公司集中保管。证券公司作为深圳证券登记公司的代理机构对投资者出具股票存折，投资者携带股票存折进行交易，成交后由证券公司通过计算机在股票存折上划转过户。“股票存折化”降低了实物股票交割的风险，大大提高了证券市场的交易效率。

## 二、各地登记机构代理开户形成分布式登记体系

### （一）上海市场

1992 年后，上海市场由地方市场向全国市场发展，在此过程中，面临如何为异地投资者开户的问题。上海市场主要通过委托新股发行的承销商、上市推荐人与发行公司代理开户的方式解决异地投资者开户问题。1994 年随着各地证券登记公司的成立，上海市场开始委托地方证券登记公司开户。投资者向

① 该类卡于 1990 年开始启用，适用于深圳 A 股账户，正面有“股东代码卡”字样，背面有“深圳证券登记有限公司”字样；手写或打印账户号码；如手写账户号码，需加盖“深圳证券登记有限公司登记部”印章。

地方证券登记公司申请注册开立证券账户，再向证券公司申请下挂证券账户，并在证券公司开立资金账户并存入资金后，即可发起交易委托。为解决“通买通卖”容易出现投资者证券被盗卖的问题，上交所于 1994 年推出了可选择性指定交易制度，即由投资者自行选择是否办理指定交易。办理指定交易后的投资者证券账户只能在指定席位进行交易，没有办理指定交易的仍可以“通买通卖”。1998 年 3 月，根据《上海证券交易所全面指定交易制度试行办法》，上交所在全国范围内对股票等记名证券的委托买卖实行全面指定交易制度。

在此阶段，各地方证券登记机构不定期向上海证券中央登记结算公司申请领取一批股东账号空号，并按其开户规则为投资者办理开户业务。在每批股东账号使用 20% 时，将已登记开户的股东资料按统一数据格式向上海证券中央登记结算公司报送，报送数量要求取整千个或整百个；每批股东账号使用约 80% 时，则需要将已开户的股东资料报送上海证券中央登记结算公司并结清开户费，才能申请下一批股东账号。

### （二）深圳市场

1992 年后，各地的股份公司不断到深交所上市，各地投资者也开始参与深市交易，深圳证券市场从地方市场向全国市场发展。受当时通信条件的限制，深圳以外的投资者参与深圳市场极为不便。为改变这一状况，深圳证券登记公司协助各省市参照深圳证券市场的运作模式，成立专职的地方证券登记公司，负责为当地有参与深市交易需求的投资者开立证券账户，并办理当地股份公司在深交所上市的实物股票托管业务，分布式登记体系逐渐形成。

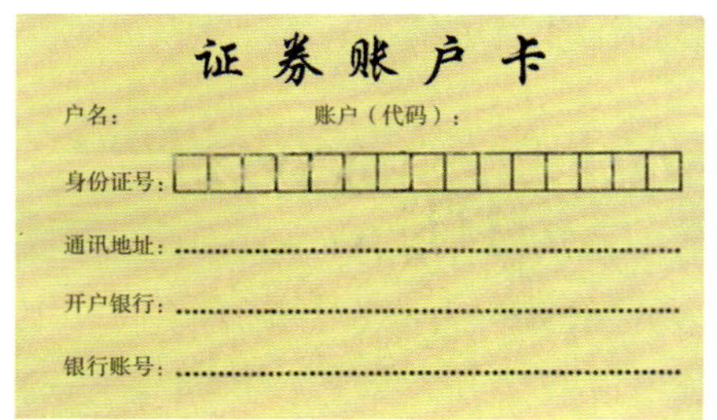
证券账户卡
户名：
账户（代码）：
身份证号：
通讯地址：
开户银行：
银行账号：

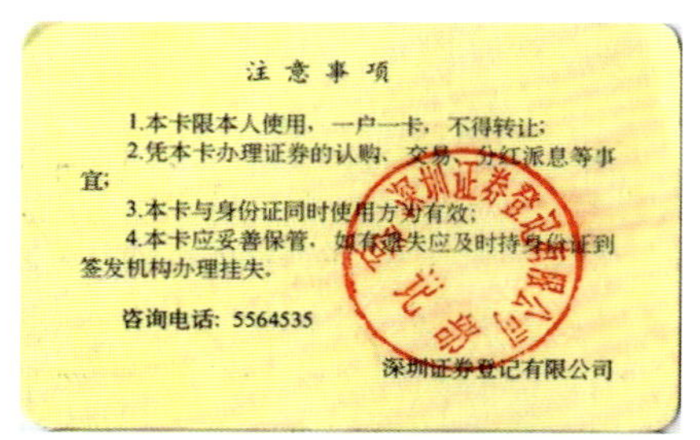
注意事项
1.本卡限本人使用，一户一卡，不得转让；
2.凭本卡办理证券的认购、交易、分红派息等事宜；
3.本卡与身份证同时使用方为有效；
4.本卡应妥善保管，如有遗失应及时持身份证到签发机构办理挂失。
咨询电话：5564535
深圳证券登记有限公司

图 6.3　证券账户卡①

① 该类卡于 1992 年开始启用，适用于深圳 A 股账户，正面有“证券账户卡”字样，背面有“深圳证券登记有限公司”字样；手写或打印账户号码；如手写账户号码，需加盖“深圳证券登记有限公司登记部”印章。

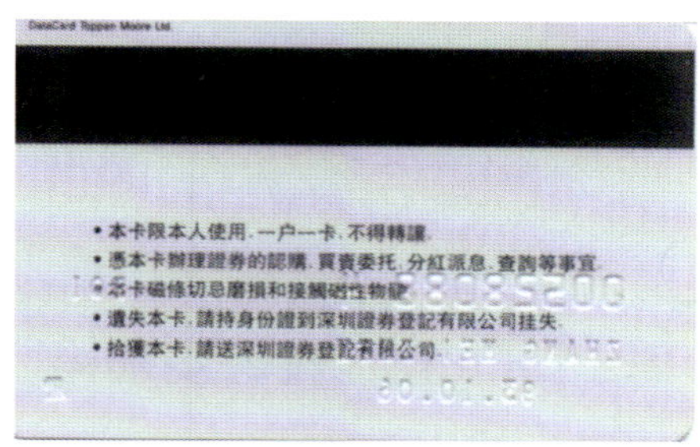


图 6.4　深市股东代码卡①

在分布式登记体系下，地方证券登记公司只负责当地证券账户开立和当地投资者股票持有记录维护（时称“二级明细数据”）。如果甲地投资者到乙地交易，需在乙地证券登记公司重新开立账户。深圳证券登记公司则集中登记了深市上市公司的股东名册，对深圳地区投资者登记二级明细数据，对异地投资者的持有数据只登记到异地证券登记公司和异地券商名下（时称“一级持股数据”）。

1995 年 8 月，深市进行了证券账户开户方式改革，对原异地证券登记公司开立的证券账户进行统一换卡换号，实现深市证券账户号码全国统一。在此基础上，1996 年 5 月 18 日，深市完成股份二级明细账的集中管理，取代了原分布式登记体系，异地证券登记公司不再负责当地投资者的股份登记业务，仅作为开户代理机构存续了一段时间。

受制于当时的技术条件，沪深两市分散的地方证券登记公司与证券公司之间无信息交互渠道，部分投资者基于新股抽签、“坐庄”等原因，利用他人身份证开立多个证券账户并下挂在同一资金账户名下，导致证券账户实名信息与资金账户不一致的情况时有发生，俗称“麻袋”账户和“拖拉机”账户。同时，由于尚缺乏投资者身份核验系统和信息交互系统，证券账户注册主体身份不真实、冒名顶替、资料更新不及时不准确的问题时有发生。

① 该类卡于 1993 年 9 月开始启用，适用于深圳 A 股账户，为阴阳八卦图案的银灰色磁卡。

图 6.5　深交所统一换发的证券账户卡①

## 三、证券公司代理开户并落实账户实名制

2001 年，全国集中统一的证券登记结算机构——中国结算成立，负责全国的证券账户管理工作，逐步探索建立起证券账户实名制管理长效机制。同时为便利投资者开户、提高开户效率，中国结算委托证券公司作为开户代理机构，终止了地方证券登记公司代理开户业务。2002 年，中国结算颁布实施《证券账户管理规则》，规范投资者通过证券公司代理开立证券账户的各个环节，尤其是对核验投资者实名开户的身份证明材料作出明确要求，同时明确了对于开户代理机构的自律管理措施。证券账户实名开户问题逐步落实。

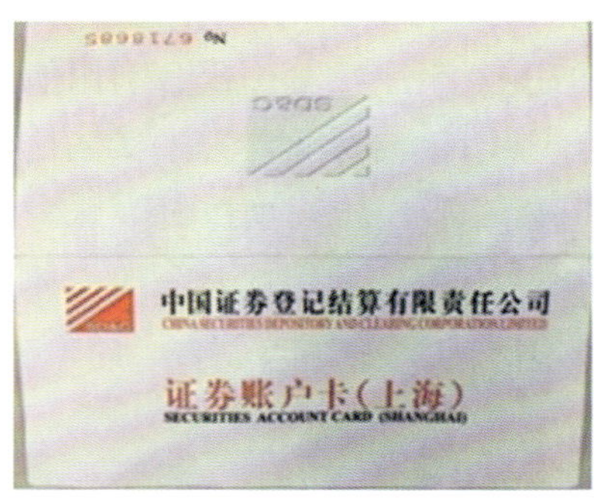


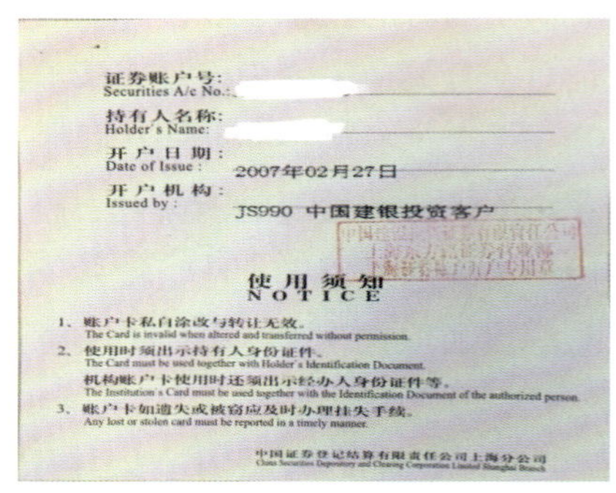


① 该卡于 1995 年 10 月开始启用，适用于 A 股证券账户；账户号码为 8 位，全国通用，印刷“深圳证券交易所”字样。

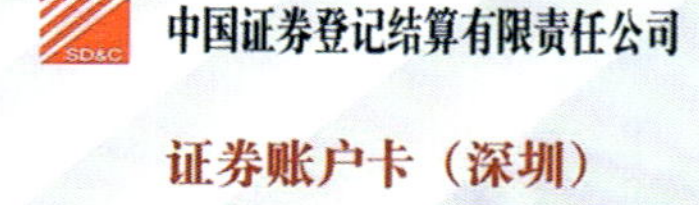



图 6.6　中国结算启用的证券账户卡①

为整治中国境内证券市场前十几年发展积累下来的诸多不规范账户，如名称或身份证明文件号码有误、冒用他人名义开户、证券账户与资金账户信息不匹配等，更好地保护投资者合法权益，2007 年至 2008 年，在中国证监会领导下，中国结算、上交所、深交所、各证券公司等市场参与方以及各地证监局密切配合、通力合作，在全市场范围内开展了账户规范工作，重点针对存量资金账户与证券账户名不副实的违规情况，对不符合要求的证券账户作出相应的限制性措施。

2008 年，《证券公司监督管理条例》颁布并施行，明确了证券公司对投资者姓名和名称的审查义务，要求同一客户开立的资金账户和证券账户的姓名或者名称应当一致。自此以后，证券端与资金端账户的实名统一问题以及证券账户开立环节实名注册登记遇到的问题基本得以解决。

在这一阶段，还曾短暂出现了一类账户——股份转让账户。2001 年 6 月 12 日，为解决原 STAQ、NET 系统②挂牌公司及退市公司等非上市公司的股份流通问题，规范证券公司代办股份转让服务业务（俗称“老三板”），中国证

① 中国结算成立后，很快换发了该类证券账户卡。该卡于 2002 年 4 月启用，适用于深圳 A 股账户及基金账户。

② STAQ 系统（Securities Trading Automated Quotations System），指全国证券交易自动报价系统；NET 系统（National Exchange and Trading System），指中国证券交易系统。为规范法人股流通事宜，1992 年 7 月和 1993 年 4 月，中国证券市场研究中心和中国证券交易系统有限公司先后在北京成立了 STAQ 系统和 NET 系统，两者都以交易法人股为主，因此它们也一度被称为“法人股流通市场”。1998 年，为整顿金融秩序、防范金融风险，国务院办公厅转发中国证监会《关于清理整顿场外非法股票交易方案的通知》，将非上市公司股票、股权证交易视为“场外非法股票交易”，予以明令禁止。1999 年 9 月，STAQ 系统及 NET 系统相继停止交易。

券业协会发布了《证券公司代办股份转让服务业务试点办法》。由于涉及退市公司，转让风险较大，《证券公司代办股份转让服务业务试点办法》规定投资者参与股份转让必须开立股份转让账户。

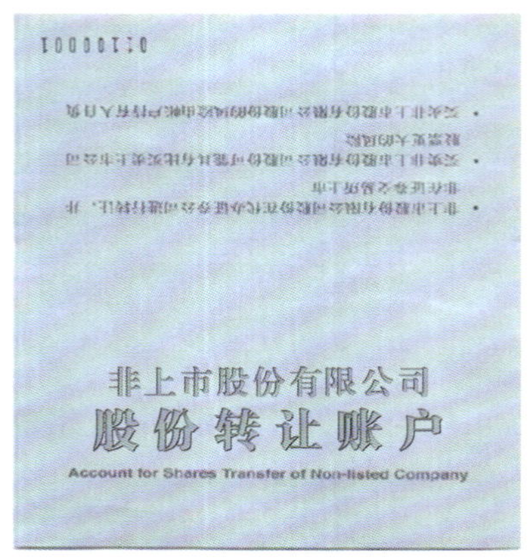


图 6.7　非上市股份有限公司股份转让账户①

2006 年，中关村科技园区非上市股份公司进入代办转让系统进行股份报价转让，俗称“新三板”。股份报价转让系统采取了大幅提高单笔交易最低股数和非担保交收等新制度。随着股份报价转让系统的风险控制机制日益完善，股份转让账户已无须单独开设。2009 年，中国结算发布《关于股份转让账户与深市主板账户合并的通知》，决定停开股份转让账户，直接使用深市证券账户。2012 年，全国股转系统成立，2013 年 12 月 31 日起面向全国接收企业挂牌申请。全国股转系统沿用原有账户模式，即直接使用深市证券账户。

## 四、构建一码通账户体系

由于历史原因，在开展证券账户整合工作以前，中国境内证券市场主要按照“分市场、分证券品种设立账户”的原则设置了沪深 A 股账户、沪深 B 股账户、沪深封闭式基金账户、沪深信用账户等一系列证券账户。同一投资者在不同市场参与不同证券品种的交易需开设多类账户。在投资者账户信息相对割裂的条件下，监管部门只能以“账户”为单位进行监管。

---

① 该卡于 2001 年 6 月启用，适用于深圳股份转让账户，正面有“非上市股份有限公司股份转让账户”字样。

为适应多层次资本市场建设需要，完善集中统一的登记结算制度，解决沪深两套账户以及账户分市场设置造成的信息割裂等问题，2012 年中国结算主动开展证券账户整合工作。历时两年多，统一账户平台于 2014 年 10 月上线。期间共计梳理了 154 项业务规则、细则、指南、指引和业务通知，统一了沪深市场证券账户，实现了“一套账户、一套规则、一套系统”，账户管理抓手实现由“户”到“人”。

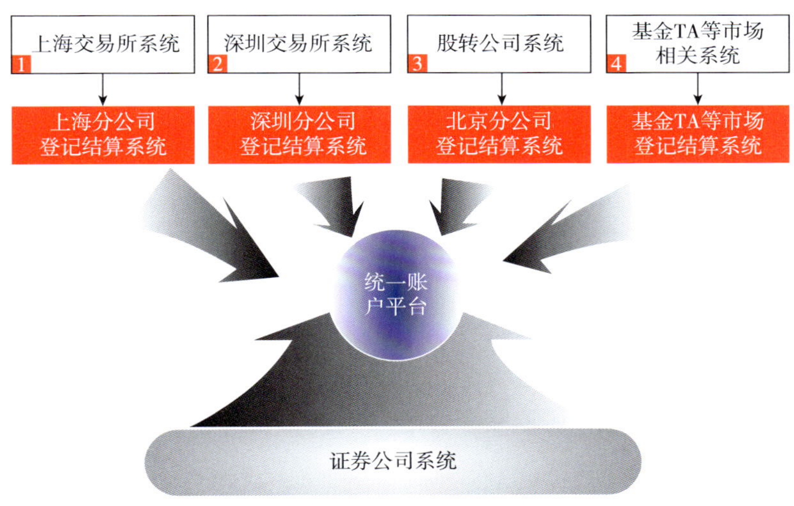


图 6.8　统一账户平台系统

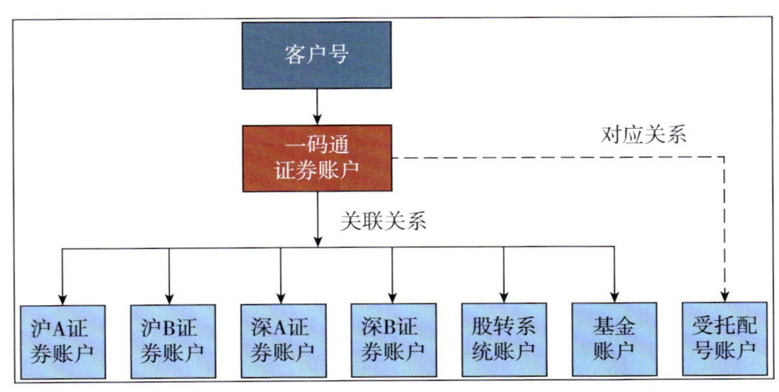


图 6.9　一码通账户体系

一码通账户体系以投资者为单位进行账户设置及身份管理，将原来各自分散的不同市场账户依照同一投资者进行归集，打通了各子账户之间的屏障，构建了投资者身份统一识别、投资者信息统一归集、投资者证券资产统一登记的账户体系，从而实现由账户管理向投资者管理的提升。

一码通账户体系的建立，解决了账户不通用问题，不同市场账户在一码通账户层面实现身份信息的统一管理。一码通账户作为证券总账户，用于汇总记载投资者各个子账户下证券持有及变动的情况，在权属一致的基础上实现了投资者证券资产的集中登记，同时实现了投资者不同子账户的关联，打通了各子账户之间的屏障，为以投资者为单位进行市场监察提供了便利。此外，将分散在各子账户上的投资行为进行统一归集，全面反映投资者各市场投资特征，即利用一码通账户记录投资者分级评价等适当性管理信息，从而建立完整准确的投资者适当性管理制度。

2015 年，A 股市场发生异常波动。为解决跨期现市场投资者身份识别难问题，实现期现市场联动监控，中国结算及期货市场监控中心等单位在中国证监会领导下，于 2015 年 9 月启动了跨期现一码通账户体系建设工作。跨期现一码通账户体系建设以一码通账户体系为基础，将存量期货账户经权属确认后纳入一码通账户体系，并构建新开户环节即实时建立期现账户匹配关系、账户业务联动处理的跨期现一码通账户体系，相关技术系统于 2016 年 7 月底正式上线运行。

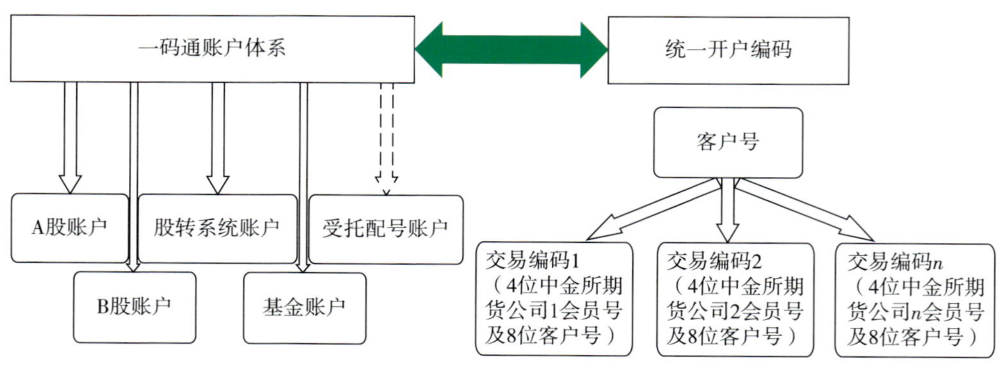


图 6.10　跨期现一码通账户体系

跨期现一码通账户体系建设进一步实现了从账户向投资者的转变，并集中归集了原散落于证券市场与期货市场的投资者信息，实现了金融期货市场和证券市场的互联互通，有利于促进资本市场登记结算风控体系建设，有利于监管部门以投资者为单位进行跨市场风险监控，有利于防控资本市场系统性和重大风险，跨市场监管迈出坚实一步。

为进一步充分发挥一码通账户体系助力监管的作用，中国结算于 2018 年 9 月将沪港通和深港通下通过香港联交所进行 A 股证券交易的投资者（即“沪深股通北向投资者”）识别码纳入一码通账户体系，实现了境内外市场的互联互通，有利于监管部门以投资者为单位进行跨市场风险监控，跨市场监管又迈出了坚实一步。在国际货币基金组织（International Monetary Fund，IMF）和世界银行（the World Bank，WB）组织的金融部门评估项目[①]（Financial Sector Assessment Program，FSAP）中，中国资本市场的看穿式监管也被誉为世界领先的业务实践，成为中国向国际资本市场贡献的“中国智慧”和“中国方案”。

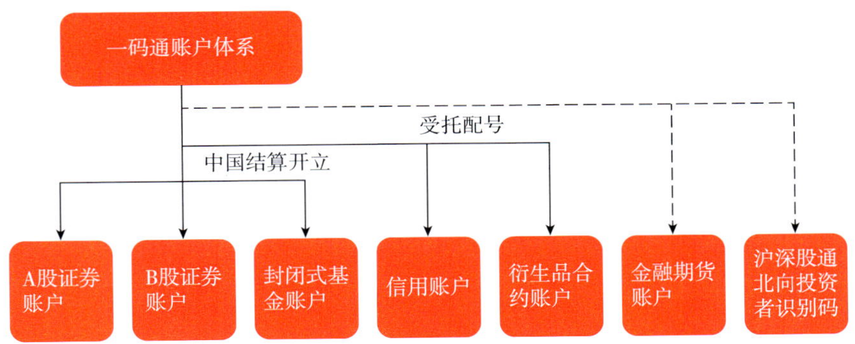


图 6.11　一码通账户体系现状图

① FSAP 是由国际货币基金组织和世界银行组织在总结 1997 年亚洲金融危机经验教训的基础上，于 1999 年 5 月联合推出的衡量一国金融市场稳定性的评估项目。目前全球有 130 多个国家完成了 FSAP 评估。

# 第七章 证券登记、存管及托管制度

"无纸化改革降低了股票登记结算的成本与风险，提高了市场效率，为证券市场从地方性走向全国性奠定了基础，也使证券登记结算机构采取全国集中统一运营方式为证券交易提供集中登记、存管与结算服务成为可能。"

——作者按

证券登记是指证券发行人或其委托的证券登记机构维护证券持有人名册从而确认证券权属状态的行为。中国境内证券市场的证券登记以直接登记为主，间接登记为辅。证券托管则是指证券公司和商业银行等托管机构接受投资者委托，代其保管证券并提供代收红利等权益维护服务的行为。证券存管是指中央证券存管机构（CSD）受证券公司等参与人的委托，集中保管参与人的客户证券和自有证券，并提供相关权益维护服务的行为。目前，中国结算建立起集中统一的登记体系，并作为中央证券存管机构，统一办理沪深两地市场的证券存管业务。

## 一、从分散登记到集中登记

中国境内证券市场建立初期即基本实现了证券的无纸化发行与交易，证券登记结算机构也相应设立了电子化证券簿记系统，并利用计算机技术与通信技术迅猛发展的契机，顺应证券市场发展的需要，建立起集中统一的登记体系。

### （一）实物股票与早期登记实践

1. 发行人自行登记时期

20 世纪 70 年代末，国有企业改革在全国范围内推广，股份制改革应运而生。80 年代，境内股票市场崭露头角。最初，境内证券交易场所尚未成立，股票分散式发行和登记，交易规模小，交易方式原始，相关制度对证券登记结算关注较少，也未引入证券托管及存管的概念，投资者主要通过直接占有实物股票确认其所有权。具体为：投资者自行保管购买的纸质股票，交易时买卖双方直接见面议价，资金的清算交收由当事人自行解决，证券的交收理论上可到发行企业或其委托的金融机构（登记处）直接办理变更登记，但实际上多以背书或直接转手的方式私下交付股票。专业的证券登记机构也未出现，发行公司自行登记证券和协调分红派息工作。

图 7.1　上海爱使电子设备公司股票（“老八股”之一）

图 7.2　宝安县联合投资公司股金证样本

2. 证券公司分散登记时期

20 世纪 80 年代，境内证券柜台交易开始发展，证券公司相继成立，证券登记结算业务也逐步规范。各证券公司自主规定了最初的证券登记规则，开始了专业证券机构代理登记模式，为发行公司办理初始、变更、配股登记和权益分派业务，但尚无托管功能。1988 年迎来了证券公司设立高潮，全国 20 多个省、自治区和直辖市成立了证券公司，为未来证券市场建立集中交易、中央存管和二级托管的体系架构奠定了基础。

因证券“分散登记、分散过户”，证券转让十分不便。80 年代中后期，股票标准化之路开启。深市证券公司逐步采用“一户一票”的方式进行证券登记，将各种形式的股份凭证换发为较正式的股票，在一定程度上规范了登记、方便了交易。

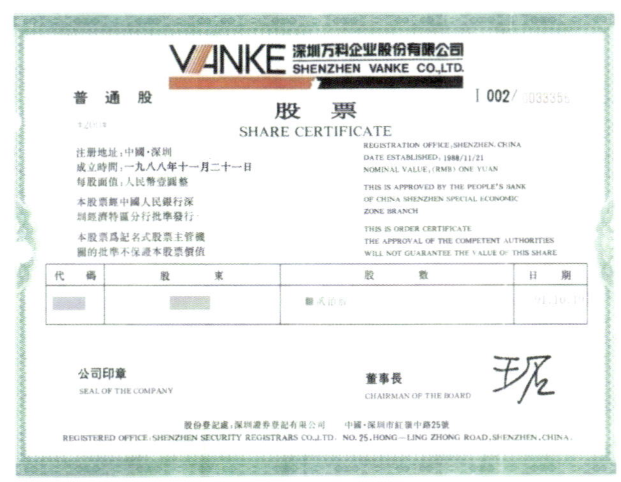

VANKE 深圳万科企业股份有限公司
SHENZHEN VANKE CO.,LTD.

普 通 股

I 002/

股 票
SHARE CERTIFICATE

注册地址：中國·深圳
成立時間：一九八八年十一月二十一日
每股面值：人民幣壹圓整
本股票經中國人民銀行深圳經濟特區分行批準發行
本股票爲記名式股票主管機關的批準不保證本股票價值

REGISTRATION OFFICE: SHENZHEN, CHINA
DATE ESTABLISHED: 1988/11/21
NOMINAL VALUE: (RMB) ONE YUAN
THIS IS APPROVED BY THE PEOPLE'S BANK OF CHINA SHENZHEN SPECIAL ECONOMIC ZONE BRANCH
THIS IS ORDER CERTIFICATE
THE APPROVAL OF THE COMPETENT AUTHORITIES WILL NOT GUARANTEE THE VALUE OF THIS SHARE

| 代碼 | 股東 | 股數 | 日期 |
| --- | --- | --- | --- |
| | | | |

公司印章
SEAL OF THE COMPANY

董事長
CHAIRMAN OF THE BOARD

股份登記處：深圳證券登記有限公司　中國·深圳市紅嶺中路25號
REGISTERED OFFICE: SHENZHEN SECURITY REGISTRARS CO.,LTD.　NO. 25, HONG-LING ZHONG ROAD, SHENZHEN, CHINA.

图 7.3　“一户一票”制下的万科股票

“一户一票”是指无论某个股票持有人或认购人持有多少股票，证券公司只为其印制一张记载其姓名和持股数量的股票。证券公司定期根据股票交易过户结果重新印制股票。

分散式登记时期，证券公司各自为政，一方面活跃了证券市场，另一方面也逐渐呈现出业务不统一带来的效率问题。

3. 股票标准化与专业证券登记机构

在分析了分散式登记的缺陷后，深圳开始筹建证券登记过户专门机构。深圳证券登记公司于 1991 年 1 月经中国人民银行批准成立，成为境内证券市场的第一家证券登记结算专业机构。1993 年，上海证券中央登记结算公司设立。由此，境内证券登记存管拉开序幕，开始参照国际标准，以股票标准化工作为切入点，逐步开展证券登记业务。

深圳证券登记公司成立后，用“一手一票”取代了“一户一票”，其印制和换发的标准股票成为深圳证券市场流通证券的主要形式，市场运作效率有了较大提高，降低了营私舞弊和黑市交易的可能性，并为股票集中托管的实施奠定了基础。“一手一票”，即各发行公司的股票统一规定为每股面值一元，按不同公司的股票分别确定每若干股（通常为500股或100股）为一手，每一手发行一张标准股票，股票设计式样、要素、印刷均执行统一标准。境内证券市场由此开启了由专职证券登记机构负责办理证券印制和登记业务的时代。

图 7.4　“一手一票”制下的万科标准股票

### （二）无纸化过渡期

境内股票的标准化和集中登记在一定程度上解决了“分散登记”的问题，并降低了营私舞弊和黑市交易的可能性，但是，实物股票仍在流通。试想，一家公司要发行新股，就可能有几十万张股票要盖钢印，效率非常低。随着证券市场交易量的不断增长，证券有纸化交收带来的效率问题也日益凸显。20 世纪 60 年代末，美国证券市场便在证券交收方面出现“纸面作业危机”，甚至一度导致市场定期休市以缓解有纸化交收压力。

1991 年，境内股市交易空前活跃，实物股票运作的低效率与急剧增大的交易量不相适应，成为证券市场发展的桎梏。证券非移动化和无纸化应运而生。

证券非移动化，即实物证券集中存管在中央证券存管机构，证券交收环节不再需要实物的交付，只需在簿记系统中记录证券权属的转移。而证券无纸化则更进一步，即证券发行、交易及登记以电子化形式进行，电脑账面记录取代实物证券，投资者不再需要用实物股票来作为股份拥有权的法定凭证。

1991 年，境内市场开始回收投资者手中的股票以便集中存管，即证券的非移动化；同年开始无纸化发行。

1991 年 9 月，上交所从开业后的第一只新股（兴业房产）开始，通过交易系统进行首次公开发行（Initial Public Offerings，IPO），试行无纸化发行。虽然兴业房产印了 30% 的实物股票，却一张都没发出去，最后全部存放至上交所的证券仓库。从 1992 年下半年开始，上交所的新上市公司不再发行实物股票。

1992 年初，深圳首只 B 股股票南玻 B 采用无纸化的方式发行成功。因 B 股出现时间较晚，借鉴国际证券市场的先进经验进行框架建设，从发行、交易到交收都实现了无纸化运作模式，且完全运用现代电子技术，实现了高度电子化。从 1993 年 11 月深科技发行“簿记券式股票”开始，深交所的 A 股上市公司也不再发行实物股票。经过两年的努力，深圳市场实现了股票的无纸化发行与交易。

因此，沪深证券交易所的 A 股到 1993 年底就全部实现了无纸化发行。从 1998 年开始，很多博物馆就已经把早期上市公司的股票界定为文物，比如北京天龙、深发展、深原野等股票。

无纸化改革降低了股票登记交收的成本与风险，提高了股票市场的运作效率，也为证券市场从地方性走向全国性奠定了基础。

### （三）向集中登记迈进

沪深证券市场是全国证券市场的先行者。随着改革推进与经济发展，异地公司赴沪深证券交易所上市的需求与日俱增。沪深证券市场从地方性市场逐步走向了全国，异地投资者、异地证券公司纷沓而至。

1. 上海市场

上海市场自上交所开业之初，便由内设的清算部负责登记结算业务，统一接受投资者办理名册登记并开立股票账户，实现了沪市的集中登记。

2. 深圳市场

深圳市场通过“分布式登记”业务模式的过渡，逐步实现了投资者明细账的集中管理。

（1）深市“分布式登记”

1993 年开始，为方便外地投资者、上市公司办理证券登记业务，在当时的技术条件下，深圳市场推出了“分布式登记”模式。

在该模式下，各省市设立的57家地方登记公司为当地投资者、上市公司提供相关登记服务，深圳证券登记公司作为中央登记机构，汇集所有登记数据，为上市公司掌管股东名册，提供股票发行登记、过户登记、股息红利派发、协助召开股东大会等服务，形成了分层次的证券登记体系。对深圳本地投资者来说，深圳证券登记公司则同时充当着中央和地方登记机构的双重角色。

分布式登记模式初期为数量众多的异地投资者入市解决了开户及过户登记的燃眉之急。随着通信条件的改善，该模式下的证券账户不通用、转托管手续繁杂等一系列问题日益凸显，改革迫在眉睫。

（2）深市集中管理股份明细账

随着市场发展和技术条件改善，从1995年下半年开始，深圳证券登记公司逐步改变原来由各地登记公司分散管理开立证券账户和投资者资料的分布式登记模式，统一管理证券账户资料、实现证券账户在全国各地的通用，建立中央登记系统；同时，不同于过去由深圳证券登记公司、各地登记公司和证券公司三个层面共同管理股份的做法，深圳证券登记公司建立中央存管系统，直接集中管理证券公司的证券总账及其名下投资者明细账，同时证券公司也共同管理其名下投资者的明细股份，以深圳证券登记公司的明细为准，证券公司每日接收深圳证券登记公司的数据进行对账，实现了股份的集中管理。

在向集中登记迈进的过程中，上位法律的颁布对实现集中统一的证券登记存管业务起到了极大促进作用。1998年，全国人大常委会通过《证券法》，明确了证券登记结算机构由中国证监会批准设立和监管，并具有存管上市交易证券的法定地位。

在实现股份集中管理后，地方登记公司承担的股份登记托管业务逐步退出。部分地方登记公司改组为证券营业部，全国57家地方登记公司逐步退出历史舞台。

**（四）集中统一的登记体系**

作为资本市场根本大法的《证券法》于1999年7月1日开始实施。《证券法》对证券登记结算机构作出了规范：“证券登记结算采取全国集中统一的运营方式。”依照上述规定，经中国证监会批准，中国结算于2001年3月30日正式成立，同年9月，中国结算上海分公司、深圳分公司成立；10月，中国结算承接上海证券中央登记结算公司和深圳证券登记公司原有业务，上海证券中央登记结算公司和深圳证券登记公司注销。《证券法》规定的全国集中统一运营的证券登记结算体系由此形成。

中国结算开始以崭新的面貌，秉承安全、高效的基本原则，为资本市场提供规范、灵活、多样的登记结算服务，成为中国最重要的金融市场基础设施之一。

## 二、证券存管和托管制度的演变

中国境内证券市场起步相对较晚，但后来居上，恰逢电子信息科技的蓬勃发展，利用后发优势，短短数年就实现了全面无纸化和集中登记存管的登记结算体系。

### （一）实物股票阶段——酝酿准备期

中国境内证券市场的实物股票阶段（1978—1990 年）尚未引入证券托管及存管的概念，投资者主要通过直接占有实物股票确认其所有权。此时中国的证券交易场所尚未成立，股票分散式发行和登记，交易规模小，交易方式也比较原始。前面提到过，投资者自行保管在证券机构柜台购买的纸质股票，交易时买卖双方直接见面议价，资金的清算交收由当事人自己解决，证券的交收理论上可到发行企业或其委托的金融机构（登记处）直接办理变更登记，但实际上多以背书或直接转手的方式私下交付股票。

1987 年 9 月，深圳经济特区证券公司成立，主要承担国库券柜台转让、股票发行、股票登记、换发股票、派息、扩股和代理交易等职能，尚无托管功能。1988 年迎来证券公司设立高潮，全国 20 多个省、自治区和直辖市成立了证券公司，这些证券公司为未来证券市场建立集中交易、中央存管和二级托管的体系架构奠定了基础。

### （二）无纸化和存管、托管的发展

随着交易场所集中交易制度的建立和证券无纸化改革的推行，中国境内证券市场的托管业务在交易场所的大力推动下全面铺开：投资者若要买进交易所持有的实物股票，必须先将股票托管在证券公司，并将实物股票存入交易场所指定的存管机构；无纸化发行则要求投资者必须通过指定托管的证券公司缴纳认购款。中央存管和二级托管的模式也随之形成。

1. 上海市场

上交所设立之初，建立了证券的中央存管和二级托管制度，即投资者将证券托管在证券公司，证券公司将证券存管到上交所（中央登记存管机构）。具体来看，设立证券集中保管库，用于保管在上交所上市交易的证券；证券公司作为上交所的会员，向集中保管库寄存和提领证券；“委托人办理委托卖股票时，须将股票实物全额存入或账面形式存入本所”。[①] 虽然上交所规定必须先将股票托管和存管后才能交易，但实际运作中仍存在大量分散的实物交割，影响了清算交收的效率。

1991 年 2 月 5 日起，上交所决定取消证券的实物交割，一律通过库存证券账目划转方式予以解决，即证券的“非移动化”。作为过渡，不能通过账目划转完成证券交割的证券公司，可去上交所指定的证券保管处送交或提领实物券。

1991 年 5 月，上交所开始回收投资者手中上海本地公司发行的股票（俗称“老八股”[②]）。最初投资者不愿意上交，但不久之后股市上涨，由于上交所规定未将股票上交并记入股票账户的投资者不得进场交易，投资者为了卖出股票，开始上交“老八股”。

1991 年 7 月，为解决手工账目划转效率低下、容易出错的问题，上交所正式推行电脑自动过户，要求投资者必须开立股票账户，并将持有的股票全额存入交易场所；会员在接受投资者的买卖委托时，不再出具实物股票相关证明，也不再进行实物股票的交付。1991 年 7 月到 9 月，实物股票被大规模集中回收，基本实现了证券的集中存管。

2. 深圳市场

深交所在设立之初即开始研究实施股票的存管和托管制度，在短短几个月内构建了股票的集中存管和托管架构，实现了证券的全面无纸化。

1991 年 12 月 28 日深交所、深圳证券登记公司发布了《股票集中托管方案实施细则》，规定客户要买进股票，必须在深圳市任一家或几家证券公司开设托管户口；要卖出股票，必须先将股票托管，托管的股票由证券公司存入深

---

① 参见《上海证券交易所交易市场业务规则》，上交所 1993 年 1 月发布，现已废止。

② 分别是：上海申华电工联合公司、上海豫园旅游商城股份有限公司、上海飞乐股份有限公司、上海真空电子器件股份有限公司、浙江凤凰化工股份有限公司、上海飞乐音响股份有限公司、上海爱使电子设备股份有限公司、上海延中实业股份有限公司。

圳证券登记公司；买卖股票不再进行实物股票交割；“在托管户的股东，其红股及配股将计入托管商户口及分户口（股票存折）”。即深圳证券登记公司是深圳本地上市公司股票的登记机构和中央证券存管机构，明确了托管和存管的制度要求。

1991 年 12 月 28 日至 1992 年 1 月 8 日期间，宝安股票首先进行了集中托管。截至 1992 年 3 月 19 日，多数交易活跃的股票均已存管到深圳证券登记公司，实现了深圳市场已发行股票的集中存管。在对实物股票处理方面，深圳证券登记公司将收到的股票打孔后存放于专门的库房，相当于注销了实物股票，实现了证券的无纸化。自此，深圳市场正式建立起了中央证券存管制度。

图 7.5　股票集中存管时深圳证券登记公司工作人员在清点股票

# 第八章　证券结算制度

"中国结算作为重要的金融市场基础设施，在场内证券交易的结算业务中承担着中央对手方（CCP）和中央证券存管机构（CSD）等重要角色。"

——作者按

证券结算是证券交易的最后一个环节，结算实现了证券交易的目的，交易双方通过证券和资金的转移，最终使买方支付资金获得证券，卖方交付证券获得资金。通俗来讲，结算过程即"买者得其券，卖者得其钱"。

## 一、证券结算业务简介及中国结算的角色

证券结算（简称结算）是指证券交易达成后，交易双方确定和交付证券或资金的过程。结算可进一步分为清算和交收两个环节。清算是按照一定的规则计算交易双方应收应付的证券数额和资金数额的过程。清算明确了交易双方的履约责任，交易双方根据清算结果为义务的履行和权利的获得做好准备。清算是交收的基础和依据。交收是交易双方根据清算结果完成证券和资金的转移，交收是清算的延续和执行。

中国结算作为重要的金融市场基础设施（FinancialMarket Infrastructure，FMI），在场内证券交易的结算业务中承担两个重要角色：中央对手方（Central Counterparty，CCP）和中央证券存管机构（Central Securities Depository，CSD）。

按照国际清算银行的定义，CCP 是指"介入交易对手之间，成为每一个卖方的买方和每一个买方的卖方的主体"。中国《证券登记结算管理办法》中对 CCP 的定义与国际清算银行的定义基本一致，具体指"在结算过程中，同时作为所有买方和卖方的交收对手并保证交收顺利完成的主体"。

CCP 有助于简化对手方之间的交互关系，优化结算过程、提高结算的效率，从而促进交易。在多边净额结算中，中国结算同时作为所有买方和卖方的交收对手，保证交收顺利完成。同时，中国结算根据结算业务规则集中管理市场中的对手方信用风险，有利于控制和降低市场整体风险水平。目前，CCP 已日益成为全球证券市场提高结算效率、控制对手方风险的一种通用制度安排。

证券存管（Depository）的核心是集中保管证券，CSD 通过证券公司将某一市场或某一国家的证券集中起来加以保管。通常，为了促进交易和交收效率，证券交易所会要求投资者在交易前须将所持证券通过证券公司提交给 CSD 进行集中保管，以便在交易达成后实现证券的簿记交收。在证券无纸化的情况下，CSD 的存在使得电子簿记交收成为可能，大大提高证券交收效率。

在结算业务实践中，中国结算基于 CCP 和 CSD 角色，还通过自身建立的证券结算系统（Securities Settlement System，SSS），并利用银行支付系统（Payment System，PS）建立资金结算系统，为场内证券交易提供了完整、高效的证券和资金结算支持。

## 二、分级结算与法人结算制度的由来

从发展历程来看，中国证券结算制度大致可分为三个阶段（如图 8.1 所示），即分散式结算阶段、分级结算体系的萌芽和演变阶段、分级结算和法人结算制度的最终建立阶段。

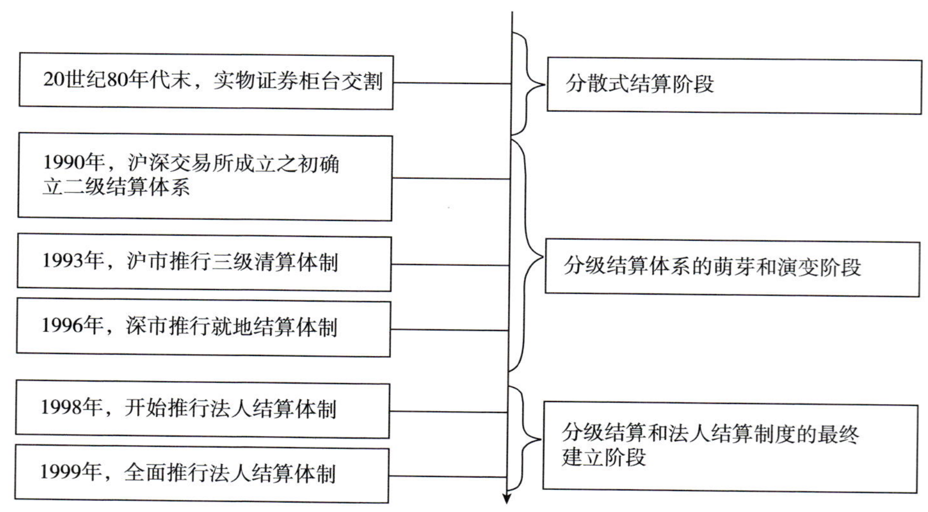


图 8.1　中国证券结算制度发展历程

### （一）第一阶段：分散式结算

20 世纪 80 年代末，新中国的股票市场崭露头角。1984 年 11 月 18 日，新中国第一只公开发行的股票——飞乐音响面向社会发行 1 万股。起初，结算方式较为简单，由发行证券的公司或其委托的金融机构自行组织。在实际情况中，不少投资者在交易时直接见面协商，签订协议后支付资金，并通过背书的形式转移证券。

1986 年 9 月 26 日，中国第一家证券交易柜台在沈阳诞生。随着证券交易柜台的发展和证券公司相继设立，结算业务逐步走向规范化。最初的结算规则由各证券公司自主规定，证券的结算以实物交割的方式办理，资金则由投资者直接交付给证券公司。

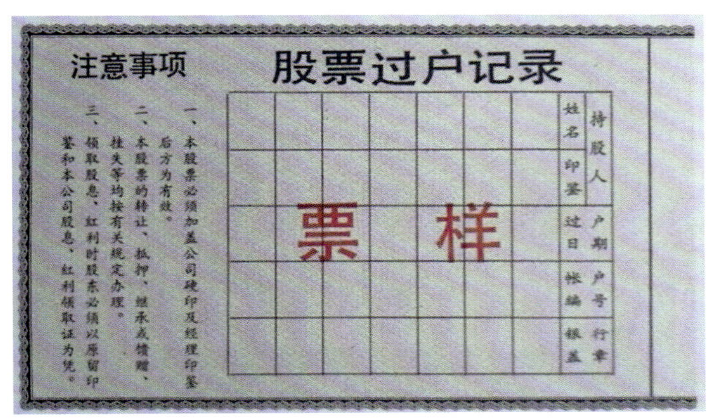
注意事项

一、本股票必须加盖公司硬印及经理印鉴后方为有效。
二、本股票的转让、抵押、继承或馈赠、挂失等均按有关规定办理。
三、领取股息、红利时股东必须以原留印鉴和本公司股息、红利领取证为凭。

股票过户记录

| 持股人 姓名 | | | | | | | |
|---|---|---|---|---|---|---|---|
| 持股人 印鉴 | | | | | | | |
| 过户日期 | | | | | | | |
| 户号 帐编 | | | | | | | |
| 行章 经盖 | | | | | | | |

票样

图 8.2　飞乐音响实物股票（票样）背书

## （二）第二阶段：分级结算体系的萌芽和演变

1990 年沪深证券交易所成立。证券交易所成立之初就确立了二级结算体系，证券市场的清算交收以证券公司营业部为单位，即证券交易所对证券公司营业部、证券公司营业部对投资者两层证券和资金结算体系。二级结算体系架构如图 8.3 所示。

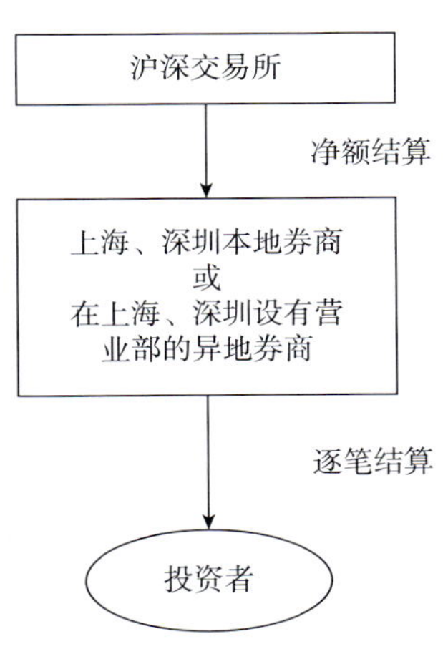

图 8.3　二级结算体系架构

由于早期挂牌交易股票数量及交易规模均较小，证券的交收停留在实物交收阶段。实际业务开展时，各地证券公司需要在上海、深圳分别设立证券营业部，并向证券交易所的清算部门派出清算交割人员。证券交收时，证券交易所的清算人员进行实物证券的清点、背书、交割等工作；资金交收时，由成交各方以证券交易所为共同交收对手签发转账支票完成。

1991 年起，沪深两市逐步推行证券集中存管以及电脑自动过户。1993 年底，沪深证券交易所实现了全部 A 股的无纸化发行。随着证券集中存管和“无纸化”的确立，实物证券交收自然地退出了历史舞台。

1993 年，沪市推行了三级清算体制，即上海证券中央登记结算公司与各地资金清算中心办理一级清算，各地资金清算中心对本地证券公司办理二级清算，证券公司对投资者办理三级清算的模式。

1996 年，深市推行就地结算体制，即由深交所委托深圳清算银行与异地清算代理机构进行该地区资金净额清算，清算代理机构与该地区证券公司进行清算，证券公司再与投资者进行清算。

三级清算体制和就地结算体制的推出，在一定程度上解决了沪深证券交易所与异地证券公司之间交收手续复杂、交收效率低等问题，同时，方便沪深证券交易所面向全国发展业务。

以深圳市场为例，深交所 1996 年起推出异地证券公司就地结算交收试点，由深交所委托深圳清算银行与异地清算代理机构进行该地区资金净额清算，异地清算代理机构同该地区证券公司进行资金净额清算，该地区证券公司与投资者进行资金清算。就地结算体制如图 8.4 所示。

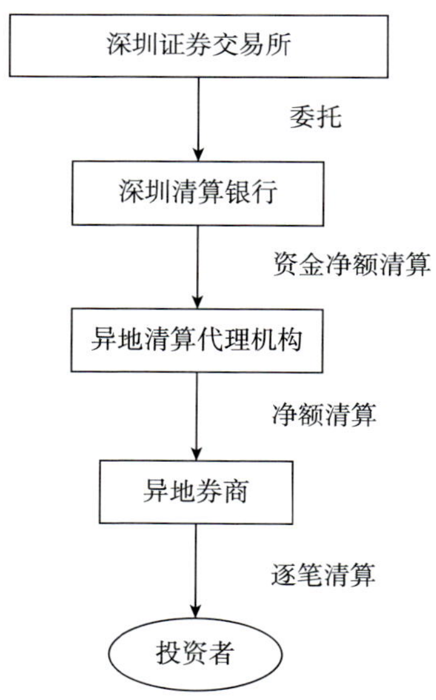


**图 8.4　就地结算体制架构**

在该体制下，深交所于 T 日晚将 T 日资金清算数据（交易及非交易清算数据），通过通信网络传至深圳清算银行、异地清算代理机构。T+1 日异地清算代理机构依据深交所发送的清算数据进行账面划转，完成同当地证券公司的资金清算。深圳清算银行根据清算数据，异地清算银行根据异地清算代理机构的转账通知，于 T+1 日通过电子联行系统进行两地汇划，完成资金交收，如图 8.5 所示。

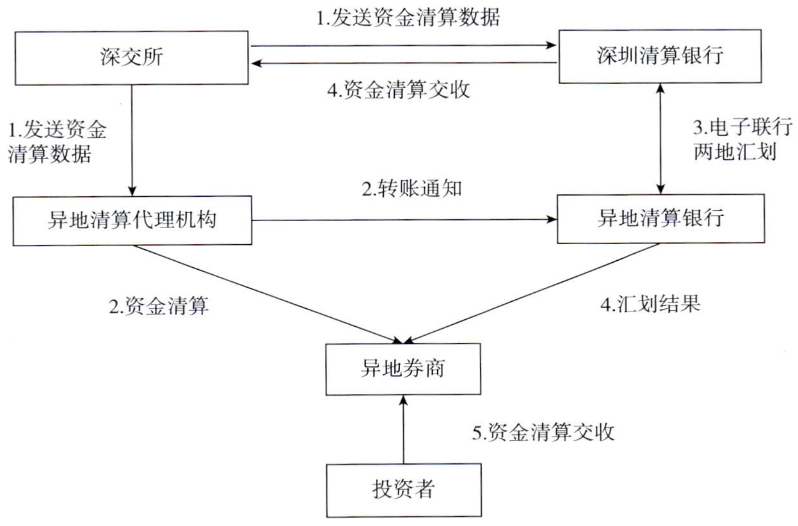


图 8.5　就地结算下资金清算流程图

三级清算体制和就地结算体制提高了清算交收的效率，简化了异地证券公司和投资者的结算流程，对于促进中国境内证券市场的发展发挥过重要的历史作用，但在管理上仍存在不够规范的现象。20 世纪 90 年代末期，国家整顿证券市场，各地证券交易中心和各地证券登记公司相继关闭，三级清算体制和就地结算体制的历史使命宣告结束。

### （三）第三阶段：分级结算与法人结算制度的最终建立

我们可以看出，在三级清算体制和就地结算体制实践下，登记结算公司是通过结算代理机构分别与证券公司当地营业部进行的交收，这不是法人层面的交收制度。

随着证券公司的规范管理以及银行支付系统的发展，1998 年起证券交易场所市场开始正式推行法人结算，证券公司以法人名义在证券登记结算公司开立资金交收账户，其所属证券营业部的证券交易的清算交收均通过该账户办理。1999 年，法人结算制度全面推行。2001 年后，中国结算在结算业务中确立了分级结算与法人结算制度。

法人结算不分本地与外地，不需要银行、证券公司派人跑单，基本上取消了手工作业和实物划拨凭证，精简了资金结算的环节，提高了证券资金结算效率。另外，法人结算减少了结算对象，改变了过去直接对上千家证券营业部进行结算的局面。理顺了清算交收的法律关系、加强了证券公司作为法人对其下属证券营业部的集中管理，进一步降低了证券市场的结算风险。法人结算的实施为未来证券市场的规范与发展提供了新的起点，是证券结算业务的一项重大改革。

## 三、中国结算的结算业务模式与风险管理

目前，中国结算作为场内证券交易的结算组织者，其上海、深圳和北京三家分公司分别为沪深证券交易所及全国股转公司提供结算支持。下文，将围绕目前中国结算在结算过程中的业务模式和风险管理予以阐述。

### （一）清算方式

从是否采用“轧差”的计算方法，可将清算方式分为全额清算和净额清算。

全额清算是指对交易双方所有交易进行逐笔清算，因此又被称为逐笔全额清算。逐笔全额清算适用于市场交易笔数较少的情形。

净额清算是指以结算参与人为单位，对其符合净额清算标准的全部交易进行冲抵轧差，计算出应收应付资金、证券的净额。净额清算的关键在于“轧差”。简单来讲，轧差就是抵销相等数额、计算余额。相比于逐笔全额清算，净额清算有降低结算风险、提高结算效率、简化操作步骤的优点，适用于交易笔数和交易金额都很庞大的现代证券市场。因此，采用净额清算的方式进行证券和资金的结算是国际上较为常见的做法。

净额清算可进一步分为双边净额清算和多边净额清算。双边净额清算是指对交易双方达成交易的余额进行轧差。多边净额清算是指，登记结算机构作为CCP，成为所有买方的卖方和所有卖方的买方，轧差计算各结算参与人的应收应付资金、证券净额。

中国结算提供多边净额清算、逐笔全额清算、双边净额清算等清算服务。在多边净额清算方式下，中国结算作为 CCP，成为全市场的结算参与人的对手

方；在逐笔全额和双边净额清算方式下，中国结算不作为 CCP，只是作为结算工作的组织者，按照规则规定或交易双方约定的方式组织清算活动。

**（二）交收方式**

根据履约责任承担主体的不同，可将交收方式分为担保交收和非担保交收。

担保交收方式下，中国结算作为 CCP，承担着对所有结算参与人的履约责任，且不以任何一个结算参与人履约为前提。也就是说，即使市场中存在结算参与人交收违约，也不影响中国结算对其他结算参与人继续履约。中国结算对所有结算参与人提供相同的履约保证，同时对违约的结算参与人采取相应的违约处置措施。

非担保交收方式下，中国结算不作为 CCP，只是作为结算工作的组织者，根据清算结果组织交易双方进行证券、资金的交收。中国结算不对交易双方的履约行为做任何保证。在最终交收时点，交易双方应付证券及资金足额的，交收完成；任何一方或交易双方应付证券或资金不足额的，交收失败，由交易双方承担因交收失败而产生的违约责任。

综上所述，中国结算可以作为 CCP 提供多边净额结算服务，在交收过程中为结算参与人提供担保交收；也可以不作为 CCP，提供双边净额、逐笔全额等非担保结算服务。

除上述结算方式外，中国结算还向结算参与人提供代收代付服务。提供代收代付服务时，中国结算不作为 CCP，只是作为结算工作的组织者，根据结算参与人提供的清算数据代为办理资金划付，不提供担保交收。结算参与人应当保证清算数据的准确性，同时根据相关业务规则提供足额资金用于划付，资金不足的，划付失败。中国结算不承担交收违约责任。

**表 8.1　中国结算目前提供的主要结算方式**

| 结算方式 | 中国结算是否作为 CCP | 清算方式 | 交收方式 |
| --- | --- | --- | --- |
| 多边净额结算 | 是 | 多边净额 | 担保 |
| 逐笔全额等非担保结算 | 否 | 双边净额 | 非担保 |
| | 否 | 逐笔全额 | 非担保 |
| 代收代付服务 | 否 | 其他方式清算 | 代为办理资金划付 |

所以，整体上看，中国结算已初步完成多结算模式平台的构建，具备了为

不同证券品种、结算参与机构以及交易方式提供与之相应的结算服务的能力。

### （三）结算风控管理

中国境内证券市场发展至今三十年，对于证券市场的结算风险，中国结算已逐步形成了一套较为成型的风险管理体系。总体而言，依托于客户全额保证金制度、客户资金第三方存管、交易系统前端监控等市场外部风险控制制度安排，以及中国结算内部建立或管理的结算参与人制度、结算备付金、结算保证金、证券结算风险基金等风控措施，在正常交易情况下，中国结算所面临的结算风险相对有限。中国结算风险管理体系简要概述如下：

1. 外部风险控制制度

目前境内证券市场投资者大体可以划分为纳入客户资金第三方存管体系的经纪业务投资者，以及未纳入第三方存管体系的特定机构投资者两类。其中，前者一般指普通的散户投资者（也包括部分机构投资者）；后者则包括证券公司（自营），通过托管人进行结算的基金管理公司、保险公司等特殊机构和产品。

考虑到中国境内证券市场以散户为主的特点，为防范市场结算风险，在市场运行之初就设立了客户全额保证金制度，要求证券公司应当对其客户账户内的资金是否充足进行审查，客户资金账户内的资金不足的，不得接受其买入委托，并通过《证券公司监督管理条例》第三十七条进行了明确。同时，为防止证券卖空，证券交易所会在交易系统前端监控中对交易参与人证券是否充足进行审查，禁止证券卖空。同时，中国证监会于2007年全面实施第三方存管制度，从源头切断证券公司挪用客户证券交易结算资金的通道，杜绝证券公司挪用客户证券交易结算资金导致潜在结算风险的问题，保证了客户资金的安全。在全额保证金、资金第三方存管、交易系统证券前端监控，以及通过证券公司交易与结算等证券市场基础制度的框架下，经纪业务投资者交易一般不会产生结算风险。

但是，对于证券公司自营、采取托管人进行结算的特殊机构和产品，由于未纳入上述客户全额保证金制度、客户资金第三方存管制度，依然可能存在资金结算风险。中国结算与沪深证券交易所配合对交易参与人相关交易单元的全天净买入申报金额总量实施额度管理，并由证券交易所对交易参与人实施前端监控的制度，推动风险控制关口前移，更好地防止交易参与人、结算参与人因技术故障、操作失误等造成的交易异常风险和结算风险。

2. 中国结算风险管理措施

除上述外部风险管理措施之外，中国结算作为证券市场的登记结算机构，也制定了相应的结算风险管理措施，以降低市场的结算风险。中国结算除按照支付与结算体系委员会（Committee on Payment and Settlement，CPSS）和国际证监会组织（International Organization of Securities Commissions，IOSCO）制定的金融市场基础设施原则（Principle of Financial Market Infrastruture，PFMI）要求按照分级结算原则进行证券结算之外，还按照风险程度的差异对担保交收的业务采取了相应的风险管理措施。具体风险管理措施如下：

（1）结算参与人管理

2006 年 1 月，《结算参与人管理办法》正式实施，作为中国结算发布的第一份结算参与人管理规则，标志着中国结算的参与人管理体系基本建立。2014 年 5 月，为进一步规范结算参与人行为、加强对结算参与人的管理和服务，中国结算发布了新版的《结算参与人管理规则》，规则对结算参与人的准入管理、持续管理、自律管理、综合评价、账户开立等各个方面进行了规范。

在资格准入方面，中国结算作为金融市场基础设施，对各类结算参与人的资格申请、业务申请提出了基于自身风险管理要求的准入标准，明确了业务审核的要点与流程。

在持续管理方面，中国结算借鉴了美国、中国香港、中国台湾等地的结算参与人管理实践，对结算参与人的结算业务风险、日常业务办理等提出了清晰明确的持续监控标准以及相应的管理措施。

在资格退出方面，中国结算相关业务规则明确了结算参与人出现申请注销资格、不再具备结算参与人资格条件或被依法撤销、关闭、解散或宣告破产等情形时，可注销其结算参与人资格。

（2）结算财务资源安排

中国结算用于防范本金风险和流动性风险的财务资源主要包括证券结算备付金、证券结算保证金、证券结算风险基金（统称“三金”）。

**结算备付金**

中国结算为结算参与人设立资金交收账户（即结算备付金账户）。结算备付金是结算参与人存放在其资金交收账户中用于结算的资金。结算备付金账户记录了结算参与人结算备付金头寸。为应对日常交易资金结算，结算参与人需预先在备付金账户中存入资金，中国结算根据结算参与人的交易情况设定最低备付金要求。

**结算保证金**

中国结算向结算参与人收取现金形式的结算保证金。结算保证金可用于日间流动性垫付、在结算参与人交收违约时提供流动性保障、弥补交收违约损失，并可在20万元的限额内用于互保。

**结算风险基金**

中国证监会会同财政部制定了《证券结算风险基金管理办法》，中国结算根据该办法收取结算风险基金，可用于弥补参与人交收违约造成的损失，还可用于垫付或者弥补因技术故障、不可抗力造成的中国结算的损失。

除“三金”外，商业银行授信、中证金融提供的流动性支持等财务资源安排及交易前端监控制度①、客户资金第三方存管②、全额保证金③等事前控制措施，共同筑起了防范结算风险的防火墙。

① 交易前端监控制度，是指证券交易所的交易系统拥有每个投资者证券账户的持股数据，为防控卖空风险，交易系统在处理每笔卖出申报时事先检查该投资者证券账户持股是否足额。

② 第三方存管，是指按照《证券法》的相关规定，由商业银行作为独立第三方，为证券公司投资者建立客户交易结算资金明细账，通过银证转账实现投资者交易结算资金的定向划转，对投资者交易结算资金进行监管。第三方存管模式下，投资者到证券公司营业部指定的一家存管银行，以自身的名义开立银行结算账户，用于存取其交易资金。证券公司在存管银行开立客户交易结算资金汇总账户，用于存放投资者交易资金及办理结算划款。投资者通过银证转账实现交易资金的划转。同时，证券公司在该账户下为客户设立证券资金台账进行清算交收和计付利息，并对客户的证券交易进行前端控制。

③ 全额保证金制度，是指证券公司经纪业务客户在买入证券之前，须全额存入资金。该制度确保了普通经纪客户不会发生超买风险。

# 第九章　第三方存管制度

“第三方存管遵循‘券商管证券，银行管资金’的原则，从而将证券公司自有资金和客户保证金隔离，有效保护客户交易结算资金。”

——作者按

证券公司客户交易结算资金第三方存管（以下简称第三方存管）是指按照《证券法》的有关规定，由商业银行作为独立第三方，为证券公司客户建立客户交易结算资金明细账，通过银证转账实行客户交易结算资金的定向划转，对客户交易结算资金进行监管并对客户交易结算资金总额与明细账进行账务核对，以监控客户交易结算资金安全，并向证券公司收取存管费用的一项中间业务。

## 一、第三方存管模式简介

在第三方存管模式下，客户到证券公司营业部指定的一家存管银行，以客户自身的名义开立银行结算账户，用于存取其买卖证券的交易结算资金。证券公司在存管银行开立客户交易结算资金汇总账户，用于存放客户交易结算资金及办理结算划款；同时，证券公司在该账户下为客户设立证券资金台账，对客户的证券交易进行前端控制，进行清算交收和计付利息等。存管银行接受客户委托，以客户的名义，开立与客户资金汇总账户对应的二级账户——客户交易结算资金管理账户，用于客户交易结算资金的安全管理，并与客户指定的同名银行结算账户和证券资金台账建立一一对应关系。

客户通过银证转账的方式（即资金在客户银行结算账户和证券公司客户交易结算资金汇总账户之间划转），实现交易结算资金的存取。客户取出的交易结算资金只能回到其指定的银行结算账户，从而实现了客户交易结算资金的封闭运行。指定商业银行根据客户指令进行银证转账，无须证券公司介入，从而防止证券公司假借客户提款挪用资金。

证券公司进行其与客户之间的资金交收时，通过直接增减客户证券交易结算资金台账余额来完成。同时，证券公司将证券资金台账变动信息传至存管银行，由存管银行负责更新客户交易结算资金管理账户，并与客户资金汇总账户余额进行总分核对。

在第三方存管模式下，证券公司负责客户证券交易、清算交收等。存管银行负责管理客户资金汇总账户及客户明细记录，并向客户提供资金存取服务，为证券公司完成与中国结算、场外交收主体之间的法人资金交收提供结算支持。第三方存管遵循“券商管证券，银行管资金”的原则，从而达到将证券公司自有资金和客户保证金隔离的目标，能较为有效地保护客户交易结算资金。

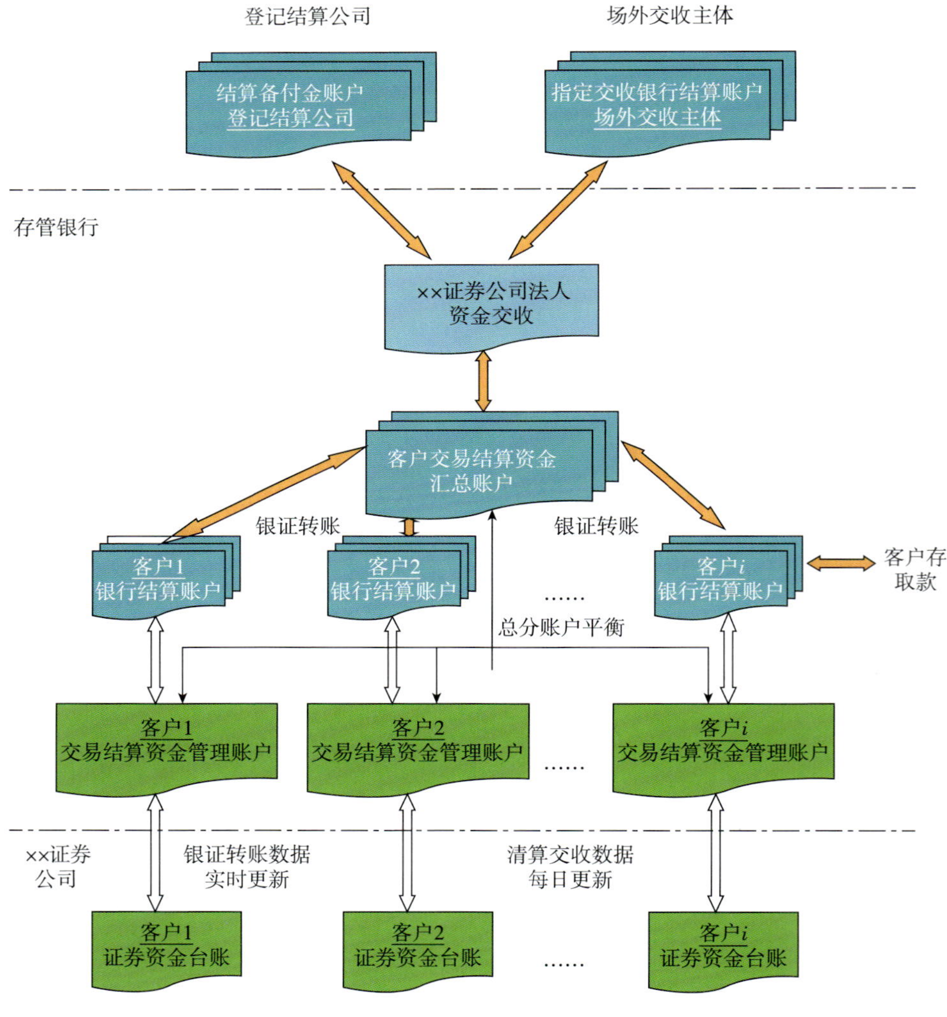


图 9.1　第三方存管流程图

## 二、客户交易结算资金存管的变迁

### （一）证券公司存管阶段

在实施第三方存管以前，客户交易结算资金采用的是证券公司存管模式，证券公司以其自身名义在商业银行开立银行账户，投资者在证券公司开立资金账户，并在交易前将资金存入证券公司指定的银行账户。

证券公司存管模式阶段有几个关键时间点：

一是1998年以前，客户的交易资金直接存放于证券营业部，证券营业部直接参与清算，且很多是与证券交易中心进行结算，很可能出现证券公司营业部挪用客户资金、证券交易中心挪用清算资金的情况。

二是1998年，监管层对存管结算模式进行了初步整顿，全面清理证券交易中心，并推行证券公司法人结算制度，客户交易资金交由证券公司法人保管。

三是2001年，中国证监会发布了《客户交易结算资金管理办法》（即“3号令”），要求证券公司和证券营业部必须将客户交易结算资金全额存放于经报备的专用银行存款账户和在中国结算开立的清算备付金账户，证券公司、存管银行、中国结算通过“3号令”系统定期向中国证监会报送数据，监管层通过各账户之间的钩稽关系监控客户交易结算资金。但“3号令”的缺陷在于，监管部门无法准确、完整、及时地得到客户交易结算资金的明细构成，这使得证券公司可以通过设立非报备账户和修改上报数据等方式掩盖挪用客户保证金，逃避监管，致使“3号令”无法真正遏制证券公司挪用客户资金的行为。

在证券公司存管模式下，针对客户交易结算资金安全，监管层出台了一系列规则：

1996年中国证监会发布《证券公司经营机构证券自营业务管理办法》，提出自营业务资金和客户结算资金分账管理的要求，并要求证券公司将客户存入的保证金在两个营业日内存入指定银行的信托账户。

1998年出台的《证券法》第一百三十二条规定客户保证金必须全额存入指定的商业银行，单独立户，不得挪用；第一百九十三条还明确了挪用客户保证金行为的法律责任。

2001年中国证监会发布“3号令”，《客户交易结算资金管理办法》的推出要求将客户交易结算资金全额存放于经报备的专用银行存款账户和在中国结算开立的清算备付金账户。

尽管上述规则对证券公司挪用客户资金行为有一定约束作用，但是由于缺乏有效的监控手段，证券公司挪用客户交易资金的做法屡禁不止。2004 年，证券公司挪用客户交易结算资金风险事件集中爆发，其中就包括震惊全国的南方证券挪用客户资金案。

### （二）第三方存管阶段

2004 年 1 月，国务院出台《关于推进资本市场改革开放和稳定发展的若干意见》，要求“改革证券、期货客户交易结算资金管理制度，研究健全客户交易结算资金存管机制”。

2004 年 2 月，中国人民银行和证监会要求建设银行与被处置的南方证券联合研究、试点，在中国首次建立并推行客户交易结算资金第三方存管模式。

2005 年 6 月，经国务院批准，人民银行、财政部、证监会联合发布《证券投资者保护基金管理办法》，成立了中国证券投资者保护基金有限责任公司(以下简称投保基金公司)。投保基金公司掌握客户资金有关数据，如发现客户资金被违法动用的，即向证监会报告。投保基金公司的设立进一步保护了投资者利益。

2005 年 7 月，国务院办公厅转发证监会《证券公司综合治理工作方案》明确提出，要逐步实施客户资金第三方存管。

2006 年 1 月 1 日，正式实施的新修订的《证券法》第一百三十九条规定，“证券公司客户的交易结算资金应当存放在商业银行，以每个客户的名义单独立户管理”，这一规定标志着客户交易结算资金第三方存管以法律形式明确下来。

2006 年 7 月，中国证监会发布的《融资融券试点管理办法》要求，“证券公司不得向交易结算资金未纳入第三方存管的客户进行融资融券，申请开展融资融券业务试点证券公司的客户保证金第三方存管方案已经中国证监会认可，且已对实施进度作出明确安排”。这表明客户保证金第三方存管已经开始从风险处置类证券公司试点向所有证券公司全面推进并成为行业标准。

2008 年 4 月，成功实现了全部活跃账户客户资金的第三方存管。

2008 年 6 月，实施的《证券公司监督管理条例》在行政法规层面确认了第三方存管制度的基本框架。

在实施第三方存管过程中，落实了如下配套工作：

一是清理银证通业务[①]，为全面实施第三方存管扫除障碍。2006 年 5 月，中国证监会下发通知，对经纪业务执业行为进行规范，责成各证券中介机构全面终止银证通业务，并由各地证监局督导落实。

二是配合第三方存管，做好账户规范工作。中国证监会在 2006 年底启动了资金账户清理工作。2007 年 8 月，中国证监会出台《关于做好证券公司客户交易结算资金第三方存管有关账户规范工作的通知》，进一步细化、明确了客户资金账户和证券账户的规范要求，对休眠账户、不合格账户分步清理、另库存放。按照中国证监会关于账户规范工作的监管要求，中国结算发布了《关于进一步规范账户管理工作的通知》《关于休眠账户及不合格账户数据报送相关工作的业务操作指引》等。账户规范工作为第三方存管收尾工作扫除了主要障碍。

三是完善业务流程，维护运行平稳。第三方存管系统上线运行初期，各商业银行普遍存在错账率居高不下，信息处理迟滞，无法满足证券交易的时效要求的情况，并出现数起大范围技术故障。中国证监会在实地调研、分析故障原因、跟进系统优化进展基础上，要求各商业银行、证券公司加强技术风险防范。2007 年 11 月，中国证监会和银监会联合出台《证券中介机构客户资金商业银行第三方存管技术指引》，对第三方存管技术标准、应急报告制度的建立、应急处理机制、压力测试等工作提出基本要求。

第三方存管制度走上正轨后，在保护投资者资产、防范结算本金风险等方面发挥了重要作用。

① 银证通业务指投资者直接利用在银行网点开立的活期存折，通过银行或证券公司的委托系统，进行证券买卖的业务。该业务是第三方存管的一种早期尝试模式。

Chapter 3

# 第三部分　证券市场 DVP 制度沿革

# 第十章　境外市场 DVP 制度的演变

“DVP 制度是控制结算系统本金风险的有效措施，也是目前国际证券结算业公认的结算系统所应具备的基础性制度。”

——作者按

DVP（Delivery Versus Payment），即货银对付，又称券款对付，是指证券登记结算机构与结算参与人在交收过程中，当且仅当资金交付时给付证券、证券交付时给付资金①。

## 一、DVP 制度演变

DVP 制度是控制结算系统本金风险的有效措施，也是目前国际证券结算业公认的结算系统所应具备的基础性制度。国际证券结算业对于 DVP 的认识是一个不断深化的过程。

DVP 的概念最早是在 1987 年欧美股灾之后，于 1989 年由国际 30 人小组②（G30）提出。G30 建议将 DVP 定义为“证券与资金同时划转，以避免对手方延迟支付可能形成的违约风险、价格波动风险”，这一定义严格要求证券和资金同时划转。同时，G30 建议“所有证券交易应以 DVP 的方法交收，并应于 1992 年前确立一套货银对付的制度”。G30 建议公布后，DVP 这一理念得到了行业的普遍接受。

① 《证券法》第一百五十八条规定“证券登记结算机构为证券交易提供净额结算服务时，应当要求结算参与人按照货银对付的原则，足额交付证券和资金，并提供交收担保”。《证券登记结算管理办法》第七十八条规定“货银对付，是指证券登记结算机构与结算参与人在交收过程中，当且仅当资金交付时给付证券、证券交付时给付资金”。

② 证券清算与交收 30 人研究小组。该小组成立于 1978 年，是不以营利为目的的国际性民间组织，成员都是来自私营部门、公众部门和学术界的代表。

1992 年，在 G30 建议的基础上，国际清算银行支付结算系统委员会[①]（CPSS）发布报告《证券结算中的货银对付》，指出“DVP 是只有在资金支付的时候，才发生证券交割的机制”。CPSS 在考虑 DVP 的实现形式时发现，各国（或地区）实现 DVP 的方式存在重大差异。因此，CPSS 在彻底检测正在使用和处于研发阶段的结算系统基础上，首次提出了三种 DVP 的可选模式。其中，模式 1 为证券和资金逐笔全额交收且同时完成；模式 2 为在交收期内证券全额交收，在最终交收时点完成资金净额交收；模式 3 为证券和资金净额交收，且两者最终交收都发生于最终交收时点。

随后，国际证券服务业协会（ISSA）发展了 DVP 的定义。ISSA 2000 年建议将 DVP 定义为“证券完全所有权的划转和最终不可撤销的资金交收同时完成”，“无论是隔夜交收还是当日交收，这个过程都应以每批次处理中证券和资金最终性的健全法律定义为基础”。

2001 年，CPSS 和国际证监会组织[②]（IOSCO）提出《关于证券结算系统的建议》（RSSS），指出 DVP 制度“应保证当且仅当资金交收是最终时，证券的过户才是最终”。同时，该建议也提出“DVP 可以通过几种方式实现”，“严格地讲，DVP 不要求资金和证券最终同时过户”，即不再严格要求证券和资金最终同时过户，但强调了证券交付和资金交收的最终性是一致的。

2004 年，CPSS 和 IOSCO 发布了《给中央对手方的建议》（RCCP），提出旨在解决中央对手方（CCP）主要风险的建议。所谓 CCP，按国际清算银行术语即为“将自己介入交易对手之间，成为每一个买方的卖方和每一个卖方的买方，因此保证合约顺利履行”。CCP 通过简化对手方之间的交互关系，增强市场效率、降低运行成本，强有力地保证交收顺利完成。同时，CCP 通过发挥集中管理的职能，对重要金融信息进行汇总及再分发，有效落实监管、增强市

---

① 国际清算银行支付结算系统委员会（CPSS），是十国集团（美国、英国、法国、德国、意大利、日本、荷兰、加拿大、比利时、瑞典 10 大工业国，又称“巴塞尔委员会十国集团”）中央银行发起成立的国际性专业组织，秘书处设在国际清算银行（BIS），每年组织召开 3 次会议。2009 年 7 月，中国人民银行加入 CPSS，成为其 23 名正式成员之一。其他成员包括澳大利亚、比利时、巴西、加拿大、欧盟、法国、德国、中国香港特别行政区、印度、意大利、日本、韩国、墨西哥、荷兰、俄罗斯、沙特阿拉伯、新加坡、南非、瑞典、瑞士、英国和美国。2014 年 9 月，CPSS 更名为支付和市场基础设施委员会（CPMI）。

② 国际证监会组织（IOSCO）也称证券委员会国际组织，是国际间各证券暨期货管理机构所组成的国际合作组织。总部设在西班牙马德里市，正式成立于 1983 年，其前身是成立于 1974 年的证监会美洲协会。中国证监会于 1995 年加入该组织，成为其正式会员。

场透明度。目前，CCP已日益成为全球证券市场提高结算效率、控制对手方风险的一种通用制度安排。2004年的RCCP对DVP的定义与RSSS相同，同时，还指出“CCP应当建立DVP机制以消除本金风险。但如果CCP尚未建立DVP机制，那么应通过其他手段降低风险”。

2008年金融危机爆发后，国际金融稳定理事会[①]（FSB）呼吁加强金融市场基础设施（FMI）管理。2012年4月，CPSS和IOSCO在吸取已有国际标准执行经验和金融危机教训的基础上，整合强化了《重要支付系统核心原则》（CPSIPS）、RSSS和RCCP三套国际标准，正式发布了《金融市场基础设施原则》（PFMI），合计24条，其中的原则1、原则8和原则12主要阐述了DVP原则，对于金融市场基础设施采用DVP制度所应实现的效果提出了明确的要求：

原则1“法律基础”指出，“金融市场基础设施应具备清晰的法律基础来界定金融市场基础设施中结算最终性的发生时点”。

原则8“结算最终性”要求，“金融市场基础设施应该最迟于生效日[②]日终提供清晰和确定的最终结算。如果有必要或更好，金融市场基础设施应该在日间或实时提供最终结算”，并指出“金融市场基础设施应该明确地定义结算具有最终性的时点，其后未结算的支付、转账指令或其他债务均不得被参与者撤销”。

原则12“价值交换系统”要求，“如果金融市场基础设施结算的交易涉及两项相互关联的债务（如证券交易或外汇交易）结算，它应该通过将一项债务的最终结算作为另一项债务最终结算的条件来消除本金风险”。在判断金融市场基础设施是否符合PFMI原则12要求时，“无论采用全额还是净额方式进行结算以及结算最终性何时发生，金融市场基础设施都应该通过确保当且仅当一项债务的最终结算发生时与之关联的债务才被最终结算的方式来消除本金风险。……例如，在证券市场上，DVP是一种连接证券和资金交收的结算机制，当且仅当资金完成交收时相应证券才进行交收”。同时，“严格地讲，DVP不

① 国际金融稳定理事会的前身为金融稳定论坛（FSF），是七个发达国家（G7：美国、日本、德国、法国、英国、意大利和加拿大）为促进金融体系稳定而成立的合作组织。在中国等新兴市场国家对全球经济增长与金融稳定影响日益显著的背景下，2009年4月2日在伦敦举行的20国集团（G20）金融峰会决定，将成员扩展至包括中国在内的所有G20成员国，并将其更名为FSB（Financial Stability Board）。

② 生效日是指支付、转账指令或其他债务到期，可被应收资金或证券的参与者使用的日期。

要求同时结算债务”。

## 二、境外市场 DVP 制度现状

DVP 制度是全球金融市场基础设施普遍采用的基础制度，是金融市场基础设施保障金融市场安全高效运行和整体稳定的重要抓手。欧美国家、日本、中国香港等成熟资本市场的金融市场基础设施均采用 DVP 制度。

### （一）美国市场

美国证券市场采用 T+2 DVP 交收。具体的清算交收流程为：T 日，美国证券清算公司[①]（NSCC）持续从各交易所（纽约证券交易所、纳斯达克交易所、美国证券交易所等）获取成交明细数据，并将清算结果发送给结算参与人以备交收。

证券的全额交收一般分为两个循环，晚间循环从 T+1 日晚即开始，日间循环则持续至 T+2 日（S 日）下午完成，主要通过 DTC（the Depository Trust Company）的簿记系统进行：NSCC 先检查净应付证券参与人在 DTC 账户内的证券余额，通知 DTC 将净应付证券参与人在 DTC 账户内的应付证券划转至 NSCC 在 DTC 的交收账户，再依据既定的分配原则，自动将证券从 NSCC 的账户划转至净应收证券参与人的账户。

T+2 日日终，通过美联储国家交收服务 NSS（National Settlement Service）进行资金的净额交收。每一参与人形成对 NSCC 单一的净收或净付金额，经由 NSCC 资金交收系统，履行交收义务。

在违约处理方面，对于参与人发生资金交收违约的，NSCC 先动用参与人缴纳的清算基金垫付，再向违约参与人追偿。

对于参与人发生证券交收违约的，NSCC 将先以自动借券的方式代为履行交收义务，并对该参与人进行违约处罚并收取借券费用，同时，对未完成证券交收的部分实行逐日盯市，要求会员补足差价。参与人按照 NSCC 规定的程序，从市场上补购相关证券。会员破产时，由 NSCC 自行在市场上补购相关证券。

---

① 美国证券清算公司（NSCC）是 DTCC 的全资子公司，成立于 1976 年。为几乎所有的经纪商之间的交易提供清算、交收、风险管理和中央对手方担保交收服务，业务范围涉及股票、公司债、市政债券、美国存托凭证（ADR）、ETF 和单位投资信托等。

### （二）英国市场

伦敦证券交易所的清算业务主要由伦敦清算所（LCH）等机构[①]负责；证券存管与交收业务主要由欧清集团旗下的 EUI（Euroclear United Kingdom & Ireland）负责。交收期一般为 T+2（无强制规定，EUI 允许参与人自行选择意向交收日，只要对手双方交收日匹配即可）。

在接收到 LCH 发送的清算数据后，EUI 通过其证券结算系统 CREST（Certificateless Registry for Electronic Share Transfer），根据结算指令完成证券从卖方账户到买方账户的划转（变更登记）。

EUI 没有银行业务牌照，其资金结算业务并不涉及实际的资金划拨。CREST 只负责根据匹配的结果发送资金划付指令，实际的资金划付发生在 CREST 系统之外，依靠 19 家结算银行（同时也是 CREST 的参与人）和央行系统完成。

具体而言，当 CREST 完成证券变更的同时，相应的资金也将从央行系统中的买方结算银行账户划付至卖方结算银行账户，保证钱券的划付同时完成。对于不同的结算币种，CREST 使用不同的央行系统：以英镑结算的，使用英格兰银行系统；以欧元结算的，使用欧洲央行系统；以美元结算的，通过美联储国家交收服务系统（NSS）。

### （三）德国市场

德国市场的清算业务由 Eurex Clearing AG[②] 负责；现货交收和证券的中央存管业务由明讯银行（Clearstream Banking Frankfurt）负责。集中交易的交收期一般为 T+2。

德国市场的清算交收流程为：在接收 Eurex Clearing AG 发送的清算数据后，若买卖方账户中有足额的证券和资金，则进行交收处理。若证券账户上应交付的证券不足，则可利用明讯银行提供的自动借贷系统自动借券以完成交收。若交收款项不足，则可通过中央银行的透支系统借款完成交收。明讯银行每日进行三次批量交收处理，并提供实时交收服务。在纯券过户（FOP）情形下，一旦簿记完成，所有权就发生转移；在 DVP 情形下，则是在资金划转并且证券簿记完成后，证券所有权发生转移。

---

① 主要是 LCH、SIXx - clear、EuroCCP 三家。

② Eurex 子公司，由德国交易所集团 100% 控股。

### （四）日本市场

目前，日本证券交易所市场采用的是 T+2 DVP 交收。此前日本交易所市场采用 T+3 交收，为了提升日本市场安全与效率，增强国际竞争力，2018 年 5 月 28 日，经日本证券结算制度改革委员会审议通过，宣布将股票等证券品种的交收期由 T+3 缩短为 T+2，该变更已于 2019 年 7 月 16 日正式实施。

日本证券存管中心（JASDEC）根据不同的证券交易场所提供不同的证券交收服务，对于通过证券交易所进行交易的证券，由日本证券清算公司（JSCC）完成清算后，JASDEC 根据 JSCC 发送的指令进行证券净额的 DVP 交收，相应的资金净额交收通过日本央行的资金系统完成；对于在证券交易所场外进行的且经过 JASDEC 预交收系统申报的证券交易，在 JASDEC DVP 清算公司①（JDCC）完成清算后，JASDEC 根据 JDCC 发送的指令实行证券全额的 DVP 交收，相应的资金净额交收通过日本央行的资金系统完成；对于在证券交易所场外进行的且不经过 JASDEC 预交收系统匹配的证券交易，JASDEC 也可以提供非 DVP 方式的证券交收服务。

### （五）中国香港市场

中国香港市场交收期为 T+2，其中证券的交收在 T+2 日上午 10：30 至下午 3：45 的四个批次处理中完成，资金的交收在 T+2 日日终前完成。

在违约处理方面，结算参与人出现证券交收违约的，香港中央结算有限公司②（简称香港结算）通过强制借券程序完成对守约方的交付；对于违约方，要求其自行补购，未能自行补购的，香港结算将代为强行补购。另外，香港结算将向违约方收取罚金。

结算参与人 T+2 日日终未完成交收的，香港结算可以宣布其为违约参与人（香港结算称为失责人士），通知联交所停止该违约参与人的其他交易。同时，香港结算可结清该参与人在持续净额交收制度下的尚未履行的任何或所有责任（不论已到期交收与否）。因结清而导致违约参与人亏欠香港结算款项时，香港结算将动用该参与人提供的差额缴款及抵押品抵偿，如果不足，可以

---

① JASDEC 下属的清算机构，专门对场外交易进行清算，英文名称为 JASDEC DVP Clearing Corporation。

② 香港中央结算有限公司是香港交易及结算所有限公司的全资附属公司，负责经营香港的中央结算及交收系统。

动用该参与人的参与费，仍不足时，香港结算可以动用保证基金。保证基金动用后，香港结算应当要求违约参与人补缴所用的保证基金。该参与人无法补缴时，将由其他参与人按比例补缴。如果预期将动用保证基金，香港结算也可按规定就即将动用的金额预先要求参与人进行缴纳。

# 第十一章　中国境内证券市场推进 DVP 制度改革情况

“DVP 制度改革是一项艰巨复杂、涉及全市场基础制度变革的系统性工程。”

——作者按

推进 DVP 制度改革的初衷是为了解决中国境内资本市场存在的实际问题，在防范中央对手方风险和保障结算体系安全的基础上，降低市场成本，提高运行效率，真正符合国际原则。为此，需要进一步凝聚市场各方共识，保证改革顺利推进并取得实效。

## 一、中国境内证券市场 DVP 制度现状及评估情况

### （一）中国境内证券市场结算模式现状

目前，沪深证券交易所现有交易品种主要采用两种结算模式，一种是 DVP 模式，另一种是 A 股结算模式。其中，采用非担保交收制度安排的，已全部实现 DVP，如资产证券化等；采用担保交收制度安排的，则基本采用的是 A 股结算模式，如 A 股、场内基金和债券等。

A 股结算模式采用证券 T+0 交付，资金 T+1 交付。除了结算备付金、结算保证金和结算风险基金制度之外，与 A 股结算模式相关联的其他风险控制措施还包括中国特色的客户全额保证金、客户资金第三方存管、交易系统前端监控和投保基金及其监控等。长期以来，中国境内证券市场结算制度存在券款最终交收时间不一致的情况，主要依托事前风控措施防范本金风险，与国际通行的标准 DVP 模式做法存在一定差别。

随着未来中国境内证券市场国际化水平的进一步提高，越来越多的境外投资者将进入中国市场，市场投资者结构将发生变化。虽然目前中国境内证券市场的风控措施基本能够达到控制本金风险的效果，但部分措施较难覆盖境外投资者，这也将给中国证券市场的国际化发展带来一定影响。

### （二）中国境内证券市场 DVP 制度的 FSAP 评估情况

金融部门评估项目（FSAP），是国际货币基金组织和世界银行于 1999 年

联合启动的评估项目，旨在评估各国金融体系的稳健性，评估内容包括金融结构和金融发展评估、金融部门评估、金融监管评估以及基础设施评估，涉及银行业、证券业、保险业及相关监管机构等多个金融部门。

1. 2009—2012 年首次 FSAP 评估情况

2009 年至 2012 年，国际货币基金组织和世界银行在中国开展了首次 FSAP 评估。该次 FSAP 评估是对中国金融市场的全面评估，是中国金融业当时经历的规模较大、范围最广和时间跨度最长的一次外部评估。中国结算作为中国证券结算系统的运营者被纳入 FSAP 评估对象，评估内容包括证券结算系统所涉及的法律基础、治理结构、业务运行、风险管理、技术系统管理、效率安全、监管等多方面。

2012 年 4 月，国际货币基金组织和世界银行公布了中国 FSAP 评估报告，其中详细评估了中国证券结算系统执行《关于证券结算系统的建议》的情况，该评估报告是 FSAP 外方专家在充分了解中国证券交易结算制度安排基础上作出的审慎评估。在 19 项评估项目中，中国结算共有 11 项评估结论为符合，6 项大致符合，2 项部分符合，没有不符合项。同时，FSAP 外方评估专家对中国结算提出相关改进建议。

其中，对于中国境内证券市场的 DVP 制度，FSAP 外方评估专家指出“证券交收的确在交易日日终完成，即使结算参与人之间的资金交收延迟到 T+1 日，资金在封闭系统内划转这一做法也能确保货银对付”，同时认为“上海证券交易所和深圳证券交易所的证券结算安排，是建立在券款前端监控的基础上的，否则交易无法发生。证券按投资者分户登记存管在中国结算，而资金通过第三方存管银行系统持有，中国结算作为结算代理人。证券交收在交易当日进行，资金交收在 T+1 日进行。然而，对结算参与人的最低备付金要求，确保了资金是在封闭系统内划转，实际上模仿了更为‘正统’的货银对付模型降低风险的做法”。

基于以上分析，2012 年 FSAP 评估报告得出结论，认为“中国结算的结算安排与货银对付原则性质等同，最终能将风险限制在市场风险之内”，并建议“中国证监会和中国结算应考虑公开关于中国结算清算交收安排的描述，以避免人们认为其没有采用更为‘正统’的货银对付架构，因而不遵守货银对付原则”。

2. 2016—2017 年 FSAP 评估情况

2016 年，国际货币基金组织和世界银行对中国金融部门开展了新一轮 FSAP 评估。2017 年 7 月，在完成对中国金融部门的现场评估后，FSAP 外方评估专家撰写了初步评估工作报告《FSAP 技术文本：金融市场基础设施系统性概览》（未公开发布）。其中，对于中国证券结算系统，FSAP 评估专家指出“现行的证券 T+0 最终交收和资金 T+1 最终交收，使得中国结算面临本金和重置成本风险。尽管《证券登记结算管理办法》第六章第四十九条写明，应采用 DVP 制度，但仍存在买券方在支付购买证券价款以及资金结算发生之前卖券的可能性。虽然有规定可以从买券方处将证券扣回，但这是事后的补救措施，而不能消除本金风险”，并建议“为了消除信用风险、提高安全和效率，有权机关应当推行事前的有关措施，例如：（1）将买券方账户中已交付的证券锁定直至资金交收完成，中国结算享有买券方账户中已交付证券的留置权；（2）或者，在中国结算下设一类特殊证券账户，直到资金交收完成后再将相关证券从特殊证券账户划至买券方账户名下。如果采取类似措施就能消除信用风险并达成 DVP”。

2017 年 12 月，国际货币基金组织和世界银行在官网公开发布了中国 FSAP 评估报告，指出中国证券结算系统“应当采用完全的 DVP 模式”，评估小组将上述建议列为高优先级，并建议在近期解决。

## 二、中国境内证券市场历次推进 DVP 制度改革工作概况

为了更好地防范结算风险，探索券款交收不同步问题的解决方式，中国证券市场分别于 2006 年、2008 年、2010 年、2015 年、2018 年，先后五次推动 DVP 制度改革工作。由于市场各方对于开展 DVP 制度改革必要性和迫切性的认识仍然存在分歧，兼之 DVP 制度改革是一项艰巨复杂、涉及全市场基础制度变革的系统性工程，前四次改革探索未能获得突破性进展。

### （一）第一次 DVP 制度改革工作（2006 年）

2003 年底开始，多家证券公司发生严重的持续巨额交收透支，中国结算也出现了重大支付危机。

2005 年 10 月，《证券法》的修订内容中增加了证券市场施行 DVP 交收制度的原则规定。其中，《证券法》第一百六十七条规定“证券登记结算机构为证券交易提供净额结算服务时，应当要求结算参与人按照货银对付的原则，足

额交付证券和资金，并提供交收担保”。

2006 年 5 月 12 日，中国结算向中国证监会正式上报 T+1 DVP 方案。

2006 年 5 月 16 日，中国结算对全市场发布《关于发布〈货银对付业务实施方案〉的通知》，要求市场相关机构按照《货银对付业务实施方案》及推进货银对付制度工作计划，做好实施货银对付制度的业务及技术准备。

2006 年 9 月 20 日，中国结算向市场发布《关于推迟实施货银对付方案的通知》，根据技术测试结果，由于部分市场参与机构尚未做好充分的业务技术准备工作，为确保《货银对付业务实施方案》的平稳实施、维护证券市场正常的结算秩序，经慎重研究决定，原定的全面上线工作安排推迟。

**（二）第二次 DVP 制度改革工作（2008 年）**

为落实中国证监会市场监管部关于在 2008 年 7 月 1 日向全市场推出 DVP 制度的要求，由上交所、深交所和中国结算联合成立的货银对付工作小组开始研究推进 DVP 制度实施工作。

2008 年 1 月，中国结算与沪深证券交易所共同向中国证监会市场监管部报送报告，初步确定了完善 DVP 制度的实现模式和实施方案。

由于市场各方存在分歧，此次 DVP 制度改革工作未能取得突破性进展。

**（三）第三次 DVP 制度改革工作（2010 年）**

2010 年 4 月 23 日，中国证监会审议并原则通过了中国结算报送的《结算规则》，并要求市场监管部和中国结算根据会议意见建议进一步修改完善。

2010 年 7 月 15 日，中国结算向沪深证券交易所发函，提请沪深证券交易所着手研究在《结算规则》等相关规则颁布执行的条件下，所需要相应修改的业务规则、业务细则以及业务处理流程等。

2010 年 9 月，沪深证券交易所分别向中国结算复函，提出 DVP 模式需要中国证监会、沪深证券交易所、证券公司、基金公司等对现行规则制度、工作流程及业务系统进行调整；需要所司加强协调，制定完善相应规则；调整需改变投资者现有交易习惯，建议在制度实施之前开展广泛、深入、持久的投资者教育工作，把工作做早做细做实；实施涉及的工作量大，操作风险高，建议认真评估和审慎组织实施。

**（四）第四次 DVP 制度改革工作（2015 年）**

2013 年 4 月，深交所商请中国结算深圳分公司配合其提高深市国债 ETF

及其他 ETF 的回购效率，提高产品的市场竞争力。

2013 年 6 月 19 日，中国结算提出，深圳市场 ETF 结算模式仍旧坚持 T+1 DVP 模式，并将上海市场 T+0 待交收模式调整为 T+1 DVP 模式。

2015 年 5 月 12 日，经深入研究论证，中国结算认为全面推进 DVP 的条件仍不成熟，但在单个品种上要积极尝试推进 DVP，并应从整体考虑将相关工作纳入结算业务整合工作之中。

2015 年 5 月 22 日，中国结算向中国证监会市场监管部提交请示，提出拟将沪深两市的债券、ETF 品种统一调整为 T+1 DVP 模式。

2015 年 6 月，中国证监会机构部、债券部、上交所及深交所均反馈意见，认为实施 T+1 DVP 模式应充分考虑对市场交易习惯的影响、改造成本等重要问题，充分听取市场相关各方意见，进行更详细评估及论证后，审慎安排相关方案，同时就影响投资者权益的事项对投资者进行必要的教育，避免造成市场异常波动。

### （五）第五次 DVP 制度改革工作（2018 年）

1. 改革背景

2008 年国际金融危机的爆发，构建高效、透明、规范、完整的金融市场基础设施引起了各国和地区的普遍重视。2019 年 2 月，习近平总书记在中央政治局第十三次集体学习时指出："要建设一个规范、透明、开放、有活力、有韧性的资本市场，完善资本市场基础性制度。"登记结算制度作为整个市场基础性制度中的关键一环，其重要性不言而喻。完善的登记结算制度，有助于服务实体经济、防控金融风险和深化金融改革。当前，中国境内证券市场规模不断扩大，金融产品推陈出新，对外开放进程进一步加快，对登记结算制度也提出了新的要求。

中国境内证券市场的第五次 DVP 制度改革正是在上述背景下推出的。本次 DVP 制度改革重在解决中国境内资本市场自身存在的"绷得太紧""卡得太死""成本太高"三方面问题，也有符合国际标准的外在需求，是维护资本市场长治久安的一项系统工程，其必要性和重大意义体现在如下方面：

（1）DVP 制度改革是完善资本市场基础制度的需要

2020 年 4 月 7 日，国务院金融稳定发展委员会召开第二十五次会议，强调要"发挥好资本市场的枢纽作用，不断强化基础性制度建设"。2020 年 4 月 9 日，中共中央、国务院发布《关于构建更加完善的要素市场化配置体制机制的意见》，提出要“完善股票市场基础制度。制定出台完善股票市场基础制度的意见。坚持市场化、法治化改革方向，改革完善股票市场发行、交易、退市等制度”。

在证券市场的制度体系中，结算制度是维系证券市场高效和平稳运行的基础性制度，而 DVP 制度又是结算制度中的关键一环，是全球金融市场基础设施普遍采用的基础结算制度，是保障金融市场安全高效运行和整体稳定的重要抓手，是国际资本市场的通用准则。以 DVP 原则为改革方向，是完善资本市场基础结算制度的必然选择。启动 DVP 制度改革，是中国资本市场深入学习党的十九大报告精神，贯彻落实全面深化改革，推动形成全面开放新格局的务实之举，为建设富有国际竞争力的中国特色资本市场提供基础性、制度性保障。

（2）DVP 制度改革是防范资本市场系统性风险的需要

目前，中国资本市场主要偏重交易前端控制等事前风险防范措施来控制风险，事中和事后风险控制措施相对缺乏。这一体系的弊端在于：一旦出现异常或极端事件导致事前风控措施失效，那么在结算系统事中和事后风险控制措施相对缺乏的情况下，结算风险可能无法有效处置，严重时甚至引发系统性风险。从这一意义上看，开展 DVP 制度改革，完善结算系统的事中事后风控体系，对保障资本市场安全运行，防范资本市场系统性风险具有重要作用。

（3）DVP 制度改革是支持中国资本市场双向开放的需要

随着中国资本市场双向开放进程的加快，A 股的基础结算制度日渐受到国际资本的关注。长期以来，尽管 A 股市场结算安排与 DVP 原则效果等同，但 A 股结算模式始终存在证券和资金交收未挂钩的情形，存在进一步完善的空间。

当前，中国资本市场正处在双向开放和国际化提速的关键时期。习近平总书记 2018 年 4 月 10 日在博鳌亚洲论坛上指出：“过去 40 年中国经济发展是在开放条件下取得的，未来中国经济实现高质量发展也必须在更加开放条件下进行。”进入 2020 年，根据中美第一阶段经贸协议，证券、基金管理和期货服务领域已于 2020 年 4 月 1 日起取消外资持股比例限制。中共中央、国务院 2020 年 4 月 9 日发布的《关于构建更加完善的要素市场化配置体制机制的意见》提出要“主动有序扩大金融业对外开放……”可以预见，后续中国资本市场的对外开放程度将稳步提高。在此情况下，推动 DVP 制度改革，有助于满足国际投资者的投资需求，吸引更多境外机构参与中国资本市场，提升中国资本市场的吸引力和国际竞争力。

（4）DVP 制度改革是贯彻落实《证券法》的需要

《证券法》（2005 年修订）第一百六十七条和《证券法》（2019 年修订）第一百五十八条均明确："证券登记结算机构为证券交易提供净额结算服务时，应当要求结算参与人按照货银对付的原则，足额交付证券和资金，并提供交收担保。"推进 DVP 制度改革是贯彻落实《证券法》的需要，体现了市场化、法治化、国际化方向。

2. 推进历程

为确保 DVP 制度改革顺利推进，中国结算在总结前四次推动 DVP 制度改革经验的基础上，对 DVP 制度改革的市场影响及工作实施的相关问题进行了深入分析，并与沪深证券交易所进行沟通并达成基本共识。中国结算于 2018 年 9 月 3 日向中国证监会报送《关于推进 A 股市场 DVP 结算模式改革有关意见的报告》。

2018 年底，为深入做好 DVP 制度改革工作，中国证监会组织成立了 DVP 制度改革工作小组，主要成员单位包括中国证监会市场监管部、机构监管部、中国结算、沪深证券交易所、全国股转公司、投保基金和中证金融等。

2019 年 3 月，经过反复研究论证和方案比选，中国结算拟采用基于现有 A 股结算模式基础上进行优化的"A 股模式优化版"方案作为 DVP 制度改革方案，研究制定了《A 股模式优化版框架方案（初稿）》，并获得了 DVP 制度改革工作小组原则同意。

2019 年 4 月至 9 月，中国结算分别组织境外专家及境内相关机构对上述框架方案开展充分的研究讨论。其中，通过召开 A 股结算制度改革专项咨询会，重点听取了国际货币基金组织"金融部门评估规划"（FSAP）专家、境内行业专家对优化版方案的意见和建议，同时先后多次以座谈会、发函等方式，与证券交易所、相关市场机构沟通交换意见。11 月，在充分采纳境内外相关机构建议的基础上，中国结算对优化版方案进行了修订，形成《DVP 制度改革总体方案》，并配套制定《DVP 制度改革实施方案》。随后，中国结算通过现场沟通会、走访调研等多种形式，就实施方案与托管行、证券公司、基金公司、资产管理公司、社保基金、QFII、证金公司等市场机构进行了多轮深入和细致的沟通，结合市场意见进一步完善方案。

3. 改革的原则与基本内容

（1）借鉴国际经验，紧扣 FSAP 评估建议和 PFMI 关于 DVP 原则的核心要

求，有效防范本金风险

2017 年 7 月，FSAP 技术文本建议："为了消除信用风险、提高安全和效率，有权机关应当推行事前的有关措施，例如：（1）将买券方账户中已交付的证券锁定直至资金交收完成，中国结算享有买券方账户中已交付证券的留置权……"本次 DVP 制度改革在框架设计很大程度上吸收采纳了这一建议。通过将证券交收和资金交收相关联，以及明确证券结算机构能够根据相关法规行使处置权等相关机制安排，既满足了 PFMI 中关于"应明确定义结算最终性时点""当且仅当资金完成交收时相应证券才进行交收"等针对 DVP 制度的核心要求，又切实防范了中国结算作为 CCP 面临的本金风险。

（2）延续历史做法，尽可能降低对现有业务技术和市场习惯的影响

在 DVP 制度改革方案的选择过程中，通过对交收周期为 T+0、T+1、T+2的 DVP 模式进行深入研究论证，发现不管是将钱券交收时间均统一到 T+0，还是 T+1 或 T+2，均将导致两难选择：如果将资金交收从现有 T+1 日终提前至 T 日日终的 T+0 DVP 模式，则存在结算时资金交收的时间窗口过窄、市场各方业务和系统耦合度高、市场容错率低、运行风险大等问题，并且增加跨境结算难度；如果将证券交收从现有的 T+0 日终划转延后至 T+1 或 T+2 日终划转的 T+1 DVP 或 T+2 DVP 模式，则需改变投资者"T 日买入、T 日即享有权益"的惯例，对投资者习惯、市场参与各方的业务规则和技术系统影响较大，进而导致改造成本过高、改造风险过大。

鉴于前四次尝试推动 DVP 制度改革均因市场影响较大、各方存在较大分歧而最终未能落地实施，所以，本次改革最终选择了不改变现行 A 股模式"证券 T+0 日终划转、资金 T+1 日终最终交收"的做法，通过在证券交收与资金交收之间建立关联，实现了基本不改变目前市场的交易结算习惯的效果。借助这一制度安排，证券和资金的使用效率得以保障，且"T 日买入、T 日即享有权益"的权益认定方式维持不变，无论是从规则等制度层面，还是业务技术改造方面，对证券交易所、证券公司、投资者等市场主体的影响都较小，有利于减少改革阻力。

（3）坚持强化事中风控措施，降低市场成本，助力中国资本市场的长远发展

本次 DVP 制度改革通过在证券交收与资金交收之间建立关联，确保中国结算作为 CCP 角色的处置权，坚持在证券结算业务中做好事中风险管控，为

事后风险处置提供了保障。在DVP制度改革的同时，中国结算将逐步降低结算参与人最低结算备付金收取规模。此前，中国结算已于2020年1月1日将股票类最低结算备付金比例由20%降低为18%①。后续将进一步研究整体降低最低结算备付金计收比例，并建立最低结算备付金差异化收取制度，有效降低市场成本，提高市场资金使用效率，助力中国资本市场的长远发展。

以上述原则为基础，DVP改革的基本内容主要为：证券T+0日终划转，资金T日和T+1日间多批次交收，资金足额的证券无条件过户，资金不足的证券做可售交收锁定，直至资金足额解除证券锁定，T+1日终最终交收时点资金仍不足的，则认定参与人交收违约。这种做法保持了现行A股模式“证券T+0日终划转、资金T+1日终完成最终交收”的业务处理基本不变，建立了证券交收与资金交收的关联，将A股模式下T+0日终证券无条件过户进行调整，根据T+0日终的资金核验结果，对资金不足额结算参与人的应收证券可售交收锁定，同时增加T+1日间多批次资金划转，当应付资金足额时取消证券锁定，当T+1日终资金不足时，认定结算参与人最终交收违约。

上述做法有效防范了本金风险，同时也提高了市场资金使用效率，降低了市场整体运作成本。目前，经过与中国证监会、市场机构的多次沟通，DVP改革在实现路径与基本内容上已经取得了较大共识，中国结算将按相关要求先行启动内部的业务与技术开发工作，并持续推进整体改革的落实。经过多年努力，中国境内证券市场DVP制度改革工作正不断朝着目标从容迈进。

---

① 中国结算每月为各结算参与人确定最低结算备付金限额，计算公式为：最低结算备付金限额=上月证券买入金额/上月交易天数×最低结算备付金比例。详见《中国证券登记结算有限责任公司结算备付金管理办法（2019年修订版）》。

Appendix

# 附录 NMS法案对美国证券交易机制与交易系统的影响

## 内容提要

NMS 法案是美国近年来对美国市场影响深远的重要法规。美国 SEC 制定 NMS 法案的目标之一是实现美国证券市场现代化，在制定法规时充分考虑了证券 IT 技术发展水平和美国证券业务发展状况。本报告从技术实施的角度探讨 NMS 法案对美国证券市场运行机制和证券交易系统的影响。报告的主要内容与结论如下：

1. NMS 的实施改变了美国证券市场运行机制和证券市场结构，撼动了 NYSE 长期以来在美国证券市场的垄断地位，迫使 NYSE 改变适合人工喊价的专家交易制度，转向与 NASDAQ 类似的 DMM 证券交易制度。这表明在现代科技进步的推动下，传统交易所人工喊价模式逐渐消失，电子化自动交易环境成为市场发展的主导趋势，交易所之间以及交易所与 ECN 等的竞争更加激烈。

2. NMS 的实施对证券交易系统有更多新的业务需求，特别是智能路由成为交易系统新的核心业务，智能路由策略及执行过程将直接影响市场流动性和订单的执行质量。智能路由与算法交易的联系更加密切，交易过程的智能化技术将会有更多的发展空间，实际上智能路由既是体现 NMS 保护投资者利益的重要设施，也是美国证券市场技术系统竞争的重要内容。

3. NMS 改变了市场数据收入分配方式，并且促进中介金融机构新数据业务的发展。NMS 允许各个市场中心能够有自己的市场数据发布模型，发布具有附加价值的市场信息，如深度的限价订单报价，事实上在电子化交易环境下，市场参与方对于市场数据及其发布系统性能的需求更加迫切，市场中心对于统一数据产品上发布的竞争也更加激烈，这将促进市场数据产品创新的发展。

4. 订单执行质量分析成为保障最优执行的重要技术措施。传统交易系统没有对订单执行质量进行分析的要求，但是在 NMS 强制实行最优执行之后，订单执行质量分析成为交易系统新的重要业务功能，这要求交易系统提供衡量交易业务性能的工具（特别是在线交易分析的工具），实际上订单执行质量分析既是验证最优执行的需要，也是订单路由的重要参考依据，是交易系统适应新法案要求的重要技术措施。

5. NMS 的实施促使市场更加重视通过技术优势来吸引订单，保证信息传输的实时性以及订单执行过程的高效性将提高订单执行机会，这导致 IT 技术部门要求有更多的投资用于提升路由、网络传输、容量、存储能力等交易系统性能。

6. 强化市场连接是 NMS 得以实施的基础，统一市场的建立促进标准化协议（如 FIX 协议）和统一信息编码在系统互联中的广泛应用，相对于采用专有通信协议，虽然标准化协议对于交易系统而言难以达到完美优化性能的目的，但是对于需要访问多个交易中心的客户而言，应用标准化协议能够加快系统开发速度、减少了重复开发和维护市场访问的成本，技术的简单、便利和通用性对于吸引更多的客户访问交易系统具有重要的意义。

7. 启示。(1) NYSE 最终放弃专家交易制度的过程表明，交易制度需要适应现代技术的发展水平。在电子网络化日益发达的今天，机构和个人的交易方式发生了改变，网络交易、算法交易广泛应用，人们更加习惯不受空间限制、交易速度快的交易方式，采用人工竞价的大厅交易市场份额日渐减少，传统交易所需要转变交易制度来适合电子化交易的发展。(2) 证券市场需要多元化的证券交易制度来满足不同类型投资者的投资需求，智能路由则提供了一种协调不同交易需求的技术手段。针对机构投资者倾向匿名交易而个人投资者倾向价格最优的不同交易需求，智能路由为投资者提供多类型的交易策略选择，例如投资者可以选择接入交易所市场、黑池或者其他另类交易系统，这使大额证券交易在大宗交易平台之外获得另类在线交易方式，不仅避免市场的大波动，也方便地实现交易流程订单处理的自动化。(3) 证券市场现代化的进程为 IT 技术应用提供新的机会，促进证券交易市场的组织创新、业务创新和服务创新。在组织上，市场竞争促使交易所积极转变组织体制（即转向以盈利为目标的公司制），不仅通过自我上市从证券市场募集资金，而且在体制上提高了交易所决策过程的灵活性，促使交易所积极致力于降低交易成本、提高市场效率，更有效地适应证券市场现代化的需要；在业务上，证券市场的现代化促使交易所拓宽市场业务，积极发展衍生产品与信息产品的业务，开发回转交易、权证等时延敏感产品，提高交易系统数据的使用效率；在服务上，证券交易对交易系统性能的追求促进了对交易服务的专业化，服务专业化成为提升服务水平的重要手段。(4) 实现交易的低时延、高吞吐量成为交易系统开发重要的设计理念。美国证券交易系统的发展趋势表明，低时延、高吞吐量成为衡量交易系统性能最重要的二维量度，实际上，正是由于设计理念的转变，近几年来，全球交易系统的处理容量从过去每秒几千笔上升到每秒数十万笔，延迟从秒级降低到毫秒级甚至微秒级。（5）未来竞争中，技术手段成为提升交易所竞争力的重要途径。交易所纷纷努力跟随技术发展趋势，采取联盟、兼并整合以及新技术开发的手段来提升交易所技术实力，虽然各交易所提高市场竞争力的策略和路径不同，但是很显然，技术竞争力成为交易所争取市场份额的重要手段。（6）NMS 是美国启动区域市场一体化进程的“切入点”，该法案的实施促进交易成本的下降以及交易量的上升，也带动了交易系统的技术进步。法规的实施情况表明，NMS 关于最优执行、市场透明性的规则强化了美国交易中心之间的订单竞争，有效提高了市场效率，有利于保护投资者利益。虽然目前我国资本市场还处于一个相对封闭独立的市场环境阶段，但是从长远发展的角度看，市场竞争是推动资本市场现代化的原动力，构建充满活力的二级市场竞争机制能够推动交易市场积极地降低交易系统的运维成本，促进市场快速提高交易系统的性能，使得市场能够不断降低投资者交易成本，从而有利于提高我国资本市场的国际竞争力。

## 导言

2005 年 4 月，美国 SEC 以 3：2 投票通过了“全美市场系统修正案”（Regulation NMS，以下简称 NMS），重新修订了全美统一市场体系的规则。法案促进了主要交易所证券交易制度的转变，重新设计了全美市场运行的机制，使得美国证券市场模型从报价驱动模式转向委托驱动模式，适应新的市场规则对美国证券 IT 技术系统提出新的挑战，提高市场效率成为交易场所争夺客户的委托、增强市场流动性的主要因素。

## 一、NMS 实施之前的美国证券市场

美国资本市场历史悠久，在 20 世纪 70 年代之前，美国证券市场是自然演化的，形成了多类型交易制度、多交易中心竞争的证券市场格局，随着科学技术的进步，适应证券市场现代化的发展成为推动证券交易制度变革的重要因素。

### （一）美国证券交易制度概述

美国证券市场有人工交易撮合和电子撮合两种交易模式，主要证券交易市场包括以下几种证券交易制度。

（1）竞价交易制度

竞价方式是拍卖市场的组织方式，买卖双方通过公开竞争喊价的方式来确定买卖的成交价格。技术进步使得大多数交易所拍卖过程实现了电子化，通常交易所在开市前采用集合竞价确定开盘价，在开市后采用连续双向拍卖，交易指令在输入交易系统之后自动撮合并形成市场价格，因此也称为指令驱动系统。竞价交易制度符合电子化自动交易的发展趋势，已经成为美国主要交易所的基本交易制度之一。

（2）多元做市商交易制度

多元做市商交易制度指每一种股票同时由很多个做市商来负责，做市商可以为自己、自己的客户或其他代理商进行交易，做市商之间通过价格竞争吸引客户订单，例如纳斯达克市场是采用多元做市商交易制度的典型，通常活跃的股票有30~60个做市商。

（3）专家交易制度

专家交易制度指由交易所指定一个券商（专家）来负责某一股票的交易。纽约证券交易所是美国证券市场采用该交易制度的典型，交易所有将近400个专家，而一个专家一般负责几只或十几只股票，由于专家制度的委托执行速度较慢，不适合电子化市场环境下订单竞争的要求，因此在NMS修正法案（2005）实施之后，纽约证券交易所转向采取与NASDAQ类似风格的指定做市商制度。

（4）混合交易制度

研究表明，采用竞价方式的市场上的股票买卖价差较小，采用做市商机制的市场上的股票买卖价差较大；竞价交易机制下的股票交易成本较低，而做市商机制下的股票交易成本较高；连续电子竞价的交易方式有利于降低成本，适合于交易活跃的股票，做市商机制的交易方式能保证成交的即时性并有助于减少价格的波动，适合于大宗交易和交易不活跃的股票交易。为了发挥竞价和做市商两种交易制度的优势，美国主要交易所都倾向于采用竞价交易和做市商交易制度相结合的混合交易制度。

（5）大宗交易制度

大宗交易制度是一种协议交易制度，为了防止大额证券交易对证券正常市场价格的影响，纽约证券交易所和纳斯达克市场制定了大宗交易制度。采用大宗交易的交易方式时，SEC规定单笔交易必须超过1万股或20万美元，投资者首先在交易系统外通过电话或其他电子通信网络进行协商，在达成交易协定后，通过不同于正常规模交易的交易系统进行撮合成交。在纽约证券交易所，75%由SUPERDOT系统处理的订单只占交易总额的28%，这表明该系统处理的大部分为小额对等交易，大部分大宗交易订单都由场内或场外的交易代表商谈完成。纳斯达克市场的大宗交易主要是通过ECNs电子通信网络在场外磋商，投资者在场外磋商一致后，将磋商结果汇报给ECNs，由ECNs来执行交易并且向市场报告。

### （二）美国证券市场的电子化发展

随着美国证券市场现代化进程的发展，美国证券市场交易系统也伴随着交易制度和市场环境的发展相应地发生了一些变化。

（1）在NMS实施之前，NYSE除了保持人工撮合方式外在交易流程上实现了计算机化，并且建立专业化的技术公司来支持整个业务流程电子化的网络。虽然NYSE对于小额订单也实现了自动撮合，但是主要系统架构依然保留场内交易人工干预的部分特性。

NYSE在1929年利用电话建立一个集中式的报价系统，1953年完成股票报价自动化。1968年建立有价证券传输的中央证书服务系统（Central Certificate Service，CCS），1973年，CCS演变成有价证券的存管信托公司（Depository Trust Company，DTC）。1972年，NYSE与美国证券交易所成立一个专门的信息技术公司（Securities Industry Automation Corporation，SIAC），负责交易所的计算机系统和通信网络。1976年，NYSE建成从会员到专家交易站的交易订单电子传输系统（Designated Order Turnaround，DOT），1984年升级为SuperDOT，2002年升级为Anonymous SuperDOT，通过该系统数量小的交易订单可以自动成交，也可以通过专家帮助完成交易。1977年，NYSE完成和会员之间的通用消息交换系统（Common Message Switch，CMS）并且于1978年建立跨市场交易系统（Intermarket Trading System，ITS），实现了美国交易市场的互联互通。1993年为交易厅经纪人建立经纪人工作间支持系统（Broker Booth Support System，BBSS）。

随着ECN的兴起，NYSE也意识到建立电子交易订单自动撮合系统的必要性，2001年，NYSE推出全自动的电子交易系统NYSE Direct +，成为电子撮合和人工撮合相结合的混合型证券交易市场，客户可以根据业务需要自己选择交易模式。2005年NYSE收购电子交易运营商Archipelago控股公司成立了NYSE集团，由于NYSE原有交易系统主要针对的是场内交易模式设计的，因此 NYSE 保留 Archipelago 电子化交易系统的独立运行。2007 年，NYSE 并购 Euronext 后，开始考虑整合现有分立的平台，目的是建立集成统一的电子交易平台、提高 IT 资源使用效率、降低整体 IT 成本。

（2）纳斯达克证券市场从早期仅为做市商提供统一股票报价信息的计算机通信网络系统发展为具有集中交易撮合系统的全美交易所。

纳斯达克交易所起源于 OTC 市场，在 20 世纪 60 年代，早期市场参与方主要从报纸上获得股票报价，1971 年全美证券经销商协会建立一个为 OTC 市场的股票交易提供全自动报价的全美证券交易商协会自动报价系统（National Association of Securities Dealers Automated Quotation Systems，NASDAQ）来解决 OTC 市场报价混乱的问题，从而使 OTC 市场的股票报价信息透明化，市场运作规范化。1982 年，纳斯达克建立纳斯达克全美市场系统（Nasdaq National Market System，NMS）用于实时向市场发布股票成交信息。1983 年，纳斯达克为第三市场做市商开发执行交易所股票交易的系统（Computer Assisted Execution System，CAES）。1984 年，纳斯达克建立小订单执行系统（SOES）为纳斯达克全美市场提供交易撮合服务，该系统在 2001 年升级为超级小订单执行系统（SuperSOES），增加了允许的最大股票交易数量，同时取消了对同一股票连续下单之间必须间隔 5 分钟的限定。1987 年纳斯达克建立订单配对处理服务系统（Order Confirmation Transaction Service，OCTS），1990 年升级换代后改名为 SelectNet，其主要功能是交易订单的路由和价格协商，具备与 ECN 通信的功能。1988 年纳斯达克开发高级计算机执行系统（Advanced Computerized Execution System，ACT）来连接订单输入公司和纳斯达克证券市场的做市商，1996 年运营 OptiMark，允许做市商输入匿名的交易组合，当系统发现可匹配买卖单后产生一个 SelectNet 交易。

早期的纳斯达克市场缺乏综合性集中式交易撮合系统，虽然市场开通了为个人投资者服务的小订单执行系统，但它不是纳斯达克市场的核心交易系统，这主要是由于当时纳斯达克市场不是以盈利为目标的公司，没有必要与做市商竞争市场订单，而是以保留做市商场外撮合模式为目标建立的一个报价系统。在纳斯达克开始私有化进程成为以盈利为目标的公司之后，2002 年，纳斯达克建立一个集成报价、交易撮合和订单路由的集中撮合交易系统（超级蒙太奇），开始与 ECN 市场直接竞争失去的市场份额。2006 年，纳斯达克收购了全美第二大电子交易系统 Instinet 公司，并且从超级蒙太奇迁移到 Instinet 的电子交易系统上，交易时延由10毫秒降低到1毫秒。2007年，纳斯达克以37亿美元收购北欧证券市场OMX公司，通过交易系统的兼并和整合，纳斯达克组建了一个跨大西洋的交易平台。

（3）ECN等电子化交易方式迅速繁荣，证券交易环境发生了重大变化，电子化交易为投资者带来了更多选择，投资者交易方式逐渐向采用自动化处理方式转变。

随着自动化报价系统和自动交易业务的发展，在交易流程的输入端，投资者更多地运用算法交易处理订单，并且将智能路由与算法交易相融合。附图1反映了近3年来美国证券交易方式的变化，2008年与2006年相比，柜台交易方式减少了13%，而交叉网络、算法交易、DMA和程序交易这些适合电子化交易的方式分别增加了19%、9%、10%和3%。2008年，投资者通过非柜台系统完成的交易量占到总交易量的65%。

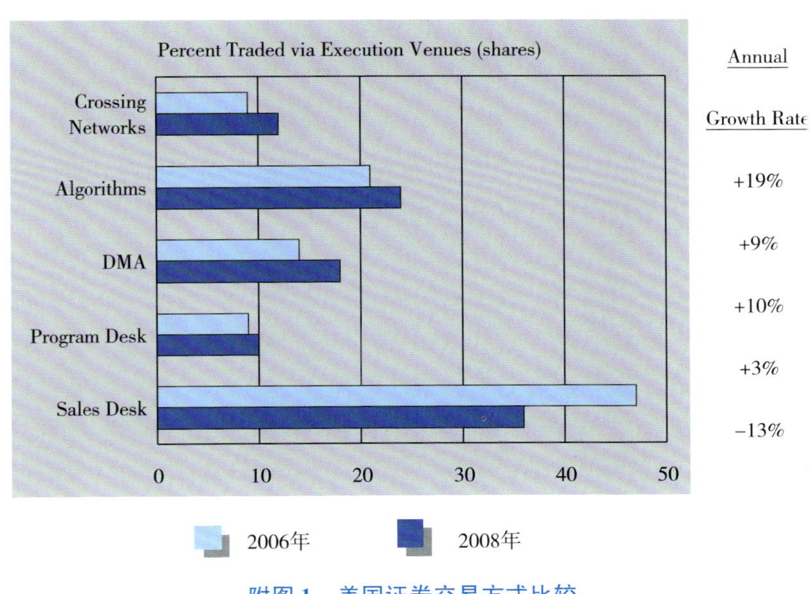


附图1　美国证券交易方式比较

（资料来源：TABB Group）

（4）投资者交易方式的转变要求交易系统的信息传播更加及时准确，甚至需要市场为研究和服务提供基于Web的24小时访问，为投资者提供更多的智能工具和数据产品。美国多市场中心的市场分割状态使得交易系统需要增加监测市场的数量来准确地掌握市场流动性，市场参与方对于订单执行从单纯防止订单堵塞转为搜索复杂的流动性，特别需要提升订单管理系统能力，减少投资决策过程的延时。

## 二、NMS 对证券交易机制的影响

### （一）NMS 的立法起源与基本内容

NMS 的立法起源可追溯到 1975 年，当时投资者在不同交易所或柜台市场购买同样股票的价格有较大差别，为了解决市场分割造成的价格差异问题，美国国会通过了《证券交易法》修正案（称为 Section 11 – A 或全国市场体系修正案），提出建立统一的全美市场系统（National Market System，NMS）。但是早期制定的 NMS 规则忽视了交易需求的差异化，在随后的 30 年里，美国证券市场逐步形成了两个统一市场，一个是以纽约证券交易所为主导，与区域性的交易所合作与竞争的全美市场系统，还有一个 NASDAQ 全国市场体系，两者实行不同的监管规则，这是因为自动交易和人工交易机制难以融合的矛盾日益突出，美国的市场法规难以协调快、慢市场之争。因此长期以来，美国证券市场被分为交易所上市股票和纳斯达克股票，建立统一的全美市场系统的目标没有真正实现。并且 NYSE 对市场的垄断实际上减缓了美国证券市场创新的步伐，也使得传统市场体系已经不适应现代技术和资本市场的发展水平，不利于美国证券市场应对欧盟和其他新兴市场的挑战。

为了提高投资者对美国证券市场的信心，尽可能地克服市场分割损害市场价格发现的问题，SEC 通过了新的 NMS 修正案，试图建立真正统一的全美市场来提高市场效率。在立法理念上，NNS 突出两个方面：（1）强调市场竞争，通过提高市场透明性来保护投资者；（2）建立一套完备的框架，使全部交易委托获得平等的待遇。值得注意的是，新制定的 NMS 修正案虽然没有终止人工交易模式的发展，但是有倾向地鼓励和保护电子化交易的发展，SEC 期望 NMS 修正案能够反映技术和市场的发展状况，修正案的实施能够增强现代化美国证券市场体系。

NMS 主要包括最优执行、市场访问、最小报价档位和数据收入分配四个方面的基本要求，具体内容如下：

（1）订单保护条例

订单保护条例限制穿价交易以保护限价委托，适用于全美市场系统所有上市股票，但是条例仅对自动报价提供保护，对于人工报价订单不适用保护条例。在选择穿价交易规则时，由于 NYSE 担心采用保护其他揭示价（Depth of Book，DOB）方案让 NYSE 更难整合其自动报价和场内人工交易市场，并且 DOB 将使得 NYSE 仅能控制更少的委托交易量，增加其他市场竞争能力，因此 NYSE 强烈要求采取最佳报价（BBO）方案，SEC 考虑到更激进的 DOB 方案可能产生市场运作的意外效果，最后选择了折中的 BBO 方案。同时条例要求所有交易中心必须有防止穿价交易的书面政策和流程，以及在例外情况下，设计合理方案确保遵循条例规定，强迫交易中心保证最优执行。

（2）访问条例

访问条例包括三方面的内容：第一，获取报价的通路权要求；第二，对通路费的限制；第三，对锁报价和交叉报价的规定。

首先，禁止交易中心实施任何不公平歧视条款来防止或禁止任何人经由交易中心会员、报价资讯服务商或投资人取得报价资讯。该规定的实质是在交易中心（自律组织）会员能够公平、有效获取交易设施报价资讯前提下，允许非会员以间接方式取得报价资讯，并在收费及待遇方面做到公平。

其次，条例为这些交易订单制定统一和具有最高限额的交易费用。SEC 在订单处理规则和 ATS 规则中准许 ECN 对非用户（non - subscriber）在使用其揭示报价时收取接入费（access fee），但传统上却不允许做市商和其他经纪商收取额外的接入费。为此，访问条例规定对取得报价资讯收费设限，报价资讯收费不得超过每股 0. 003 美元，并且由于百分位报价已压低买卖价差，经纪交易与 ECN 委托撮合模式已经类似，应该待遇一样。

最后，条例要求全国性的证券交易所和证券业协会必须监督和督促其会员公司认真地执行这些条款，并制定禁止其会员公司在报价的过程中出现锁市场和交叉市场现象的条款。

（3）亚美分条例

亚美分条例规定了微幅报价档位（Minimum Price Variation，MPV），条例规定对于买卖报价不低于一美元的股票，禁止市场参与者报出报价档位低于 0. 01 美元的买卖报价。防止使用微幅报价进行限价单抢单（step - ahead）行为。对于一美元报价以下的股票，最小报价单位为 0. 000 1 美元。研究表明，减小报价档位，能够使客户得到较低的交易成本，但是价格单位的变小，也减少了限价报价的吸引力，降低了市场深度，减小了市场流动性。

（4）市场数据条例

证券法及自律组织联合（Joint - SRO）计划虽然有向外发布交易资讯的相关规定，但是原来收入分配机制缺少足够的透明度和治理，仅仅依赖交易合约数，没有合理地补偿自律服务组织提供交易的股份数目和有效报价的数目，在实际中，这种没有考虑交易量的收入分配模式将导致市场参与人通过交易分割、虚伪交易等人为增加交易量的形式来获取更多的数据收入分配。而且原有的分配机制使得既得利益的市场参与方缺少服务创新的动力。

NMS 修正案对原有市场数据整合、分发和显示的要求进行了更新，主要包括三部分：第一，修订目前市场资讯收入分配方式，使得资讯收入能更恰当地反映市场参与方对价格发现和交易量的贡献；第二，更新市场资讯发布和揭露的规则，允许自律组织及其会员在向市场中心提供核心数据的同时，可以自主决定多种非绑定的数据产品，投资者能够选择他们需要并且愿意付费的市场数据；第三，建立顾问委员会，评议和反映市场数据计划执行委员会的操作以及改善情况。

### （二）美国证券市场运行机制

在后 NMS 法规时期，美国证券市场通过建立公共基础设施，实现了以纽约证券交易所为主导的全美市场系统和 NASDAQ 全国市场系统的统一。网络化的美国证券市场形成了与我国证券市场截然不同的市场运行机制，在系统的实际运行中，交易机制需要针对网络环境的特点制定适合网络环境的运行规则，保证市场运行的高效率。

1. 美国与中国证券市场运行机制的比较

美国证券市场多撮合中心的市场运行机制与我国证券市场单一撮合中心的市场运行机制主要存在以下不同：

（1）在市场组织架构上，美国证券市场与我国证券市场显著的区别在于美国证券市场存在多个自然发展形成的交易中心，并且各个交易中心通过建立公共基础设施（如 ITS、SFTI）连接起来。需要注意的是，ITS 现在已经过时不再使用，其主要原因在于：ITS 未提供自动执行委托，市场对交易订单的反应和完成交易的时间过长（超过 30 秒）；ITS 实际上迫使经纪商将委托先进入 NYSE 场内以寻求更好成交价，这使得 NYSE 没有动力对该系统进行合理的改革和必要的技术更新。

（2）在业务功能上，由于市场间连接的存在，美国的交易中心需要具备市场间路由的能力，市场间路由具有两项功能，第一，通过订单的集中形成全美市场最优报价，具体方式如附图 2（a）所示，各个交易中心将股票在本地市场的最好价格及时报送到最优报价中心，对于 NYSE、AMEX 和地区交易所上市的股票而言，各个交易中心将自己的 BBO 报价通过 SFTI 发送到统一报价系统（CQS），在此形成 NYSE 上市股票的 NBBO，对于 NASDAQ 上市股票则由 NASDAQ 证券信息处理器（SIP）负责形成 NBBO，虽然美国没有完全集中的报价中心，但是对于整个美国证券市场而言，每一只 NMS 股票都只有单一的统一数据源来形成 NBBO，由报价中心根据自动报价生成 NBBO；第二，交易中心具备将客户订单发送到具有最优报价的交易中心的能力。

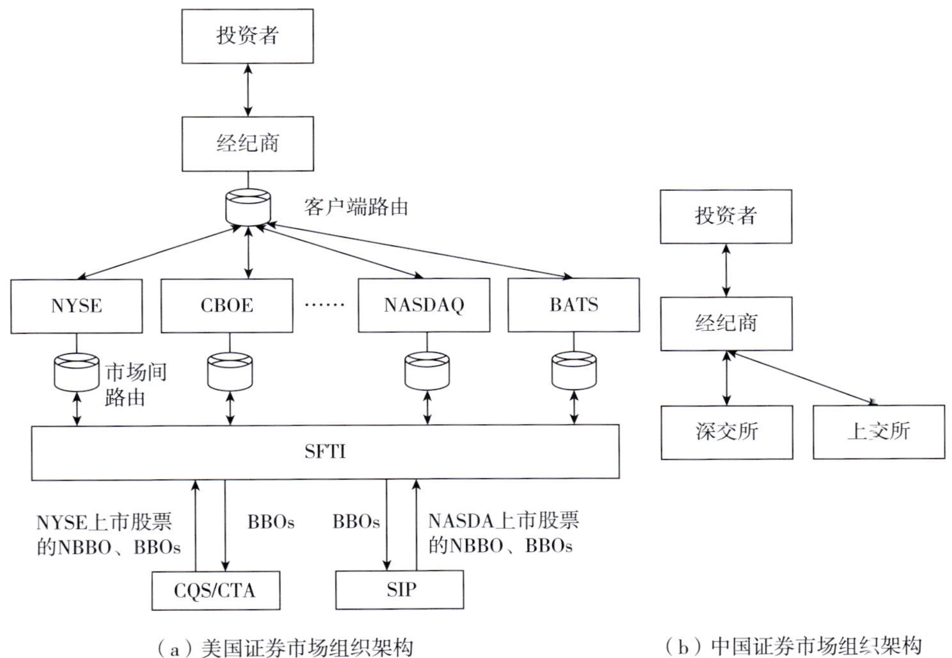


（a）美国证券市场组织架构　　（b）中国证券市场组织架构

**附图 2　中美证券市场运行机制的比较**

（3）从订单路由决策上比较，由于我国的市场组织结构比较简单，因此经纪商的订单路由也非常简单，投资者将委托传给经纪商之后，经纪商根据股票性质分类，将股票发送到对应的上市市场中进行撮合交易，也即上交所上市股票只能在上交所交易系统撮合成交，而深交所上市股票只能在深交所交易系统撮合成交，其过程如附图 2（b）所示。在美国投资者将订单委托传送到经纪商，经纪商可以根据客户需要主动地选择合适的路由策略，直接地将订单发送到价格最好和成交概率最大的市场，实际上，经纪商并不需要直接和所有市场中心相连接，美国证券市场交易机制将自动使得订单实现最优价格成交，但是经纪商通过私有连接能够更及时、准确地获得市场信息，从而能够提高订单执行的质量。

（4）在业务流程上，美国交易中心的市场间路由功能使得交易中心获得全美最优报价和访问多市场中心的能力，而客户端路由功能为满足市场参与者多种业务需求提供了必要的灵活性。例如，对于小额订单，一般的订单接触就能提供足够的流动性，但是对于需要较大流动性的订单，访问黑池将有利于避免大额订单对市场的影响，投资者可以根据各个交易所提供的指令类型，选择合适的客户端路由策略，从而获得满意的订单执行结果。这里我们以订单在BATS交易所内的路由策略来分析订单执行的路径，如附表1所示。按照BATS的路由策略，投资者能够根据自己的投资需要，先将订单路由到黑池，然后路由到其他地方如交易所、ECN和其他流动池，或者仅仅订单的一部分路由到黑池，其他部分路由到其他市场中心，投资者也可以先将订单路由到指定交易所再路由到其他流动池，其订单执行路径如附图3所示。

**附表1　BATS Trading 路由策略**

| | 路由策略标识 | 路由策略 |
|---|---|---|
| BATST-rading 路由策略 | CYCLE strategy | 保证订单尽可能地在全部有价格保护的市场以最优价格成交 |
| | BATS +（market centers）order | 订单首先进行在BATS交易所内的交易，如果还有未能完成的股票，以IOC方式发送到指定交易中心，市场中心包括ARCA、NYSE、NASDAQ、ISE、NSX、Direct Edge、Track、CHX、AMEX、Lava-Flow、CBSX和PHLX |
| | Dark Scan | 首先，Dark Scan将订单路由到黑池伙伴企业（DLPs），DLPs提供潜在的价格改进机会，并且为BATS会员提供低市场访问费用，每股成交收费为0.0005美元。在订单被返回BATS之前，为了完成剩余订单，Dark Scan为DLP留5~100毫秒时间处理。然后，剩余订单在400~500微秒以每股收费0.0025美元在BATS订单簿的深度流动池匹配。最后，剩余股票利用智能路由CYCLE策略路由到显示订单报价的市场，收取每股0.0029美元的费用 |
| | DART +CYCLE. | 默认的路由策略，订单先访问BATS订单簿，然后将剩余订单路由到黑池伙伴企业（DLPs），最后采用CYCLE strategy路由策略。同时BATS将维护交易所与黑流动池伙伴企业（DLPs）的联系，监测有意义的订单执行率和执行速度，保证订单的执行质量 |

（5）在股票定价方面，我国和美国证券市场都能够使得股票获得本国市场最好的价格执行。不同的地方在于我国实行的是单一市场撮合模式，而美国证券市场实行的是多交易中心撮合模式，也就是对于同一只股票，美国各个市场可以有不同的报价，股票以通过订单报价竞争形成的全美市场最优价格为参考来保证最优执行的实现，实际上，股票在提交委托之前是不能事前确定成交的最终场所，除非使用明确交易地的路由策略和特殊指令。

（6）从推动市场发展的动力上看，我国市场之间的竞争更多地体现在上市资源的竞争；美国证券市场竞争则不仅包含在一级市场对上市资源的竞争，也包含订单在二级市场上对市场份额的直接竞争，市场中心不仅从扩大的交易量中获益，而且也能在数据收入分配中获得更多的利益，这将极大地推动交易中心积极提高交易系统性能和市场效率，从而最终有利于降低投资者的交易成本。

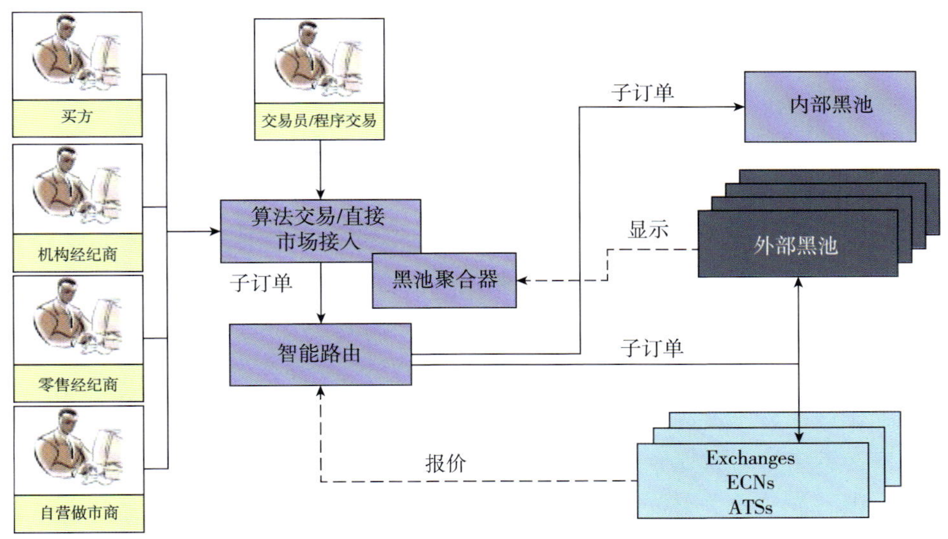


附图3　后 NMS 时期的订单执行路径

（资料来源：TABB）

2. 美国证券市场机制的特殊情况及其处理方式

美国证券市场是由多个交易中心形成的复杂的网络，订单指令在市场网络上的流动也增加了市场的振荡，甚至可能导致整个市场的崩溃，因此在市场机制设计上需要遵循保护投资者利益的原则，采取免责措施来避免这些降低市场运行效率的情况，在后 NMS 时期，美国证券市场机制主要的免责情况包括：

（1）自助免责（Self－help Exemption）

交易中心可能因为临时的系统故障或者低效率而延迟订单路由，减少订单的执行质量，当其他的交易中心对访问它的报价订单重复出现立即响应失败，交易中心可以根据合理的政策和程序、在有明确目标管理参数的规定下，使用自助免责措施，例如，一次报价一秒内响应失败不能成为忽略另一个交易中心报价的理由，但是在一个短时间段内，有多次的一秒内报价响应失败则可以作为自助免责适用的依据。需要注意的是，接收订单的交易中心仅负责订单在自身交易系统内的往返时间，而负责路由的交易中心在制定政策和过程时需要考虑潜在的传输延时，使得传输延时不致归咎于接收订单的交易中心。

（2）闪烁报价（Flickering Quotations）

对于活跃的NMS证券，交易中心的最好报价在一秒内能改变多次，即闪烁显示报价。这样快速的价格变化使得穿价交易频繁发生。为了使得交易系统有更好的运行可行性，交易中心有1秒的时间窗口，也即如果交易中心在发生穿价交易前的1秒内有一个显示的最佳价格，那么在1秒以内，NMS证券以等于或者不低于该价格进行的交易是有效的。这个免责情况避免了因为频繁发生穿价交易而频繁路由订单的错误指示，避免交易中心更改正常的交易过程，也为交易中心提供一个更有效的跨市场价格保护。例如，如果市场最好报价在另外的交易中心，它的报价1秒内在10.00～10.01美元多次变化，若本交易中心的交易订单以美元10.00执行，可以认为没有违反穿价交易规则。

（3）扫架订单（Intermarket Sweep Orders）

扫架订单是一种限价订单，它可以要求接收订单的交易中心立刻执行订单交易，而不需要考虑其他市场的保护价格。这对于大额订单是一种有效的执行方式，也避免了订单出现“无限环”的现象，即为了追求某时间点上的一个价格，订单在多个交易中心之间往返路由。

（4）验证订单（Benchmark Orders）

验证订单指订单执行价格不直接或者间接依赖当时的NMS证券报价，委托执行的条件不能提前确定的订单。如VWAP（以交易量为权重的平均价格）订单，假设在开市前，客户以从开市到下午1点之间的VWAP从经销商处委托买股票10 000股，如果1点时NBBO是20.00美元，但是VWAP是19.90美元，经销商在下午1点时能以19.90美元执行订单，而不用考虑其他市场存在更好的保护价格，但是经销商在此之前的证券交易仍然要遵守订单保护条例。

（5）止损订单（Stopped Orders）

交易中心的市场专家在订单执行时，为了满足协议规定，协议订单的买单以低于 NBBO 的价格购买证券，协议订单的卖单以高于 NBBO 的价格出售证券。例如，假设客户需要买大量的 NMS 证券，经纪商和客户同意以平均价格不差于 10.12 美元（止损价）购买证券，当时的 NBBO 是 [10.05，10.07]，在完成指令交易量一半时，平均价格达到 10.10 美元，但是此时 NBBO 为 [10.15，10.17]，为了满足平均 10.12 美元，经纪商必须在 10.14 美元执行剩下的订单，免责规定允许经纪商可以 10.14 美元的价格执行剩下的订单，不必将订单路由到有市场最好价格 10.15 美元的交易中心交易。

（6）其他对穿价交易进行免责的情况：如对非"普通交易"的合约交易；开盘、复盘、闭市时的单一价格交易；出现交叉市场时的交易。

**（三）NYSE 证券交易制度的转变及其原因**

在 NMS 实施之前，NYSE 一直坚持传统的大厅交易专家制度（人工竞价制度），虽然大厅交易专家制度不适合电子化自动交易的应用，但是为了保持交易系统的连续性、维持市场的垄断地位，NYSE 建立了混合交易系统，然而人工撮合与自动撮合对于速度要求的矛盾难以协调，混合交易机制的实施存在较多问题，因此 NYSE 在 2008 年最终放弃沿用多年的大厅交易专家制度，采用指定做市商制度（Designated Market Makers，DMM）。

1. 指定做市商制度的特点

指定做市商采用类似 Nasdaq 风格的方式为市场提供流动性，该制度有如下特点：

（1）DMM 报价直接显示在订单显示簿上，这有利于减少订单延时；

（2）DMM 报价与其他大厅经纪商报价以及显示订单簿上的报价平等竞争；

（3）市场参与者能够使用一种新类型的保留指令，这类指令不在 DMM 报价上显示，使得输入订单能够先进入可能有更好价格的黑池交易，然后再以公开的 NYSE 最优报价进行交易；

（4）在市场信息和市场数据获取方面 DMM 也没有优先权；

（5）DMM 有责任维护市场次序，维护市场报价处于 NBBO 水平的时间比例，有利于开市、闭市、市场重大波动时价格发现的功能实现。

NYSE 还建立辅助流动性提供者（SLPs）制度作为现有报价提供者的补充

和竞争，目的是奖励积极的流动性提供者，使得高交易量的会员作为新类型、电子化的 SLP 为 NYSE 市场增加流动性，SLP 有如下要求：

（1）NYSE 会员机构不能在同一只证券上既是 DMM 又是 SLP；

（2）SLP 在获取交易信息和市场数据方面与其他 NYSE 客户待遇一样；

（3）对于指定的证券，当 SLP 以输入订单报价执行交易时，NYSE 将给 SLP 一个折扣；

（4）SLP 只能使用自营账户，不能利用公众客户或者机构的账户。

2. NYSE 转变证券交易制度的原因

NMS 实施之后，美国证券市场环境、交易业务模式发生了巨大变化，迫使 NYSE 不得不考虑修改传统的专家交易制度，其最终决定转变角色的原因在于：

（1）NYSE 在市场份额占据的统治地位受到挑战，其外部市场环境的压力越来越大。

NMS 法案的实施，导致多类型交易中心直接竞争订单流，参与竞争的对象包括全国交易所以及 ATS 等 ECN。如附图 4 所示，在市场占有率方面，2005 年，NYSE 占 72%，NASDAQ 占 21%，其他交易所和 ECN 占 7%；而到 2007 年时，美国市场占有率发生了明显的变化，NYSE 占 41%，NASDAQ 占 37%，其他交易所和 ECN 占 22%。显然 NASDAQ、ECN 等交易市场正在迅速崛起，NYSE 市场份额的收缩使专家制度价格发现的优势也难以明显体现。

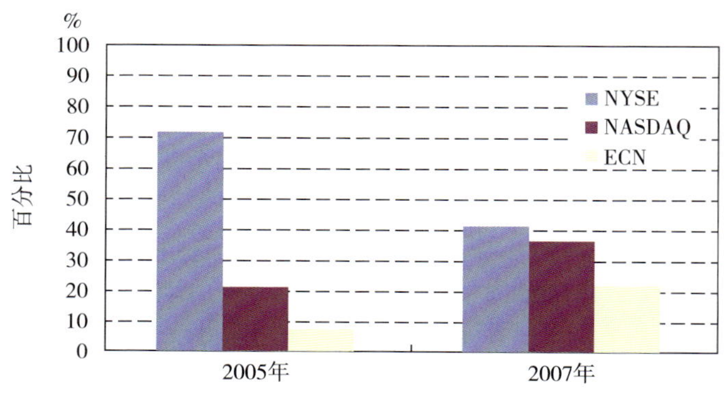


**附图 4　NMS 修正案实施前后美国市场占有率的比较**

（资料来源：深交所技术资料）

（2）NYSE 本身有很强的内部技术实力，拥有大厅交易和完全电子化自动交易的两套技术平台，相比较之下，电子化自动交易系统的交易时间长，表现出更强的盈利能力。

NYSE Archipelago 一天的交易时间长达16个小时，远高于大厅交易的6个半小时。在盈利方面，2005年第一季度财务报表显示，Archipelago的净利润额达到1 320万美元，营业收入为1.187亿美元，毛利率为11.1%；虽然纽交所大厅交易的净利润达到2 490万美元，但毛利率仅有8.7%，因此，NYSE的电子化自动交易表现出很强的市场竞争能力。

（3）投资者逐渐习惯快捷、低廉的电子交易，投资决策上广泛应用算法交易，投资者在投资行为表现上倾向自动化交易，迫使NYSE需要适应电子化自动交易的发展趋势。

由于NMS法案从制度上保障投资者交易以价格最优的方式成交，投资者对订单执行的公平性信心增强。机构投资者已经广泛应用算法交易，对小额订单习惯采用自动交易，对于大订单也能够应用算法交易将分解为小额订单送入自动交易系统，在尽量快速成交的过程中也减少大订单对市场的影响。

（4）专家制度的订单执行速度慢，不利于电子化自动交易的实施。

专家制度是根据大厅交易设计的，订单执行速度慢，订单执行效率上落后现代技术系统的发展水平，因此NMS规定人工报价不受到订单保护条例的保护。相比较之下，电子化自动交易的订单相互接触的范围更加广泛，执行效率更高，价格透明性更好，因此，市场流动性转向能够满足最优执行要求的做市商系统、ATS等电子化自动交易系统。

美国证券市场上以NYSE为代表的“慢”市场和以NASDAQ为代表的“快”市场关于证券交易制度的争辩，以NYSE最终放弃其坚持多年的专家交易制度落幕。由于没有一种交易制度适合所有的电子化交易需求，主要交易所都倾向于采取混合交易制度，美国主要交易所证券交易制度有趋同化的趋势，同时为了应对ECN的竞争，交易所引进“黑池”，通过技术措施和具体订单执行的业务规则来保证订单执行符合投资者利益。

## 三、NMS对证券交易系统的影响

NMS法案的实施为美国证券市场带来革新的活力，使得交易市场的交易系统面临适应业务变化、提升技术性能、降低交易成本的巨大竞争压力。第一，NMS法案使得交易系统面临众多新的需求变化，如交易系统需要支持多策略的订单路由、新的委托指令，满足市场对数据产品更加旺盛的需求，同时强化订单执行质量的分析能力，保存最优执行的证据；第二，在多市场中心竞争订单的市场环境中，低时延、高带宽的交易网络将增加订单执行的机会，吸引更多的交易订单进入交易系统，因此市场竞争要求交易系统更加关注交易速度，提高交易系统的传输性能和高速处理指令的能力，与此同时，交易系统需要具备对海量数据的高存储容量和高吞吐能力；第三，实现交易的低时延、高吞吐量成为交易系统开发重要的设计理念，为此，开发人员需要综合系统环境、技术架构、灾备策略以及运维管理等多方面因素制定改进交易系统性能的技术措施；第四，在市场接入上，NMS 法案强化了市场间连接，交易系统的互联趋向采用标准化的接口协议和统一信息编码，这样能够节省客户接入市场交易系统的开发时间、成本以及技术难度，方便客户获取信息，然而为了提高系统性能，多数交易所还结合自身系统环境开发了专有协议，在功能上，提供单点接入的支持，即市场参与者通过一种接入方式就可以访问交易所旗下所有市场的交易服务。

### （一）后 NMS 时期证券交易系统的业务需求变化

在后 NMS 时期，交易系统面临众多新的业务需求变化，如智能路由、实现新的委托指令、为算法交易提供深度信息以及开发新的数据产品、强化订单执行质量的分析。

1. 智能路由成为交易系统新的核心功能

在符合 NMS 法规的市场机制中，智能路由成为交易系统新的核心功能，在订单执行过程中的作用越来越重要，其目的就是自动选择订单执行的目的地。

根据美国主要交易所对于客户行为的统计，2008 年，NYSE、NASDAQ 和 AMEX 交易所接收的小于 20 万美元的订单中 85% 以上是非定向订单，如附图 5 所示。这意味着大多数客户没有为他们的订单指定具体的交易地点，而是依赖经纪商和智能路由做出合适的路由决策。由于 NMS 法案要求经纪商和交易中心确保其客户订单能够在具有最好市场价格的交易中心成交，智能路由成为新业务模型的关键，智能路由能力将关系到公司信用和声誉。

智能路由的功能如下：

（1）提供访问多市场中心的连接服务，并且为多类型资产交易低时延、高容量的交易性能提供决策支持；

（2）利用最优报价或者深度市场报价数据来评估市场流动性，为主动和被动订单执行策略创造盈利交易机会；

（3）优化异步订单执行策略，针对不同类型的交易中心，制定访问各类显性和隐性市场流动性的搜索策略；

（4）综合分析历史流动性统计和实时交易数据，动态调整订单执行策略，获得最好的执行效果；

（5）在智能路由的生命周期中，提供符合 NMS 最优执行、审计和行业标准的报告要求。

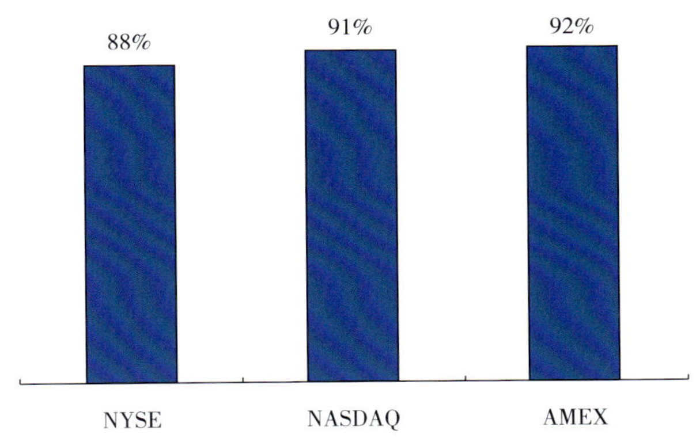


附图 5　2008 年美国主要交易所 200 万美元内的非定向执行订单比例

（资料来源：TABB Group）

在后 NMS 时期，智能路由实际上成为订单执行过程的中心，对于市场参与方而言，智能路由有 3 种解决方案：

（1）主动建立与多交易中心的私有连接，建立自己的高速通信网络来强化智能路由的能力；

（2）利用第三方交易设施（如数据提供商）来保证最优执行的实现；

（3）通过市场中心自身的路由能力来实现智能路由。

各种解决方案的性能比较如附表 2 所示，虽然美国市场在交易机制上能够保证交易订单最终符合最优执行的要求，但是考虑到市场效率、业务灵活性等因素，基于自建的路由解决方案能够获得更好的订单执行性能，但是这无疑将增加 IT 系统建设投入和维护系统的成本。

附表 2 智能路由解决方案比较

| 评价＼选择 | 自建 | 第三方 | 市场中心 |
|---|---|---|---|
| 应用能力 | 高 | 中等 | 低 |
| 灵活性/复杂性 | 高 | 中等 | 低 |
| 适应监管变化的能力 | 高 | 中等 | 低 |
| Control 控制能力 | 高 | 中等 | 低 |
| 资源需求 | 高 | 中等 | 低 |
| 维护成本 | 高 | 中等 | 低 |

NMS 的实施，使得智能路由成为美国证券市场技术系统竞争的重要内容，关系到市场流动性和订单的执行质量，也是提升交易系统竞争力的关键技术。智能路由在一定程度上也模糊了经纪商和交易所之间的界限，促进了经纪商业务模式的转型，而交易中心将面临更多的市场竞争，尤其需要强化技术系统的业务适应性和技术性能。

2. 交易系统支持新类型的委托指令

在后 NMS 时期，市场环境出现了新的情况，交易系统需要将订单按照指定的交易策略动态选择交易中心，未撮合订单处理方式需要以符合客户利益的订单处理方式进行处理。新的业务方式需要交易系统增加新功能，支持新的委托指令类型，如 ISO、IOC 等，新的指令类型需要适应有复杂交易策略的纯电子化市场。附表 3 列出了 NYSE 适应 NMS 法案的新指令类型，从新修订的指令类型可知，为了适应 NMS 的要求，在操作层面上 NYSE 增加了对指定做市商的指令支持；为了将做市商交易订单限制在本地市场，新增加非离岸指令（DNS），在路由上限制指令路由出 NYSE；为了满足机构投资者对匿名交易的需求，市场增加对黑池的指令支持；同时，为了支持跨市场交易需要，NYSE 增加了扫架指令以及符合 NMS 要求的立即或者取消指令。

附表 3 NYSE 适应 NMS 法案（2005）的新指令类型

| 指令类型 | 指令描述 | 有效时期 | 适用范围 |
| --- | --- | --- | --- |
| Coupled（TF）Order 连接指令 | 类似于两边客买卖盘，但是需要得到交易所同意才能参加，包括指定做市商、会员机构或部分非会员，这些非会员同意对闭市后还存在的所有或者部分未交易证券进行抵销 | 直接匹配时段 1（Crossing Session I，CS I） | 场内经纪人，指定做市商 |
| 黑池保留指令（DarkReserve） | 这是一种限价指令，但是不在 DMM 和 NYSE Openbook 上显示证券交易的数量。此指令不参与到大厅交易和开市闭市交易，但是将参与所有电子执行 | 开市时段，规范时段，闭市时段，盘后交易时段（包括直接匹配时段 1 和直接匹配时段 2） | 会员公司，场内经纪人 |
| 非离岸指令（DNS） | 这是一种当日有效限价指令，只能在 NYSE 全部或者部分执行，没有被执行的部分为证券报价，如果指令要被路由到其他市场立即取消 | 开市时段，规范时段，闭市时段 | 会员公司，场内经纪人 |
| s 类型报价 | 指定做市商通过 API 或者人工输入放置在显示订单簿上的订单报价，在当日交易结束后过期 | 开市时段，规范时段，闭市时段 | 指定做市商 |
| 跨市场框架指令（ISO） | 发送方负责完成 NMS 修正法案的最优执行义务，订单同时发送到有更好交易价格的多个市场中心，ISO 指令到达 NYSE，限价订单交易只能立即执行或者取消，而不管此时其他市场中心的更好报价，此时可能会出现穿价交易的情况 | 开市时段，规范时段 | 会员公司 |
| Reserve s-Quote 保留 s 类型报价 | DMM 指定的 s 类型报价的一部分不显示在 NYSE 的最优市场报价中，这个选项有最小显示要求，对于流动性好证券，要求 1 000 股的显示，对于其他类股票要求 500 股的显示，随着订单执行，显示部分减少的数量被保留部分补充，直到全部被显示 | 开市时段，规范时段，闭市时段 | 指定做市商 |
| 满足 NMS 修正案的立即或者取消指令 | 一个市价或者限价的立即或者取消指令，这种 IOC 指令只能在 NYSE 部分或者全部执行交易，但是不允许穿价交易发生 | 开市时段，规范时段 | 会员公司，场内经纪人 |

资料来源：纽交所技术资料。

3. 电子化交易环境促进市场数据产品的创新

NMS 允许各个市场中心能够有自己的市场数据发布模型，发布具有附加价值的市场信息，如深度的限价订单报价。事实上在电子化交易环境下，市场参与方对于市场数据及其发布系统性能的需求更加迫切，市场中心对于统一数据产品上发布的竞争也更加激烈，这将促进市场衍生产品和数据产品创新的发展。对交易所而言，积极开展衍生产品与信息产品的业务，不仅能提高市场影响力，而且增加交易所收入来源。根据全球交易所的实践和 WFE 的统计数据，目前交易所在衍生品交易方面的收入比例平均可达 20%，信息产品的收入比例平均可达 10%。

随着电子化市场的发展，在多市场中心环境中，交易数据的附加价值越来越重要，然而市场数据也更加多地表现出多样性和复杂性，即便是交易所也常常引入专业化的数据产品管理与分析工具来强化对数据的管理与分析利用。例如，NYSE Euronext 通过采用 Greenplum Inc. 和 Netezza Corp 提供的软硬件解决方案实现对日益增长的数据存储与管理，利用 1010data 公司的最新产品提供应用层面的多个 TB 级数据库分析服务。

4. “最优执行”规则强化交易系统订单执行质量分析

NMS 实施之后交易系统的重要变化在于市场更加关注订单执行质量，交易系统需要提供衡量交易业务性能的工具，这也是保障最优执行得以实现并且提供验证的技术措施。

分析订单执行质量的主要参数包括成交量、最优报价概率、价格、速度和订单执行率。其中，成交量因素指以不劣于 NBBO 价格成交的交易量。最优报价概率指市场中心提供 BBO 的概率。价格因素指参考订单接受时交易所或者统一行情汇总系统的价格，订单执行的平均价格。速度因素指从接受订单到执行订单之间的响应时间。订单执行率因素指一个订单在一个交易场所执行的可能性，用于衡量订单执行的可能性。

分析订单执行质量的作用有：1）通过与各个市场的 BBO 相比，分析市场中心能够提供服务的性能，并且在报告中增加测试细节；2）向客户证明交易中心的智能路由技术优化了订单执行质量。

不同的标准衡量订单执行质量将有可能得到截然不同的评价结果。附图 6 和附图 7 以 NASDAQ 市场和 NYSE 市场中 100 只流动性最好股票为抽样样本，附图 6 列出了以速度为标准的交易中心排名，附图 7 列出了以价格改进为标准的交易中心排名。实际上，一些交易场所有很高的订单执行率，但是仅仅有平均的价格改进，而一些追求价格改进的交易场所有较低订单执行率的倾向，如中点执行（mid - point fills）。客户可以根据自己的意愿选择适合自己的标准来评价订单执行质量。

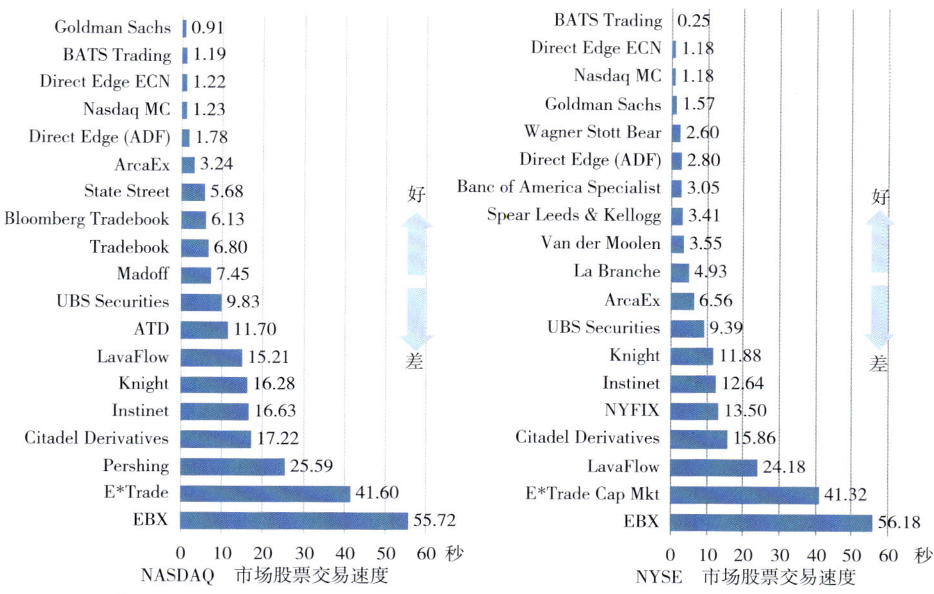


**附图6　NASDAQ 和 NYSE 市场中，各交易中心基于交易速度的排名**

（资料来源：奥纬管理咨询公司宣传资料）

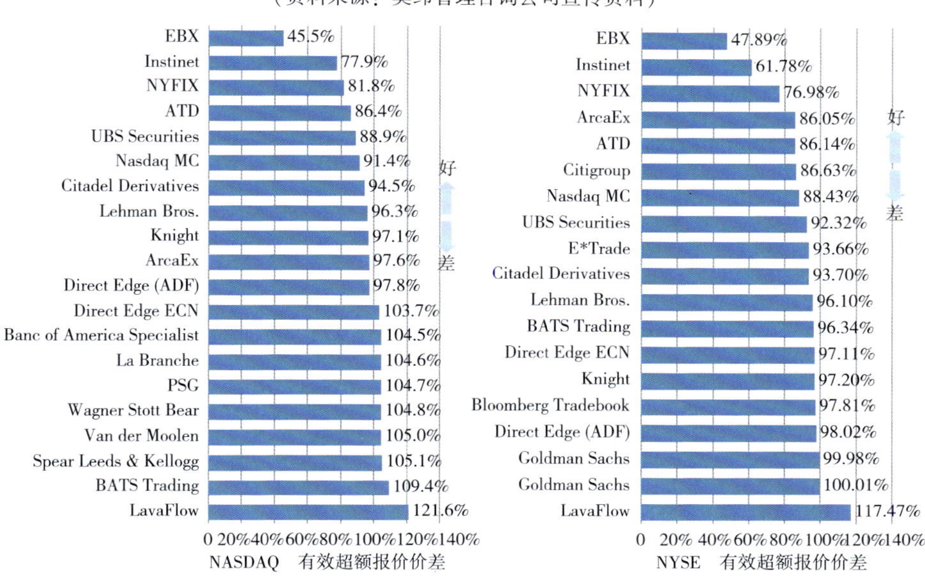


**附图7　NASDAQ 和 NYSE 市场中，各交易中心基于价格改进的排名**

（资料来源：奥纬管理咨询公司宣传资料）

## （二）NMS 对交易系统性能的需求

NMS 法案的实施促进了技术系统的竞争，交易系统的开发和设计更加关注系统的传输能力、信息处理能力和系统存储能力的提升。

1. NMS 对交易系统传输性能的需求

NMS 的实施促进交易过程的电子自动化，在满足安全性、可靠性、开放性的前提下，提高交易系统的吞吐量和带宽性能、降低交易系统的时延成为交易中心获取竞争优势、增加投资者订单执行机会的关键因素。

（1）在后 NMS 时期，不仅交易系统静态存储数据量增加，在动态性能上也要求交易系统数据源的实时数据吞吐量增加。

在系统吞吐量方面，截至 2006 年 11 月，SIAC 将 CQS 的吞吐量从5 600 MPS 提高到 11 600 MPS，同时 CTS 的吞吐量从 2 200 MPS 提高到4 400 MPS。虽然 NASDAQ 已经是自动化的电子市场，但是由于消息率的提高，其报价最大吞吐量提高到 14 200 MPS，交易最大吞吐量达到了 5 200 MPS。交易业务对系统吞吐量的需求还在迅速增加。

（2）交易系统传输的数据量越来越大，要求交易系统信息传输具有更大的网络带宽、低时延。

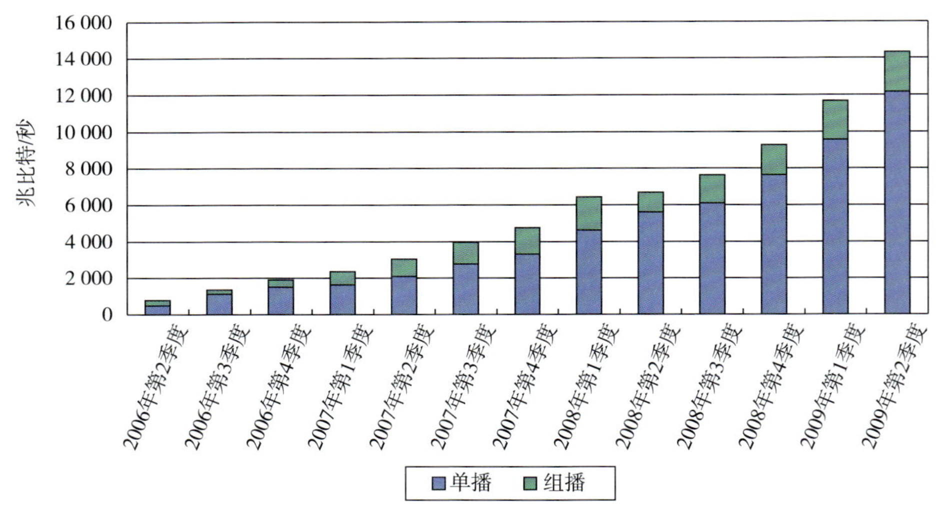


附图 8　SFTI 地区带宽增长

（资料来源：纽约证券交易所技术资料）

随着通信时延问题对于投资者来说变得越来越关键，传输速度的竞争从毫秒（ms）级别转变为微秒（μs）级别。由于低时延市场数据是未压缩的，并且交易系统传输的数据量呈指数增加。如附图 8 所示，从 2006 年底到 2008 年，SFTI 的地区接入带宽从 2 GbE 增加到约 10 GbE，2009 年底，SFTI 的地区接入带宽最高限额接近 40 GbE，骨干网带宽接近 500 GbE。

为了尽量减少交易路径上的时延和消息队列排序的情况，需要占用更多的传输带宽。目前北美所有的数据中心都升级到 10 GbE 的带宽，而 SFTI 北美和欧洲的跨大西洋连接通道的带宽达到 30 GbE，部分局域网开始采用 100 GbE 的带宽。

（3）提高市场流动性，要求交易系统加快订单的执行时间。

提高交易系统信息传递和交易的速度将增加成交机会，减少撤单的发生次数，有利于提高交易量和市场的流动性，吸引客户订单。金融市场研究与咨询公司 TABB Group 预计，如果经纪商的电子交易平台相对竞价滞后 5ms，最高可能会失去 1% 的流量——相当于每毫秒损失近 400 万美元（或 230 万英镑），如果电子交易平台相对竞价滞后 10ms，最高可能会失去 10% 的流量，如果电子交易平台相对竞价滞后 100ms，最好的交易方式是转换成人工竞价交易模式。附表 4 列出了部分交易所交易延迟的改进情况，为了提高订单执行速度，交易系统采取多项措施来降低交易延迟，目前美国主要交易所的交易延迟基本要求达到 1 ~ 10ms 的数量级别。

附表 4　部分交易所的交易延迟改进措施

| 交易所 | 交易延迟改进措施 |
|---|---|
| 纽约证券交易所 | 2005 年 4 月之前，NYSE 执行一个市场订单的平均时间约为 12s；2007 年，通过应用 CCG 作为连接交易平台的接口，新的网关架构使得系统延迟从 290ms 减少到大约 10ms，NYSE 执行一个市场订单的平均时间减少为 0.5s |
| 芝加哥交易所 | 2008 年对 CME Globex 平台进行了升级。经测试，在市场峰值条件下，系统的响应时间由原先的 31ms 减少到 16.5ms |
| 洲际交易所 | 经过为期 2 年的技术升级后，ICE 交易平台的平均响应时间缩短为 3ms |
| BATS Trading | 基于 HP 多核服务器的交易系统，平均响应时间小于 1ms |
| INET | 延迟从 10ms 减少到大约 1ms |

资料来源：深交所技术资料。

2. NMS 对交易系统信息处理能力的需求

（1）随着投资者转变交易方式、更多地应用电子化自动化交易系统，进入交易系统的订单大小有减小的趋势，但是订单数量有成倍增加的趋势。如附

图 9 所示，2008 年 4 月，NYSE 上市股票的平均交易订单大小为 256 股，比 2007 年 4 月减少 28%，而 2008 年 4 月，NASDAQ 上市股票的平均交易订单大小为 277 股，比 2007 年 4 月减少 23%。其原因在于算法交易将大的交易订单分解，通过控制交易订单大小及其价格，更好地隐藏投资者的交易意图，避免市场过度波动。

**附图 9　2007—2008 年平均交易订单大小**

（资料来源：SIFMA 会议资料）

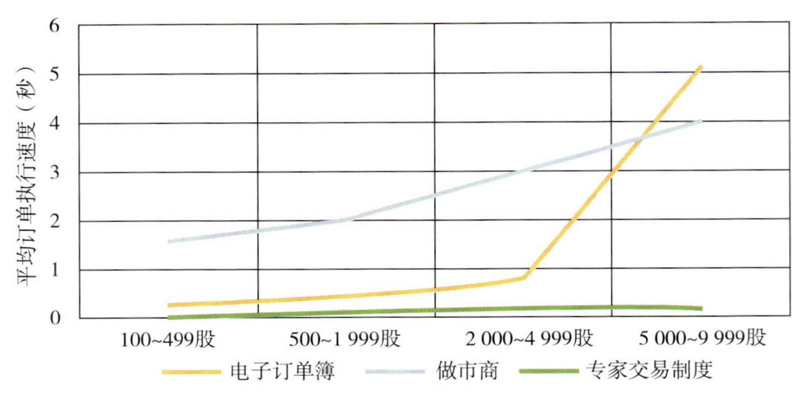


**附图 10　不同类型交易地点中订单执行速度和订单大小的关系**

（资料来源：奥纬管理咨询公司宣传资料）

（2）订单大小对订单执行速度的影响程度与交易制度类型是密切相关的。附图 10 说明了在不同交易制度下订单大小和订单执行速度之间的关系。专家交易制度由于专家经纪人有维护证券流动性的义务，对于普通投资者的交易要求只有接受或者不接受，此时证券的执行速度最快（小于 1 秒），并且订单执行速度基本不变，受到订单大小变化的影响最小。对于做市商制度和电子自动化交易制度，随着订单大小的增加，订单执行的难度就越来越大，因此订单执行时间也越来越长。做市商制度和电子自动化交易制度相比较，对于小额订单，电子自动化交易制度能够很快地自动在电子订单簿上匹配，因而电子订单簿的执行速度快于做市商的执行速度，但是当订单较大时，由于电子订单簿能够泄露投资买卖意向，电子自动化交易制度订单执行会越来越难，订单甚至可能会分解成多个部分成交，从而完成整个订单的执行速度降低。

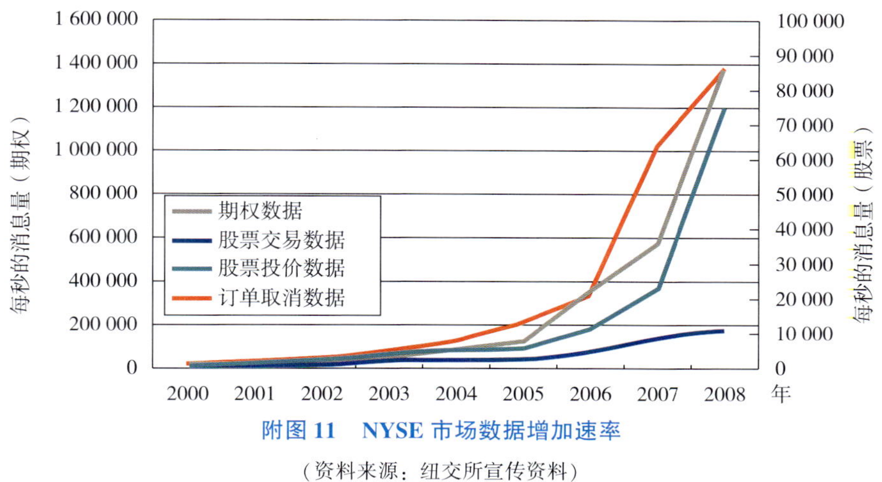


**附图 11 NYSE 市场数据增加速率**

（资料来源：纽交所宣传资料）

（3）电子化交易已经统治了金融市场，随着算法交易的广泛应用，报价和取消订单的消息急剧增加，交易系统需要处理的消息量成倍增加。如附图 11 所示，NYSE 的股票报价数据、股票交易数据、期权数据、订单取消的数据在 2005 年之后，特别是在 2007 年全面实施之后显著增加。美国传统的交易和委托笔数比例接近 1：1，而目前相当一部分交易达到了 1：10 以上，这说明在 NMS 修正法案逐步实施之后，交易系统在单位时间里的消息发生率迅速增加，订单的撤单量也迅速增加，市场更加活跃，这要求交易系统增强信息处理的能力。

**附表 5　美国股票和期权市场 1 分钟峰值统计**

| 股票和期权统计 | | | 股票统计 | | |
|---|---|---|---|---|---|
| 年份 | 1 分钟峰值（msg/min） | 变化（%） | 年份 | 1 分钟峰值（msg/min） | 变化（%） |
| 2000 | 7 086 | | 2000 | 1 252 | |
| 2001 | 8 564 | 21 | 2001 | 1 546 | 23 |
| 2002 | 18 489 | 116 | 2002 | 8 398 | 443 |
| 2003 | 26 647 | 44 | 2003 | 10 948 | 30 |
| 2004 | 60 072 | 125 | 2004 | 21 813 | 99 |
| 2005 | 118 872 | 98 | 2005 | 32 533 | 49 |
| 2006 | 260 269 | 119 | 2006 | 77 313 | 138 |
| 2007 | 535 105 | 106 | 2007 | 229 067 | 196 |

资料来源：SIFMA 会议资料。

（4）交易系统的交易量峰值迅速增加，这要求交易系统存储容量要有更多的冗余度。根据 SIAC 的数据统计，从 2005 年到 2006 年，美国证券市场股票的 1 分钟峰值增加了 138%，股票和期权合计交易量的 1 分钟峰值增加了 119%；从 2006 年到 2007 年，股票的 1 分钟峰值增加了 196%，股票和期权合计交易量的 1 分钟峰值增加了 106%，如附表 5 所示。数据分析表明，NMS 实施之后，股票的 1 分钟峰值以接近每年 3 倍的速度增长，股票和期权合计交易量以接近每年 2 倍的速度增长，迅速增长的交易量也给交易系统的处理能力、存储容量和交易速度提出更高的要求。

（5）满足 NMS 法案需要存储的市场数据内容和类型增加。为了适应最优执行要求，交易系统不仅需要存储交易数据，而且也要存储报价数据以及数据的时间序列，建立交易的重播过程来向客户提供符合最优执行的证据。另外，广泛应用的算法交易对数据类型的要求不同于传统的数据类型，新的数据源采用流数据的方式，方便测试算法和验证算法的应用。

3. NMS 对交易系统存储能力的需求

NMS 对交易系统有更严格的数据控制要求，交易系统的存储能力在很大程度上将决定法规实施的可行性，交易系统存储能力的变化主要表现在以下几个方面：

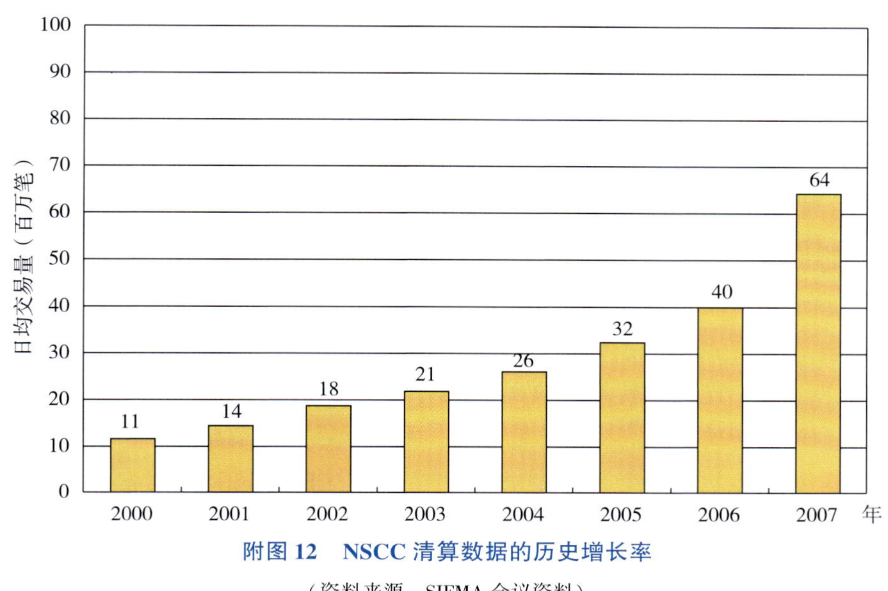


**附图 12 NSCC 清算数据的历史增长率**

（资料来源：SIFMA 会议资料）

（1）随着交易量的日益增加，证券市场生成的数据呈现出指数级增长的态势。

附图 12 反映了 NSCC 清算数据的历史增长率。由附图 12 可知，美国 2005 年股票的日均交易量是 0.32 亿笔，2006 年股票的日均交易量是 0.40 亿笔，2007 年股票的日均交易量是 0.64 亿笔，2008 年股票的日均交易量是 0.88 亿笔，2007 年，清算和风险管理的容量从 1.6 亿笔/天增加到 2.8 亿笔/天，2008 年系统目标的日均交易量是 4.5 亿笔/天。2008 年 1 月，NSCC 的峰值量达到 1.41 亿笔/天。这表明，DTCC 的股票单边交易量年度增长率显著增加，随着美国股票市场交易量年增长率显著增加，需要交易系统存储的数据量也加速增长。

（2）系统数据存储的时间更长。

NMS 法案（2005）要求交易系统保存 5 年的数据（包括市场报价、记录交易），而要存储的市场数据量以每年翻倍增长率，交易系统年存储数据量将达到 TB 的数量级，海量数据的存储将关系到系统的安全性和效率问题。

（3）交易系统存储的市场数据内容更加丰富。

适应最优执行要求实现交易系统处理交易市场数据的业务流程，对于交易中心而言，交易系统不仅需要存储交易数据，而且也要存储报价数据以及数据的时间序列，通过建立交易的重播过程来向客户提供符合最优执行的证据，并且为监管机构提供足够的审计数据。

### （三）提高交易系统性能的关键技术措施

交易系统作为一个有机的整体，提升系统技术性能需要综合考虑系统的技术架构、系统环境、灾备策略以及运维管理、系统的可用性、系统的开发成本等多方面因素。

1. 降低时延的技术措施

（1）缩短券商交易系统与交易地之间的传输距离

一般而言，光纤的传输物理距离每增加 100km 则传输时延增加 1ms，因此，减少传输距离将提高交易传输速度。目前，在技术架构上，券商交易系统部署有“私有数据中心”和“就近主机寄存”（Proximity Hosting）两种部署方式。

1）私有数据中心的部署模式

传统的券商交易系统一般都建立私有数据中心，券商交易系统的成员集成系统服务器放置在券商机构所在地，其市场访问接入点距离交易所较远，如附图 13 所示。私有数据中心使得券商能够集中管理多种来源信息，在信息采集、处理、管理上获得很好的灵活性，缺点是数据传输速度受到网络性能的影响、系统维护费用高。私有数据中心的系统部署模式适合于对控制技术架构更加关注的大型机构投资者。

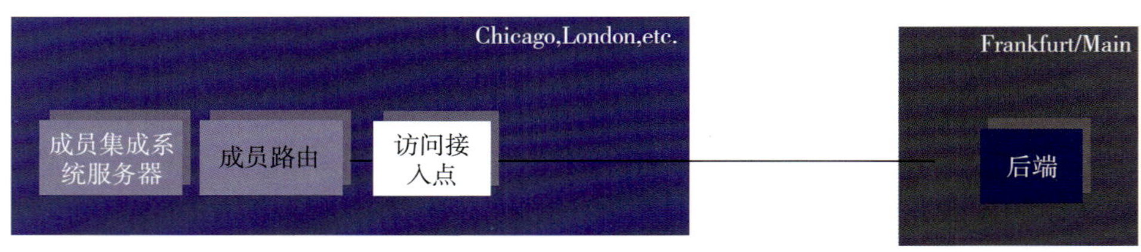


附图 13　私有数据中心的系统部署模式

2）与交易地点协同部署的“就近主机寄存”（Proximity Hosting）模式

“就近主机寄存”模式也称共同部署模式（Co－location），券商交易系统的成员集成系统服务器放置在交易所，其市场访问接入点距离交易所较近，券商机构所在地通过成员管理工作站来远程管理成员集成系统服务器，如附图 14 所示。此系统部署模式在交易流程上通过缩短业务环节距离来提高交易速度，减少了外部网络传输带来的数据延迟，为有算法交易需求的金融市场参与者带来核心竞争优势，例如，NASDAQ OMX 于 2008 年 6 月推出主机托管服务，让市场参与者的交易主机部署在 NASDAQ OMX 新设立的泛欧洲市场交易系统附近，满足追求高速交易的市场需求。

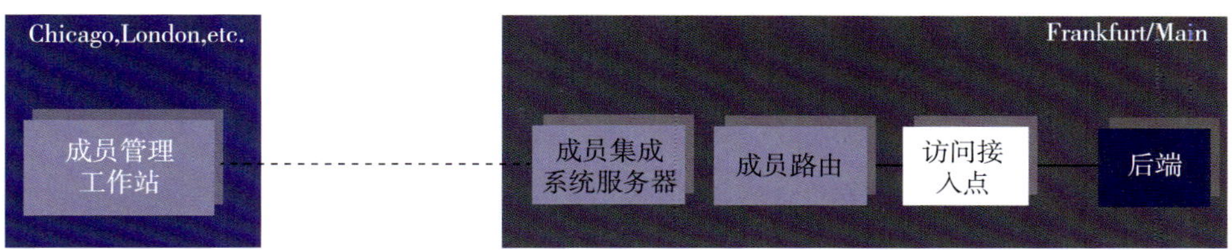


附图 14 就近主机寄存的系统部署模式

然而在多交易中心的市场环境中，“就近主机寄存”模式并非适合所有投资者，例如跨资产类型的交易，假设客户在伦敦交易外汇、在法兰克福交易期货、在芝加哥交易期权、在纽约买卖股票，客户不可能在所有市场都部署交易系统，即使部署寄存主机，多市场间的通信代价也降低了决策效率，不能达到寄存主机降低时延的目标，这时候集中数据中心对于有全球化布局的机构投资者可能是更好的系统部署方式。

（2）其他降低交易系统时延的措施

1）提高时钟信号频率。

2）在节点转换上，提高交易系统路由能力，减少路由的步跳数，这方面的时延一般在微秒级。增加传输线路的带宽，缩短因带宽不足造成的消息队列长度。

3）采用复杂时间处理（CEP）方法来减少通信量，减轻传输的数据负载。

4）采用专用协议，一般来说，专用协议和 FIX 协议有 1 ~ 2ms 的差异，专用协议能够更好地优化信息处理过程，但是对于系统互联来说多协议转换增加了消息转换和验证的时延开销，更重要的是增加了系统的复杂性。

5）优化交易系统软件的架构，如采用内存数据库全程保存交易信息，同时最小化内部数据流程，提高通信中间件的执行效率。

6）在灾难备份策略上，寻找实时灾备和交易低延时需求之间的平衡，完全保证灾备系统的数据完整性需要实现主从系统间的数据完全同步，但是增加处理环节和传输距离将增加交易时延，所以部分交易所以牺牲部分数据的完整性为代价来降低交易延迟，其策略是交易系统采用数据同步的热备份来保障本地系统的高可用性，同时以异步、实时方式复制数据到灾备系统，在灾备切换时，允许灾备系统有少部分委托或者成交数据丢失，这可以通过要求证券公司等市场参与者配合重传甚至取消灾备系统丢失的少部分交易来实现灾备系统的交易服务恢复。

2. 提高交易系统信息处理能力的技术措施

系统信息处理能力与系统的传输、存储性能实际上是密切相关的。除了提高系统传输和存储能力的一般措施外，提高交易系统硬件性能也是提高交易系信息处理能力的重要措施，例如，在处理器方面，交易系统可以采用最新的多核芯片组（如4核芯片组等）来提高CPU处理速度；在设备接口上方面，采用可编程门阵列（FPGA）等硬件加速技术提高总线、I/O设备、内存、磁盘的接口速度；在技术架构上，采用交易引擎分组或者分区的架构，提高交易系统的吞吐性能。

近几年来，越来越多交易所的交易系统转向使用开放平台技术。降低成本、提高性能是当前交易所采用开放平台取代专有平台（如Nonstop）的主要动力。交易所通过建立本地热备系统来提高系统可用性，从而实现与采用专有平台近似或者相当的可用性。

此外，在运维管理上，交易系统通过建立集中监控管理系统来收集有关系统的各种资源信息，并且尽可能用直观图形化窗口展示，增加对交易系统性能管理的实效性。

3. 提高系统存储能力的技术措施

随着证券业务对数据需求的扩张，存储系统管理的复杂度也不断增长，改进存储性能（速度、容量、成本）可以从系统的硬件、架构、软件等多方面考虑。

从存储的介质性能上看，磁带、光盘、磁盘、RAM、Cache的存储速度逐级增加、存储容量逐级减小、应用成本逐级增加。附图15表明了主要大容量存储介质单位存储容量平均价格的变化趋势，按照IBM提出存储系统的摩尔定律：大概18个月，每TB的价格能够降低，或者每花1块钱人民币所能买到存储的容量将增加甚至翻倍。根据图示的技术发展趋势，在可以预见的10年内，随着半导体存储介质成本的降低，在部分需要高性能存储性能的应用中固态半导体存储介质可以取代有旋转部件的硬盘，例如，HP和IBM等已开始在服务器中装载SSD（Solid State Drive）存储器，与竞争产品HDD（硬盘驱动器）相比，SSD具有安全性高、功耗低、数据传送速度快、无机械噪声以及耐冲击等优点。在未来存储市场中，SSD将会主导数十GB到数百GB的中小容量存储市场，而HDD则会主导TB级别的大容量存储市场。

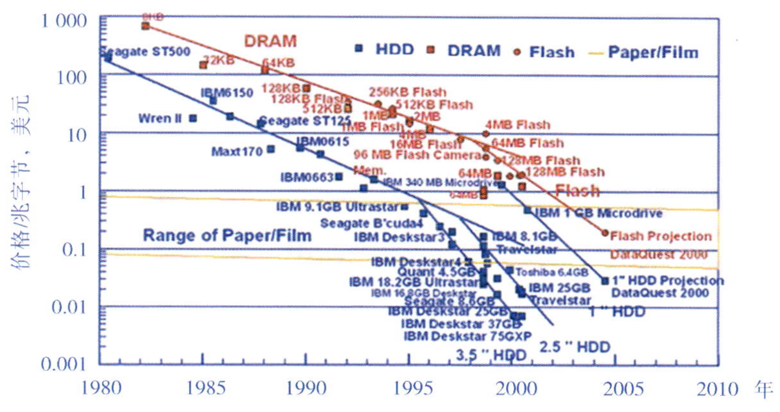


附图15　存储的平均价格变化趋势

（资料来源：IBM宣传资料）

存储系统不仅涉及存储介质，还与网络、服务器甚至软件密切相关。从存储系统架构上看，存储系统经历了集中化阶段、分散化阶段、虚拟化阶段，目前主要的存储架构有三种类型，如附图16所示，其性能比较如附表6所示，各种存储架构适应不同的应用环境。

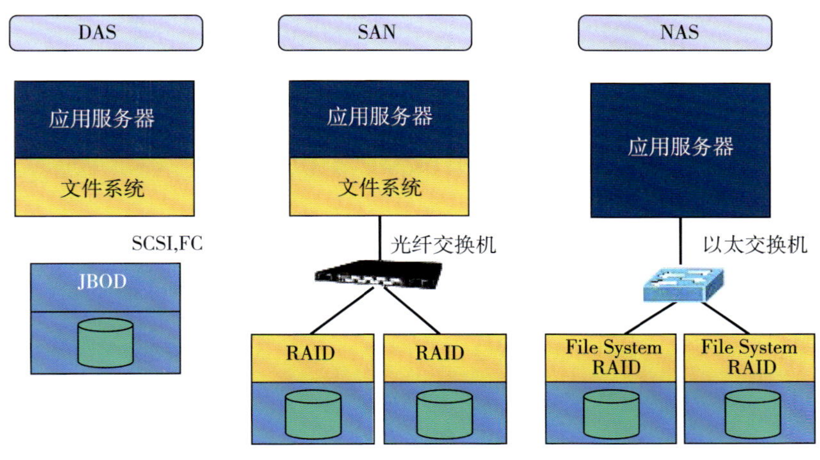


附图16　三种存储架构的比较

附表 6 DAS、NAS、SAN 的技术比较

| | 直接连接存储（DAS） | 网络附加存储（NAS） | 存储区域网络（SAN） |
|---|---|---|---|
| 技术特点 | 存储设备只与独立主机服务器连接（通常采用 SCSI 连接），其他主机不能使用 | 采用以太网技术连接存储系统和服务器主机，利用 NFS 和 CIFS 等网络文件系统提供文件共享服务 | 通过光纤通道（Fibre Channel）技术连接存储阵列和服务器主机，建立专用于数据存储的区域网络 |
| 技术性能 | 带宽为 10MB/s、20MB/s、40MB/s、80MB/s 等 | NAS 前端为千兆以太网接口，速度为 100MB/s | SAN 前端接口普遍是 4Gb/s的速度，可以提供 400MB/s 的带宽，FC 已有 8Gb/s 的接口 |
| 优势 | 简单易用；价格相对较低 | 成本比低；扩展性好；提供多种协议访问数据 | 速度快；扩展性好；集中管理，磁盘利用率高 |
| 缺点 | 单台设备价格便宜，但后续成本会增加，总拥有成本升高，且管理复杂程度也增加；数据备份和恢复占用服务器主机资源（包括 CPU、系统 IO 等）；扩展性不好，通道连接数有限，且升级扩展受原设备厂商限制 | 速度较 SAN 慢；对数据库支持不如盘阵和 SAN；由于企业局域网带宽有限，性能将下降很多 | 成本高；技术复杂 |
| 应用举例 | 一些较小的存储环境 | 美国全国股票交易所采用 Sun Storage Tek 合规档案系统 | 费城证券交易所 |

NAS 可以很经济地解决存储容量不足的问题，但难以获得满意的性能，对于关键事务应用而言，它必须使用专用的宽带网络，因此，对于主要交易所交易系统而言，SAN 是今后存储系统的主流方向。

这里我们以 PHLX 为例进行说明，随着 NMS 修正法案的实施和电子化交易的发展，市场对专业报告需要的频率增加，PHLX 存储架构从直接附加存储转向存储区域网络（Brocade SAN），存储系统包括 3 层存储层：光纤网磁盘阵列，SATA 磁盘阵列和 ADIC 中型磁带库。SAN 采纳的专业报告服务器能够在架构上平行扩展，从 2002 年起，PHLX 的 SAN 容量增加了 3 倍，达到了 46TB，现在 PHLX 通过 SAN 记录空的存储阵列完成日常 TB 数量级数据存储大约在 15 分钟。SAN 加快了 PHLX 访问历史数据的速度，交易所能够在 15 ~ 30

分钟内调用历史数据，生成日报告和实时报告。同时 SAN 减少了重复存储的情况，硬盘存储利用率从小于 50% 增加到 75%。

**（四）访问多市场中心加速标准化通信协议的应用**

NMS 法案要求委托订单寻求最优执行处理，加剧了委托订单在各市场之间的流动。各个市场不同的技术系统和私有通信协议成为跨市场交易的一个基本困难。为了加强市场参与者与交易系统的互联，各市场逐渐采取标准化、科学合理的证券交易数据交换协议来方便市场访问的实现，同时更高效地保障交易业务安全运行。

1. 标准化通信协议的应用需求

随着资本市场全球化而面临参与多个市场、跨境交易等需求下，市场对快速、简单、低成本、无缝地接入市场的技术手段需求更加迫切，而 FIX 正好提供这样的连接手段。TowerGroup 在 2007 年的调研报告表明，75% 的买方和 80% 的卖方公司都采用 FIX 协议来完成电子交易，交易所层面上一些中小交易所完全采用 FIX，按照目前的发展趋势，今后 FIX 协议的应用将更加广泛。

2. FIX 协议应用的优劣比较

FIX 协议是工业应用标准协议，具有很好的灵活性，支持订单输入、执行和交易报告。应用 FIX 协议的优势在于：

（1）消息标准的接口定义是简单、开放、安全、灵活，客户有更多的灵活性来改进性能，减少底层消息转换的需要；

（2）FIX 协议已经成为事实上的行业标准，一致的市场应用不需额外的 IT 实施或管理，减少了客户重复开发和维护市场访问的成本，因此美国主要交易所都开发了相应的 FIX 接入引擎，其 FIX 应用版本状况如附表 7 所示，由附表 7 可知，目前 FIX4. 2 是应用最广泛的版本；

**附表 7 美国主要交易所 FIX 应用版本状况**

| | 4. 0 | 4. 1 | 4. 2 | 4. 3 | 4. 4 | 5. 0 |
|---|---|---|---|---|---|---|
| 波士顿证券交易所（BSE） | × | × | × | | | |
| CBOE 证券交易所（CBSX） | | | × | | | |
| 芝加哥证券交易所（CHX） | × | × | | | | |
| 国际证券交易所（ISE） | | | × | | × | |

续表

| | 4.0 | 4.1 | 4.2 | 4.3 | 4.4 | 5.0 |
|---|---|---|---|---|---|---|
| NASDAQ 证券交易所 | | | × | | × | × |
| 美国全国股票交易所（NSX） | | | × | | | |
| 纽约证券交易所（NYSE） | | × | × | | | |
| 费城证券交易所（PHLX） | | × | × | | | |
| BATS Trading | | | × | | | |

资料来源：http：//www. wallstreetandtech. com/exchanges。

（3）FIX 协议能够支持丰富的产品（支持更多的指令类型和资产类型可以进行交易）和业务类型，从交易前的委托、报价、市场参考数据等业务类型到交易中的交易报告、市场交易公告信息，再到交易后的划拨、清算业务等；

（4）技术供应商在策略上将技术和客户群密切联系起来，通过 FIX 协议，投资者能够在超过 100 个市场进行股票、衍生品和固定收益产品的交易。

应用 FIX 协议的不足之处在于：虽然 FIX 协议是工业应用标准协议，但是较多交易所基于通信效率、容量等诸多因素的考虑和历史原因，在提供 FIX 连接方式的同时也提供专用协议供券商选择，专有协议能够更好地满足市场参与者对交易量大、时延敏感的交易需求。与交易中心的私有接口相比，FIX 协议冗余信息多、通信效率低，在交易所业务中的应用还需要表现出更好的性能，但是这样的转变需要时间。

针对 FIX 协议的不足，FIX 协议在应用时往往对协议进行适当的修正，利用该协议的扩展来进行 FIX 协议的本地化。例如，采用 FIX Adapted for Streaming（FAST）来减少传输的数据量，进一步缩短延迟，附表 8 为部分交易所采用 FAST 协议进行数据压缩的应用情况比较。

**附表 8　FAST 协议数据压缩的应用比较**

| 交易所 | 原始消息大小（bytes） | FAST 消息大小（bytes） | FAST 协议峰值压缩率 | FAST 协议每条消息的 CPU 处理时间 |
|---|---|---|---|---|
| ARCA arcaBook | 38. 4 | 9. 05 | 79% | 1. 4μs |
| OPRA | 67. 0 | 16. 81 | 78% | 1. 8μs |
| CME Globex | 195. 93 | 38. 56 | 81% | 3. 4μs |
| NOREX | 113. 0 | 17. 26 | 89% | 1. 7μs |

资料来源：汇丰银行宣传资料。

在技术实施上，FIX 协议的实现两种方式：（1）利用 FIX 直接通过交易网络与交易系统互联；（2）引入 FIX 协议网关。第一种技术实现方式在券商和交易所交易系统的前端都部署 FIX 引擎设施，系统互联在点对点之间采用 FIX 会话机制，其优点是对 FIX 协议类型有比较好的支持，方便不同接口的券商采用 FIX 协议直接进入交易系统，如纳斯达克交易所，其不足之处在于这种 FIX 协议应用方式对原有系统应用影响较大，并且要求券商重新开发与交易所之间接入的应用程序，增加其技术投入成本；第二种技术实现方式只在券商系统接入点提供 FIX 引擎，并在此之后设立 FIX 网关，通过网关把 FIX 消息转换成内部专有协议，交易所只需要开发一个协议转换器，并且部署在券商系统接入点，其优点是对原有交易系统影响小，缺点是没有充分利用 FIX 的会话机制上的功能，对于新业务需要增加对协议网关的维护升级，同时由于市场存在多种类型的协议，开发协议转换的工作量较大。

## 四、NMS 实施效果分析

NMS 法案的实施，对于降低客户交易成本、推动交易系统的技术创新、促进市场竞争、保护投资者利益方面发挥了重要作用。

### （一）NMS 实施后的市场效应分析

1. NMS（2005）促进投资者交易成本的降低。法案实施之前，NASDAQ 发生穿价交易的概率 7.9%，NYSE 发生穿价交易的概率 7.2%，由此 NASDAQ 提高的交易成本为 2.3 美分/股，NYSE 提高的交易成本为 2.2 美分/股；法案实施后，一些新的 ECN 迅速发展，NASDAQ 的报价价差下降达 30%，市场访问费下降 80%，客户交易成本显著下降，每年将为投资者节省成本约 3.21 亿美元，而 NYSE 的价差从 2005 年 4 月到 2007 年 4 月减少了 10%。交易费用的降低促进市场流动性的增加，而市场竞争是促进交易成本降低的主要驱动力。

2. NMS（2005）的实施促进交易所改进交易系统，提高市场效率。

NMS（2005）的实施使得单一股票相互接触的范围扩大到整个美国市场；参与竞价股票规模的扩大将增加大指令执行的机会；同时，市场规模的扩大提高了市场深度，以 NYSE 为例，从 2005 年 4 月到 2007 年 4 月，NYSE 的市场深度增加超过了 50%。

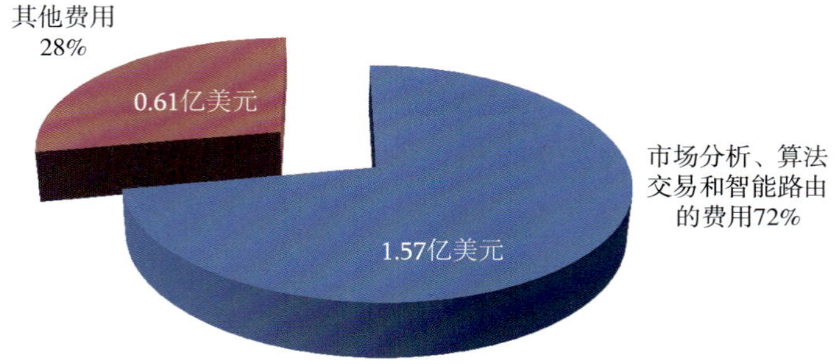


附图 17　2008 年美国用于市场分析、算法交易和智能路由的费用

（资料来源：TABB Group）

3. 电子化交易的 IT 投资在不断增加，IT 技术竞争的市场压力越来越大。

IT 技术竞争的市场压力越来越大，现代交易所实际上称为技术公司，目前 IT 部门的直接花费超过交易所开支的 30%，为了控制 IT 成本，美国及欧洲部分交易所已经开始向开放平台转移，对新交易系统而言，同样要在满足业务、性能、可靠性要求前提下，选择开发成本、部署成本和运维成本最低的实施方案。如附图 17 所示，根据 TABB 集团估计，2008 年，美国卖方证券公司花费了 1.57 亿美元用于支持自动交易系统增强软件功能、信息管理和基础架构性能，也即 IT 投入费用中有 72% 的费用用于增强证券电子交易，其余 0.61 亿美元，约 28% 用于开发执行平台。而预测约从 2008 年到 2012 年，全球用于证券分析上的费用年增长率为 5%，如附图 18 所示。

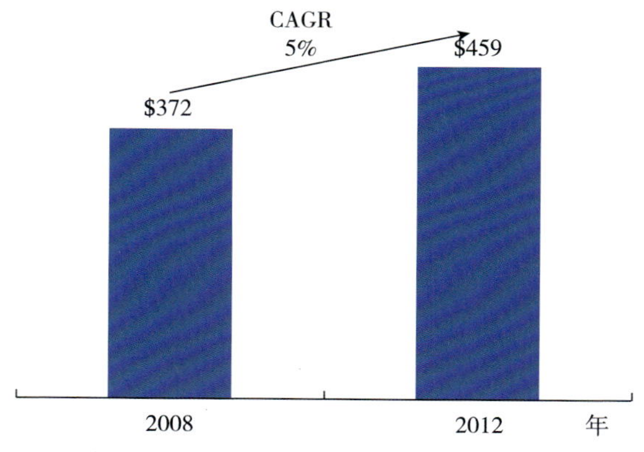


附图 18　全球用于证券分析上的费用预测

（资料来源：TABB Group）

4. NMS（2005）的实施促进了 NYSE 交易模式的转变，使得 NYSE 逐渐减少大厅交易方式。

订单输入和执行的自动化是实现交易成本降低的主要途径。为了适应交易过程电子化趋势，降低交易成本，NYSE 先后关闭了 5 个交易大厅中的 3 个，大厅交易人员的数量和比重出现了急剧下降，专家仅参与生成的交易量少于 4%。

5. NMS（2005）的实施促进交易所提高交易市场的交易能力。

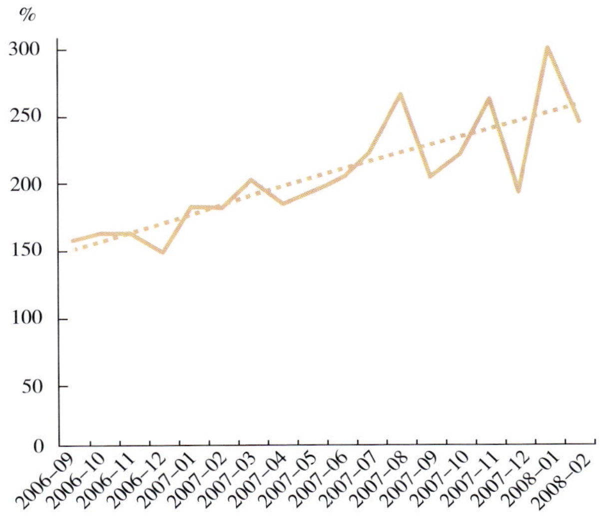


附图 19　NYSE 上市股票的市场交易能力曲线

（资料来源：TABB Group）

市场的交易能力定义为股票的交易金额与市值的比率。附图 19 为 NYSE 上市股票的市场交易能力的历史趋势图，图中虚线趋势表明，随着 NMS 修正法案的实施和美国证券市场的发展，NYSE 上市股票的市场交易能力是逐年增强的，交易能力的提高表明市场的流动性提高。

6. NMS 法案的实施促进了市场竞争，改变了美国证券市场结构，电子化自动交易系统的市场份额迅速增加。

根据 WFE 的统计，2008 年，NYSE 集团通过电子订单簿完成的交易额为 27.65 万亿美元，约占其总交易额 33.64 万亿美元（包括采用电子交易和协议交易）的 82.2%，NASDAQ 交易所通过电子订单簿完成的交易额为 23.84 万亿美元，约占其总交易额 36.44 万亿美元（包括采用电子交易和协议交易）

的65.4%。美国电子化成交的交易量迅速增加，从2005年的59%增加到2007年的75%，这表明完全自动化的电子化交易成为将来证券市场的主导力量。

### （二）NMS法案对市场参与者的影响

对于投资者而言，（1）NMS法案（2005）的实施促进了交易中心对订单的竞争，降低了交易成本；（2）最优执行原则能够确保交易订单能以全美最优价格成交，提高了投资者对市场公平的信心；（3）关注经纪商的智能路由能力，需要根据交易业务成本分析来评价经纪业务能力，确保他们的委托能够得到真实的最优执行；（4）在进行大宗交易时，新交易系统提供了更多可选择的交易方式，除了通过场外市场，也可以利用ISO等订单指令，在对市场价格影响较小的条件下，通过场内交易方式实现。

对于经纪商而言，（1）经纪商需要增加收集来自从多个交易中心的数据，特别是高速的数据服务；（2）建立有效的最高指令理论确立模型、有能够横跨多个交易所的指令执行能力以及超高速交易平台；（3）NMS鼓励那些有足够内部订单流的经纪商建立内部交叉引擎与来自外部的市场力量竞争；（4）经纪商作为经纪的角色弱化，电子化订单的自动交易执行减少了交易执行的时间和成本，也导致程序交易和算法交易的繁荣，经纪商不仅仅靠通信赚取佣金的经纪角色，还可以成为算法交易咨询和服务的提供者，提供丰富个性化金融服务。

对于交易所而言，（1）NMS的实施促进交易所交易制度逐渐趋同；（2）交易所之间以及交易所与ECN之间的技术竞争更加激烈，交易所需要不断增加IT投入来提高系统性能，使得交易系统满足NMS法规要求，通过技术升级来增强市场竞争力，提高订单执行的质量；（3）采用廉价、高效、可靠、安全的硬件系统和IT新技术，减少市场合并后的系统冗余，降低系统运行维护和技术升级的费用，通过这些技术措施来降低成本，成为交易所交易系统技术升级趋势。

对证券发行者而言，证券的上市场所和交易场所完全分离，统一的价格形成机制能够在二级市场聚集更多的投资者进行证券交易，有效地实现市场价格发现功能。并且全美统一市场的建立加剧了市场之间市场份额和技术水平的竞争，而竞争降低了市场交易成本，使得市场具有更好的流动性，因而证券发行者能更加容易在一级市场募集资金。

对于信息产品供应商而言，电子化市场环境对信息服务的需求更加多样化，新修订的NMS法案允许经纪商收集和挖掘市场数据出售，信息产品供应商面临更多的市场竞争。

对于市场监管者而言，新的NMS法案很大程度上将改变美国证券市场结构，市场环境的变化在为市场参与者带来好处的同时也带来新的监管问题，加速了市场监管机构的合并统一，市场监管者需要在促进市场发展与保护投资者之间寻找合适的平衡。

对于IT服务提供商而言，（1）交易的快速增长吸引新的市场参与者建立新的、更先进的电子交易中心；（2）新NMS法案的实施促进了交易系统对性能的追求，交易中心技术平台性能升级的竞争更加激烈；（3）现代IT技术的发展使得建立交易系统的技术门槛降低，IT服务提供商需要根据客户的市场定位来选择技术解决方案；（4）IT技术输出成为技术能力强的交易所扩展交易业务范围的重要手段。

## 五、结论与启示

虽然新修订的NMS法案真正实施的时间还不是很长，其对市场的影响还有待进一步观察，但是法案的实施已经对美国证券市场产生了深远的影响。

### （一）结论

1. NMS法案的实施改变了美国证券市场结构，撼动了NYSE长期以来在美国证券市场的垄断地位，迫使NYSE改变适合人工喊价的专家交易制度，转向与NASDAQ类似的DMM证券交易制度。这表明在现代科技进步的推动下，传统交易所人工喊价模式逐渐消失，电子化自动交易环境成为市场发展的主导趋势。

2. NMS法案的实施对证券交易系统有更多新的业务需求，特别是智能路由成为交易系统新的核心业务，交易过程的智能化技术将会有更多的发展空间。智能路由策略及执行过程将直接影响市场流动性和订单的执行质量，智能路由与算法交易的联系更加密切，市场竞争也因此将更加激烈。智能路由既是体现NMS保护投资者利益的重要设施，也是美国证券市场技术系统竞争的重要内容。

3. NMS法案改变了市场数据收入分配方式，并且促进中介金融机构新数据业务的发展。NMS允许各个市场中心能够有自己的市场数据发布模型，发布具有附加价值的市场信息，如深度的限价订单报价，事实上在电子化交易环境下，市场参与方对于市场数据及其发布系统性能的需求更加迫切，市场中心对于统一数据产品上发布的竞争也更加激烈，这将促进市场数据产品创新的发展。

4. 订单执行质量分析成为保障最优执行的重要技术措施。传统交易系统没有对订单执行质量进行分析的要求，但是在NMS强制实行最优执行之后，订单执行质量分析成为交易系统新的重要业务功能，这要求交易系统提供衡量交易业务性能的工具（特别是在线交易分析的工具），实际上订单执行质量分析既是验证最优执行的需要，也是订单路由的重要参考依据，是交易系统适应新法案要求的重要技术措施。

5. NMS法案的实施进一步促进了电子化自动交易的快速发展，市场更加重视通过技术优势来吸引订单，这导致IT技术部门要求更多的投资用于提升路由、网络传输、容量、存储能力等交易系统性能，同时在规划交易系统优化业务流程和功能模块时，有必要考虑系统对新应用业务的适应性能力。

6. 强化市场连接是NMS得以实施的基础，统一市场的建立促进标准化协议（如FIX协议）和统一信息编码在系统互联中的广泛应用，相对于采用专有通信协议，虽然标准化协议对于交易系统而言难以达到完美优化性能的目的，但是对于需要访问多个交易中心的客户而言，应用标准化协议能够加快系统开发速度、减少了重复开发和维护市场访问的成本，技术的简单、便利和通用性对于吸引更多的客户访问交易系统具有重要的意义。

### （二）启示

研究国外跨市场交易制度的实施及其对技术系统影响，对于我们追踪世界资本市场的发展方向，完善我国市场交易制度、改善市场环境、提高交易所技术竞争力有一定的启示作用。

1. NYSE最终放弃专家交易制度的过程表明，主要交易所证券交易制度有趋同化的趋势，交易制度需要适应现代技术的发展水平。在电子网络化日益发达的今天，机构和个人的交易方式发生了改变，网络交易、算法交易广泛应用，人们更加习惯不受空间限制、交易速度快的交易方式，采用人工竞价的大厅交易市场份额日渐减少，传统交易所需要转变交易制度来适合电子化交易的发展。

2. 证券市场需要多元化的证券交易制度来满足不同类型投资者的投资需求，智能路由则提供了一种协调不同交易需求的技术手段。针对机构投资者倾向匿名交易而个人投资者倾向价格最优的不同交易需求，智能路由为投资者提供多类型的交易策略选择，例如投资者可以选择接入交易所市场、黑池或者其他另类交易系统，这使大额证券交易在大宗交易平台之外获得另类在线交易方式，不仅避免市场的大波动，也方便地实现交易流程订单处理的自动化。

3. 证券市场现代化的进程为 IT 技术应用提供新的机会，促进证券交易市场的组织创新、业务创新和服务创新。在组织上，市场竞争促使交易所积极转变组织体制（即转向以盈利为目标的公司制），不仅通过自我上市从证券市场募集资金，而且在体制上也提高了交易所决策过程的灵活性，促使交易所积极致力于降低交易成本、提高市场效率，更有效地适应证券市场现代化的需要；在业务上，证券市场的现代化促使交易所拓宽市场业务，积极发展衍生产品与信息产品的业务，开发回转交易、权证等时延敏感产品，提高交易系统数据的使用效率；在服务上，证券交易对交易系统性能的追求促进了对交易服务的专业化，服务专业化成为提升服务水平的重要手段。

4. 交易的低时延、高吞吐量成为开发交易系统重要的设计理念。美国证券交易系统的发展趋势表明，低时延、高吞吐量成为衡量交易系统性能最重要的二维量度，实际上，正是由于设计理念的转变，近几年来，全球交易系统的处理容量从过去每秒几千笔上升到数十万笔，延迟从秒级降低到毫秒级甚至微秒级。

5. 未来竞争中，技术手段成为提升交易所竞争力的重要途径。交易所纷纷努力跟随技术发展趋势，采取联盟、兼并整合以及新技术开发的手段来提升交易所技术实力，虽然各交易所提高市场竞争力的策略和路径不同，但是很显然，技术竞争力成为交易所争取市场份额的重要手段。

6. NMS 修正法案（2005）是美国启动区域市场一体化进程的“切入点”，法案的实施促进交易成本的下降以及交易量的上升，也带动了交易系统的技术进步。法规的实施情况表明，NMS 关于最优执行、市场透明性的规则强化了美国交易中心之间的订单竞争，有效提高了市场效率，有利于保护投资者利益。从长远发展的角度看，市场竞争是推动资本市场现代化的原动力，构建充满活力的二级市场竞争机制能够推动交易市场积极地降低交易系统的运维成本，促进市场快速提高交易系统的性能，使得市场能够不断降低投资者交易成本，从而有利于提高我国资本市场的国际竞争力。

# References

# 参考文献

[1] 傅梦琪．上市公司大股东及高管股份减持行为法律规制研究［D］．合肥：安徽大学，2017.

[2] 郦彬等．“T＋0”与“T＋1”交易制度研究［A］．中国证券业协会．创新与发展：中国证券业2015年论文集［C］．中国财政经济出版社，2016.

[3] 李姗姗．中国上市公司股票停、复牌制度研究［J］．上海经济研究，2016（6）.

[4] 刘文宇．证券“T＋0”交易制度的海外经验与启示［J］．上海经济研究，2016（10）.

[5] 皮六一．我国证券交易前端控制制度的历史演进与发展趋势［J］．证券市场导报，2011（2）.

[6] 皮六一．中国证券交易制度的设计与变革研究［D］．上海：华东师范大学，2013.

[7] 张国平．中国证券登记结算制度研究［M］．广州：中山大学出版社，2012.

[8] 深圳证券交易所．境外证券市场股份减持制度规定．

[9] 深圳证券交易所．在信用交易账户开放当日回转交易的海外经验与启示．